Philippe Huet a été grand reporter puis rédacteur en chef adjoint de *Paris-Normandie*. Il entame ensuite une carrière littéraire avec *Quai de l'oubli*, aussitôt salué par la critique. Il remportera le Grand Prix de Littérature policière pour *La Main morte*. Son œuvre se partage entre romans noirs et romans sociaux à caractère historique. Il vit en Normandie.

Bunker

Du même auteur
chez le même éditeur

Romans noirs

L'Inconnue d'Antoine
L'Ivresse des falaise (nouvelles)
Une année de cendres
Quai de l'oubli

Romans noirs

Les Emeutiers
Le Feu aux poudres
Noir d'Espagne

Romans noirs

Dribbling

Aux éditions Albin Michel

La Main morte
La Nuit des docks
Cargaison mortelle
Les Démons du comte
Un Jour sang
Les Quais de la colère
Souk à Marrakech
Nuit d'encre
Les Egarés de la plage

Aux éditions Baleine

La poubelle pour aller danser

Philippe Huet

Bunker

Collection fondée
par François Guérif

Rivages/noir

Retrouvez l'ensemble des parutions
des Éditions Payot & Rivages sur

payot-rivages.fr

« Pourquoi avoir laissé passer tout ce temps, Howard ?

Je ne savais pas qu'il passait… »

Don't come knocking de Wim WENDERS

1

– Je voudrais bien savoir ce qu'il fout ici, marmonna Alfred Fournier.

Son cou se mit à girouetter très haut, comme s'il était gêné par la foule. C'était un tic. Entre lui et l'objet de sa curiosité, il n'y avait pas un rat.

– Tu nous emmerdes avec ton boche, grogna Max, le nez dans les brèmes.

Pour Max, depuis mars 1942, il n'y avait plus et il n'y aurait plus jamais d'Allemands. Des boches, des fritz, chleuhs, frisés, vert-de-gris, d'accord, tant qu'on voulait, et à qui il vouait une rancune éternelle. Alfred, qui aimait les bons mots, assurait que « l'occupant l'avait torturé à la brique »... Et aujourd'hui encore, Max chevrotait de la corde vocale en maudissant les tortionnaires qui l'avaient obligé à raser sa propre maison. Une villa 1900 en pierre du pays, massive comme un coffre-fort, mais trop haute pour le bord de mer. Elle troublait la vue des artilleurs de la Wehrmacht en attente de l'invasion. Et Max avait souffert le martyre d'avoir à ratatiner le donjon familial en compagnie de quelques copains démolisseurs réquisitionnés. Après un demi-siècle, ce raffinement dans la cruauté lui pesait toujours autant sur l'estomac. « C'était comme si je m'étais donné des coups de pioche dans le ventre », narrait-il en décrivant avec emphase un holocauste murs et toiture qui, au fil des années, s'approchait d'un château de Versailles désagrégé.

Il ne leur pardonnerait jamais. Maintenant, ces salopards pouvaient bien revenir en touristes, débarquer en hordes pacifiques, avec leur fric, leurs femmes et leurs gosses, sa haine était définitive.

– Joue plutôt, c'est à toi, commanda Max.

Alfred rentra dans sa coquille, et le cou dans ses plis. Au repos, il était comme une baleine échouée. Avec les fanons qui pendouillaient. « Font chier », songea-t-il avec une colère rentrée. N'avait pas envie de jouer. Aujourd'hui, la belote lui cassait les pieds, impossible de se concentrer.

– C'est à qui ? demanda-t-il benoîtement.

Un poing s'abattit férocement sur la table, qui couina sur ses pieds.

– Bordel ! Ce n'est pas possible, t'es pas au jeu !

Maurice s'énervait, comme dix fois par jour. La patience n'avait jamais été son fort, et ça ne s'arrangeait pas avec l'âge. Un sale caractère, du pète-sec teigneux. « Une sorte de Robic du pauvre », le charriait Alfred toujours inspiré. Car Maurice été avait un p'tit roi de la p'tite reine, avait même couru le Tour en 1938, celui de Bartali. Enfin, plus d'une heure derrière le Campionissimo. Mais le jeunot promettait, et Maurice possédait son musée d'antiquités sportives, coupes, médailles, affiches, et tout un amas de photos et coupures de presse jaunies qu'il collait régulièrement sous le nez de ceux qui doutaient. Quand ce n'était pas le vélo qu'il sortait de la cave. Un La Perle haute époque, rutilant, huilé, briqué, prêt à servir. « Mais cette putain de guerre m'a coupé les jarrets ! » déplorait l'espoir d'avant-hier. N'empêche qu'à soixante-quatorze balais, Momo le teigneux entretenait toujours sa ligne de coursier. Un peu momifié de l'épiderme évidemment, mais cinquante-trois kilos sur la balance, 1 mètre 64 sous la toise, et droit comme un I, pouvait encore enfiler le cuissard de ses vingt ans et chevaucher sa bécane. « De nous quatre, j'suis bien le seul qui se tient encore à peu près », se vengeait Maurice quand ça chauffait entre chenus…

Car il y avait un dernier grognard pour finir le carré belote. Un autre crépusculaire, branlant dans ses vieux jours, un peu moins en graisse qu'Alfred, mais tout aussi avachi. Par un curieux contraste, Paul avait toutefois conservé la mine poupine de ses jeunes années. Face de bébé-lune fripée, yeux ronds perpétuellement étonnés, et de beaux cheveux noirs, effarants de santé, qu'il peignait comme à ses vingt ans. Gominés, plaqués vers l'arrière, collés sur la nuque.

Voilà, le compte était bon : Alfred Fournier, Maurice Bordenave, Maxime Blédor et Paul Pétré. « Les quatre piliers de l'Apocalypse », comme les appelait Madeleine, la bru d'Alfred, qui s'activait derrière le comptoir. On pouvait aussi y adjoindre Narcisse, dit « l'orphelin du 6 Juin », plus jeune d'une douzaine d'années. Mais lui, il errait sur la touche, ne prononçait pratiquement plus un mot depuis cinquante ans, depuis qu'un gros éclat d'obus avait décapité ses parents. Le petit Narcisse s'en souvenait fort bien, c'était d'ailleurs sa seule mémoire : il avait douze ans, leur tenait la main, était resté dix heures auprès des deux corps sans tête avant qu'un infirmier de l'US Army le hisse dans sa Jeep. Comme ses trois sœurs avaient été ensevelies sous les gravats, il s'était retrouvé seul au monde quarante-huit heures après sa première communion. Narcisse, il semblait absent même quand il était là.

– Tiens, Madeleine, gueula Alfred, remets-nous une tournée !

– Sur ton compte alors ! précisa Maurice avec hargne.

Alfred ôta ses lunettes, haussa mollement les épaules.

– Évidemment ! Je jette l'éponge, j'suis pas en train.

– Tu parles d'un jeu d'équipe, râla Paul en ramassant les cartes.

Maurice approuva d'un grognement, s'empara de la feuille de papier où s'alignaient les comptes de la partie interrompue, la plia avec soin.

– J'te préviens, demain, on reprend le jeu où on l'a laissé.

– Ouais, consentit vaguement Alfred.

Avec Maurice, c'était de la « compète » à tout bout de champ. Il ne jouait aux cartes que pour gagner, comme au Tourmalet. Le problème, c'est qu'il avait toujours grimpé comme un fer à repasser. Était plutôt une bête de vélodrome, le Momo.

– Si tu veux...

Alfred n'en avait rien à foutre. Seul l'Allemand l'intéressait. Même de trois quarts dos, comme maintenant, en train de siroter son café-crème au comptoir. Il s'enfonça à nouveau dans ses calculs : monsieur était arrivé fin mai, une semaine avant les cérémonies, avait retenu sa piaule près d'un an à l'avance. Belle prévoyance, ce cinquantenaire avait été une folie. Puis il était reparti vers la mi-juin avec le gros de la troupe, le million de touristes agglutiné sur les plages, les sites guerriers, dans les musées. Jusque-là, rien à dire. Dans la cohue, Alfred ne s'était même pas rendu compte de sa présence. L'été s'était poursuivi, avait bien prospéré jusqu'à la décrue de septembre annonçant l'hibernation. Et début octobre, l'Allemand qui se repointe. Toujours rien à redire dans un premier temps. Des pèlerins solitaires, des fuyards de foule, il y en avait toujours. Pour un week-end, trois ou quatre jours au plus. Mais le Teuton s'incrustait maintenant depuis deux semaines, s'enracinait dans le désert, et rien n'indiquait un prochain départ. De plus, c'était un silencieux. Poli, « bonjour, bonsoir », mais silencieux. Il ne bougeait pratiquement pas du coin, explorait la côte sur une petite vingtaine de kilomètres sans jamais s'enfoncer à l'intérieur des terres. Il y avait d'autres plages du débarquement pourtant, mais non, il ne connaissait que celle-là, vadrouillait souvent à pied, laissait son 4 × 4 Mercedes sur le parking. « L'autre jour, avait révélé Max avec une sourde hostilité, il était assis dans l'herbe, avec ses plans et ses papelards, on aurait dit qu'il procédait à un relevé topographique… »

C'était ça qu'il trouvait bizarre, Alfred. Sans parler de l'autre souci. Le vrai.

– Non, mais regarde-le ! se gaussa Popaul.

– Une vraie commère…

– Sacré périscope, va, changera jamais, toujours à fouiner, à mettre son nez où il faut pas !

Et voilà, c'était parti, les autres enchaînaient.

– Tu te souviens, à l'école ! Toujours près de la fenêtre, toujours à regarder dehors. Les arbres, les oiseaux, les filles…

– Il se mettait même debout pour mieux reluquer !

De haut de sa vigie, l'œil d'Alfred pesa sur les trois casquettes posées sur trois dos ronds. Ces connards s'étaient aplatis sur la table, gloussaient à voix basse, se foutaient de sa gueule…

– C'est bien l'instit qui t'a appelé « périscope » pour la première fois, hein, Alfred ?

Alfred laissa traîner un regard méprisant sur Maxime Blédor. Qu'est-ce qu'il avait à la ramener celui-là avec l'école ? Il n'avait même pas été foutu de décrocher son certif !

– Comment s'appelait-il déjà ? questionna Paul.

Et lui ? Dès qu'il accrochait un touriste, on ne pouvait plus l'arrêter. Le débarquement, ce n'était pas Eisenhower, c'était lui. Paul Pétré, le héros du bocage. Un rigolo, oui…

– Turco, se souvint Max. Le Turc, on l'appelait.

– Ah oui, Turco ! Quelle peau de vache !

« Arrêtez de vous prendre pour un périscope, Fournier, vous allez attraper un torticolis », je m'rappelle… C'est bien ça, Alfred ?

Il les avait privés de leur partie de cartes, et c'était sa fête. Décidé à freiner les railleries, Alfred souffla bruyamment, délaissa son poste d'observation.

– N'empêche que pendant la guerre, vous vous foutiez moins de ma gueule. Si je n'avais pas été là pour les espionner…

– Tu n'étais pas le seul, bonhomme.

Alfred souleva machinalement sa casquette, laissa apparaître un crâne rose bonbon que plissaient quelques rides de contrariété.

– J'ai jamais dit ça, Maurice, lâcha-t-il un peu gêné.

Avec lui, il ne pouvait pas se permettre. Les autres enjolivaient les petites combines de leurs vingt ans, comme Paul Pétré ressassant en boucle son travail d'Hercule sur « les asperges à Rommel » : « On poussait sans pousser, on tirait sans tirer, on sciait sans scier, on plantait sans planter »… Ou comme Max baratinant a perpète sur sa ruse de paysan qui faisait brouter chaque nuit ses vaches au nez et à la barbe des sentinelles dans ses champs confisqués. À les entendre, on frôlait le fait d'armes historique. Mais Maurice Bordenave, c'était autre chose : un nom de la Résistance locale, un caïd du passé, un vrai, pas l'un de ces bidons de la vingt-cinquième heure qui bombaient le torse une fois passé le danger. Momo, en 44, c'était un réseau de renseignements sur soixante kilomètres de plages et de falaises, avec une cinquantaine de gus sous ses ordres. Alfred était bien placé pour le savoir, il figurait dans les bidasses de l'ombre. Une vraie toile d'araignée. Et c'était un malin, Momo, un ingénieux. Comme aucun civil n'avait le droit de circuler le long du Mur de l'Atlantique, sauf autorisation spéciale, il avait trouvé le truc pour se faufiler, avait repris une licence de coureur. Tel un sportif affamé de compétition, il s'entraînait comme un malade, avalait des kilomètres à la chaîne sous le regard goguenard des gardiens de la forteresse. Il y avait bien eu quelques problèmes de cohabitation au début, mais les troufions avaient fini par s'habituer au fou pédalant.

Quatre-vingts à cent vingt bornes dans la journée ! Une rigolade. Et d'étape en étape, de Grandcamp à Caen, de Saint-Lô à Isigny, Momo récupérait les tuyaux de ses correspondants. Dont ceux d'Alfred Fournier, le bistrotier de la côte. Une fois chez lui, il centralisait, triait, sélectionnait, recoupait, vérifiait. Tout y passait : fortifications, blockhaus, tranchées antichars, emplacements d'artillerie, défenses aériennes, terrains minés, concentrations d'état-major, communications, routes, ponts, voies de chemin de fer, dépôts de matériel, de carburant… La liste était interminable. Il avait du génie, Momo, à croire que le sport lui développait les neurones autant que les mollets : il tenait à jour l'état des effectifs allemands dans la région grâce aux « roulantes » de l'armée ravitaillées par les fermiers. Lesquels transmettaient le nombre de repas distribués et à quelle unité. Ensuite, à nouveau le vélo, mais avec une remorque au cul cette fois ! Employé dans un magasin de cycles de Bayeux, Maurice allait chaque mercredi s'approvisionner en pièces de rechange à Caen… et en faisant un petit détour par la « boîte aux lettres » de la rue Saint-Jean.

Rubrique Résistance, on était prié de ne pas toucher à Maurice Bordenave. « René » dans la clandestinité, en hommage à René Vietto, l'idole dont il ne se lassait pas de conter « le supplice de la roue » cédée à Antonin Magne. Alfred le revoyait, sec, nerveux, frémissant, avec ses chaussures cyclistes, ses knickers et sa musette sur le dos.

– Oh, Alfred !

Max ricanait comme un demeuré, passait sa main en aller et retour sous ses yeux. Lui, c'était une broussaille. Poilu comme un singe, avec une tignasse de gamin, des cheveux en foin qui le casquaient de gris. Dessous, le front faisait juste une petite ligne, et le poil attaquait à nouveau. On pouvait faire deux tresses avec ses sourcils.

– Quoi ?

– T'es envoûté, ma parole ! J'te demandais pourquoi il t'intéressait tant, le frisé !

– Pour rien, juste pour savoir, mentit Alfred.

– Tu sais déjà que la guerre, il l'a pas faite ! s'esclaffa Paul.

Alfred ne prit même pas la peine de répondre. L'Allemand affichait la petite quarantaine. Pour les conneries, Pétré ne craignait personne, fallait surtout pas l'encourager.

– Il paie, au moins ?

– Évidemment.

– Alors, lâche-lui un peu la grappe.

– Plains-toi, un client pour l'hiver…

Ils le faisaient chier, mais alors chier à un point ! Il était chez lui, faisait ce qu'il voulait, merde !

– Madeleine, ça vient ? éructa Alfred pour faire diversion.

– J'arrive, papa, j'arrive…

Madeleine contourna le comptoir, reprit sur le zinc un plateau où trônaient deux ballons de rouge, une bière et un Perrier rondelle. Le Perrier pour Maurice, le sportif.

L'Allemand se tourna légèrement, suivit les mouvements de Madeleine avec un sourire complice.

– Peut-être bien qu'il en pince pour ta bru, chuchota encore Paul, l'œil égrillard.

– Pauvre con ! rugit Alfred.

Madeleine n'avait jamais été copine avec miss Monde, loin de là, mais sa jeunesse avait été appétissante. Il s'en souvenait fort bien, l'avait vue grandir. Une vraie fille de la campagne, robuste, saine, joliment en forme. Et puis, quatre gosses en six ans, qui avaient fait des dégâts. Il y avait le boulot aussi. Madeleine bossait comme une dératée, ne dételait jamais. De la mi-mai à fin août surtout. Elle avait été élevée à la dure, dans les champs, mais la ferme, les bêtes, les moissons et le bistrot, l'hôtel, le restau, ça faisait deux. C'était du sale boulot, de l'enfermement entre quatre murs, avec des horaires à la noix. Dormait peu, bouffait n'importe quoi, n'importe quand et n'importe comment. L'autre jour, Madeleine se plaignait d'avoir les jambes gonflées à force de piétiner sur place. Mais elle ne faisait aucun effort pour s'arranger non plus, se négligeait, se laissait glisser. Cheveux filasse, taille épaisse, corsage effondré, sans oublier les quatre marmots, quatre garçons, vous voyez un peu ! qui lui pompaient la santé. Raymond lui donnait bien un coup de main, mais ce n'était pas facile, car il usinait dans la pétrochimie, là-haut, de l'autre côté de la Seine, à Port-Jérôme. Les 3 × 8. Lui aussi se crevait à la tâche, trimbalait un teint transparent, une silhouette de coucou, et aujourd'hui, Alfred se demandait bien pourquoi ! Maintenant que la boutique décollait, ce n'était plus la peine d'aller pointer ! Dix fois, vingt fois, le vieux avait ramené le sujet sur le tapis, et dix fois, vingt fois, son fils avait entonné la même rengaine. Le salaire qui tombait, la sécurité de l'emploi, les points de retraite. La retraite ! S'il continuait comme ça, il n'en profiterait pas longtemps…

L'Allemand s'en allait, se décollait du zinc.

– Je mets le café sur votre note ? demanda Madeleine par réflexe.

Il hocha la tête toujours en souriant, rafla l'anorak noir posé sur une chaise, l'enfila sur son gros pull blanc irlandais à col roulé. Pantalon de velours, grosses chaussures montantes. Équipement pour petite randonnée. Très grand, élancé, athlétique, taillé pour le sport, visiblement. Sa main s'enfonça dans une poche de l'anorak, sortit un petit bonnet de laine rouge à bord roulé, et il rejeta en arrière les deux mèches récalcitrantes qui pendaient régulièrement de chaque côté du front avant de se couvrir la tête. Sans les cheveux, ses traits apparaissaient encore plus fins, presque efféminés. Ses pommettes saillaient en triangle et ses yeux en amande s'étiraient vers les tempes. Alfred sentit à nouveau venir ces sales petits picotements qui lui agaçaient la colonne vertébrale : il lui ressemblait.

– Bonsoir, messieurs, bonne fin de journée, fit-il aimablement en passant devant les vieux qui répondirent par une vague rumeur désordonnée.

La porte s'ouvrit, laissa s'engouffrer une coulée d'air humide. Dehors, les bourrasques battaient contre la falaise, tournoyaient dans la campagne, secouaient furieusement les haies. La pluie s'invitait en de grosses averses soudaines, la nuit dégringolait à l'heure du goûter, et l'autre qui partait en balade…

– Qu'est-ce qu'il peut bien foutre de ses journées ? ronchonna Alfred.

– Il parle français ? se renseigna Bordenave.

– Très bien apparemment, mais ce n'est pas un bavard.

– Un beau mec, en tous les cas.

Paul Pétré appréciait.

– Peut pas renier sa race ! râla Max. Tu lui colles un uniforme, et t'as le modèle Wehrmacht, breveté 39-45.

– Peut-être, mais beau mec… Qu'est-ce que t'en dis, Madeleine ?

Un rire aigu s'égrena depuis le fond du comptoir. Madeleine était accroupie, rangeait ses bouteilles.

– J'en dis que vous devriez arrêter de raconter des bêtises…

– Elle a raison ! Je vous laisse à vos âneries, je dois y aller, j'ai une réunion tout à l'heure, au vélo-club. À demain !

Maurice Bordenave avait bondi de son siège comme un diablotin, et ses sandalettes de cuir claquèrent sur le pavé. Il ne portait jamais de chaussettes, parce que « si les pieds respirent, tout le corps suit ! ». Du Momo dans le texte. Il avala debout son fond de Perrier. Dix secondes plus tard, la porte claquait derrière lui. Tac-tac. Comparé à Momo, Le Chaban-Delmas avaleur d'escaliers, était un rigolo.

Maxime Blédor le suivit à son allure, c'est-à-dire qu'il mit une demi-heure avant de se décider. Maman l'attendait pour des courses au supermarché.

– Et nous, qu'est-ce qu'on fait ? interrogea mollement Paul Pétré.

Question rituelle, Paul ne fichait rien, n'avait jamais rien fichu de sa vie. La honte de l'agriculture française. Jeune homme, il avait épousé la fille Frémond, et aujourd'hui encore, quand il y songeait, Alfred avait le cœur qui le mordait. Il lui avait tout simplement piqué Agnès, ce salopard ! Et avec elle, la plus grande ferme du pays, plus les quatre autres qu'il louait. Le beau-père avait eu la générosité de casser sa pipe six mois après le mariage, et depuis, une escouade d'ouvriers agricoles s'échinaient au boulot. Agnès tenait la comptabilité, et Paul ramenait le gibier et le poisson à la maison. « La chasse et la pêche, c'est mon truc », disait-il comme s'il s'agissait d'un travail à plein-temps. Le pognon lui était tombé dessus comme pour d'autres les emmerdements…

Alfred lapa bruyamment son verre de rouge. Quelques bricoles le réclamaient, le portail de la remise, la barrière du jardin, un robinet qui fuyait dans la salle de bains de la quatre…

– Temps de merde, se plaignit Paul.

Vers six heures, la routine allait s'animer. Il y aurait les habitués, les tourne-en-rond de la morte-saison. Un peu de mouvement, un peu d'ambiance…

Alfred tenta de se redresser sur sa chaise, mais l'effort lui parut vain, et il choisit l'option contraire, se tassa un peu plus, s'étala en étendant ses jambes. Il n'y avait plus qu'à attendre. Les clients, le repas du soir, un petit coup de télé. Et le plumard. Vie de merde également…

Il sortit son papier à cigarettes et son tabac à rouler. Maurice n'était plus là, il pouvait fumer sans le faire hurler.

– Papa ! s'écria Madeleine d'un ton de reproche, c'est au moins la dixième de la journée ! Je vais finir par le dire à Raymond, vous savez… Surtout que le médecin vous a prévenu, tout de même !

Le toubib lui décrivait des poumons de mineur de fond et des artères tapissées au goudron.

– Où sont les gosses ?

– Ils font leurs devoirs chez leur copain, le fils Bazin.

Bien. Tranquille jusqu'au retour de la horde sauvage. Alfred passa une langue vorace sur le papier à cigarettes.

– Papa, supplia Madeleine.

Il lui lança un regard faussement attendri. Il avait soixante-quatorze ans, c'était peut-être un peu tard pour le faire chier, non ?

– La dernière, juré !

La bru capitula, leva la main en signe de lassitude.

– Après tout, c'est vous que ça regarde.

– Alors qu'est-ce qu'on fait ? répéta Paul Pétré sans la moindre conviction.

– Rien, on s'économise, décréta Alfred Fournier en tirant sa première bouffée.

2

Il les sentait venir avec leurs gros sabots, n'avait pas grand mérite, c'était toujours le même cirque. Une soirée familiale, lisse et enjouée, sans le moindre accroc, le moindre reproche, la plus petite ombre au tableau. Ils étaient patients et attentionnés, aux petits soins pour l'ancêtre.

Sur la table, l'un de ses plats préférés, de ceux que le toubib lui déconseillait. La dernière fois, il y avait eu gigot pré-salé, la fois d'avant, poulet vallée d'Auge et louche dans la crème. Là, on l'appâtait avec des rognons flambés au calvados. Plus un saint-émilion de derrière les fagots.

Alfred Fournier épia les fourbes de son œil de rusé, se tapota la panse des deux mains avec un voluptueux sentiment d'impunité. Ils étaient si prévenants, si compréhensifs. Ce soir, personne ne l'emmerderait avec son poids, sa tension, son cholestérol. C'était un délice.

– Eh bien, ma petite Madeleine, tu mériterais une étoile au Michelin !

La cuisinière gloussa de contentement. Elle était de dos, remplissait le lave-vaisselle.

– C'est vrai, Mado, tu t'es surpassée.

Raymond était détendu et reposé, jouissait de ses deux jours de congé hebdomadaire. Encore un signe. Dans la semaine, il était crevé, irrité, décalé. Avec ses horaires d'esclave, son père ne le croisait qu'en coup de vent.

Dernier indice. Les terreurs avaient été priées de dégager avec leurs assiettes débordantes de mousse au chocolat et autorisées à se caler les fesses sur le canapé, dans la pièce d'à côté, face à la télé.

– Et l'école ? s'était étonné Alfred avec innocence.

– Pour une fois…

C'est ça, Raymond, prends-moi pour un con. Ils étaient marrants les jeunes, enfin les demi-jeunes, à s'adresser à lui comme à une écumoire. Cela avait commencé avec la mort d'Hortense, comme si le fait d'être veuf lui avait emporté la moitié du cerveau. Qu'est-ce qu'ils croyaient ? Ces huit dernières années, Hortense n'avait plus été qu'un zombi abruti par la maladie, la souffrance, les soins et les médicaments. Il ne la voyait plus qu'à travers les médecins, les gardes-malades et les ambulances, et elle, la malheureuse, ne le voyait pas du tout, tâtonnait dans le brouillard pour lui toucher la main. Les derniers mois avaient été affreux. Même l'hôpital n'en voulait plus, ça ne servait à rien. Bien sûr qu'il avait eu de la peine, parce qu'on ne déménage pas un pan de sa vie, comme ça, dans l'indifférence, mais Hortense était devenue un fantôme, autant dire qu'elle était morte depuis longtemps. Et c'est ce qu'il avait tenté de leur expliquer, aux deux affairés, lorsqu'il les avait sentis se coller à lui. Mais ils ne l'avaient pas compris, l'avaient ménagé, choyé comme un petit saxe, bercé dans du coton de peur que le malheur ne l'abîme trop. L'habitude aidant, ils ne l'avaient plus jamais vu en entier. Pépé était diminué, ébréché, déconnecté, fallait pas trop lui en demander. Ils complotaient dans son dos, avec mimiques et chuchotements, prémâchaient ses pensées, persuadés que le vieux n'y verrait que du feu. Parfois, ils semblaient même oublier qu'il était encore là, le confondaient avec une plante verte. Le vieux était vieux, certes ! Il peinait dans l'escalier, s'essoufflait dans les pentes, ne maniait plus les bûches qu'une par une, et ses rotules craquaient. Mais sous l'enveloppe râpée, la tête tenait bon.

– Tu viens, Madeleine ! exigea Raymond.

– J'arrive.

– Au fait, interrogea Alfred, où est Gilda ?

Le lave-vaisselle, c'était généralement le boulot de la petite.

– Oh, elle, maintenant que la saison est finie, elle est plus souvent sur son scooter qu'à la maison !

Madeleine avait terminé d'enfourner la vaisselle, trifouillait les boutons de la machine.

– Tu sais où elle est, au moins ? s'inquiéta son mari.

Les épaules de Madeleine eurent un hoquet.

– Bien sûr que non ! Avec ses copains, ses copines…

– Tout de même, déplora Raymond.

– Tu sais comment elle est, dès qu'on lui demande et que ça la gêne, un mur.

– Allons, c'est de son âge…

Ce n'était pas seulement le gueuleton et le saint-émilion qui poussaient le vieux à l'indulgence. Il aimait beaucoup Gilda, la préférait de loin aux quatre cow-boys dont les cris, les larmes et les gesticulations lui portaient sur les nerfs. Faut dire que Gilda filait allègrement vers ses dix-huit ans, mais même toute petite, il ne s'était jamais lassé de la voir traîner dans ses jambes. Peut-être parce qu'il était alors moins vieux et plus patient, peut-être aussi parce que Gilda, plus que tout autre enfant, avait eu besoin de chaleur et de réconfort. Gilda était la nièce de Madeleine et l'unique rescapée d'un carambolage dans le brouillard qui avait rayé ses parents et son petit frère de la liste des vivants sur une route des vacances, en Espagne. Madeleine et Raymond avaient recueilli et adopté l'orpheline, l'avaient élevée comme leur propre fille, et depuis l'an dernier, elle travaillait au resto, s'occupait des chambres. En attendant mieux, précisait-elle pour qu'il n'y ait pas d'équivoque. Les études la bassinaient.

– Peut-être, mais un peu trop délurée aussi. Les garçons, c'est parti, j'aime autant vous le dire !

– Ne manquerait plus qu'elle fasse une connerie, larmoya Raymond.

Madeleine revint s'asseoir en s'essuyant les mains sur son tablier.

– Ne parle pas de malheur, tu veux !

Un léger sourire effleura les lèvres du patriarche. Depuis quelques mois, Madeleine et Raymond ne contrôlaient plus vraiment leur progéniture d'occasion. Ils avaient pourtant été exemplaires avec la petite, carrément irréprochables, d'autant que Gilda était une poupée pour la beauté, une image pour la sagesse. Trop ! déploraient-ils parfois, et ils s'inquiétaient, y voyaient la conséquence rampante de sa tragédie d'enfant. Maintenant ils déchantaient. Gilda les laissait sur place, et ils le vivaient très mal. Tant d'insolence et tant d'ingratitude, alors que le petit monstre aurait dû leur dresser une statue du matin au soir pour leur bonne action. Tel était le discours permanent des deux largués… Et c'était trop demander aux dix-sept ans de Gilda. Elle aimait ses parents adoptifs comme on aime ses parents, ni plus ni moins… tout en les maudissant du matin au soir parce qu'ils ne comprenaient rien, qu'ils la saoulaient avec leurs conseils, leurs peurs et leur soi-disant expérience. Il y avait trop d'éclosions en elle, dans sa petite tête et son corps tout neuf, trop d'éveils, trop de frissons et de désirs enivrants. Plus les rabat-joie radotaient, plus elle étouffait.

Pour ajouter au tableau printanier, l'ingrate était mignonne comme un cœur. Alfred la revoyait partir pour la plage, dans son short en jean effrangé ou dans sa courte robe d'été qui se soulevait au vent. Marrante, insouciante et un brin impudique. Dix-sept piges, quoi ! Gilda était blonde et bronzée, avec d'adorables petites taches de rousseur qui poussaient comme des fleurs sous le soleil, ressemblait à l'héroïne d'un film suédois des années 1950, un truc qui avait fait scandale, une Bibi quelque chose… Alfred avait renoncé à lutter contre son amnésie des noms propres… Enfin bref ! Les jeunes mâles devaient bourdonner dru autour du scooter.

– Bien ! asséna Raymond comme s'il ouvrait une séance de débats. Il rafla la bouteille de vin, acheva le saint-émilion dans les verres.

– Il faut qu'on parle, papa, annonça-t-il sans lever les yeux.

Alfred se dit qu'il pourrait même sortir son tabac au grand jour, s'en rouler une sans risquer la censure.

– Je m'y attendais un peu, figure-toi, s'amusa-t-il, histoire de déstabiliser le fiston.

Mauvais calcul. Dix minutes plus tard, c'était lui qui vacillait.

– Vous n'êtes pas un peu fous, se plaignit Alfred en les scrutant à tour de rôle. Un tennis ! Pourquoi pas une piscine ?

– Justement, on y pense, riposta Madeleine, mais après.

– Et un golf, pendant que vous y êtes !

– Ce n'est pas notre clientèle, temporisa Raymond, et en plus il y en a déjà un.

Exact. Un triple neuf trous grand luxe, country-club et tout le toutim. Planqué entre les haies, coincé entre la mer et le bocage, prisé par les Anglais friqués qui atterrissaient à Deauville en jet privé.

– Ou alors, un tout petit, un mini…

Alfred fusilla Madeleine du regard. Elle ne plaisantait pas.

– Vous ne vous arrêtez donc jamais !

– Il ne faut pas, papa, surtout pas ! Le plus dur a été fait, on a franchi le pas, et maintenant, faut continuer ! C'est l'avenir, papa, l'avenir… Et pas seulement pour nous, pour tes petits-enfants aussi…

Et allez donc ! Les mouflets maintenant. Qu'on agitait sous le nez du vieil égoïste. Pauvre Raymond, il se croyait malin, était presque couché sur la table de ferme, nez au ras de son assiette.

– On a fait une saison formidable ! Heureusement que vous vous êtes décidé, sinon, vous vous rendez compte du manque à gagner ! On serait passé à côté, et on n'aurait plus assez de larmes pour pleurer…

Madeleine et son petit sourire rusé. Il n'avait rien décidé, capitulé, ah ça oui ! Après des mois et des mois d'un harcèlement continuel. Alfred avait résisté tant qu'il avait pu : « Attendez que je sois mort, se défendait-il, vous mettrez tout le bordel que vous voudrez. » Seulement, il y avait eu ce fichu anniversaire à ne pas louper, cette ruée, ce raz-de-marée que tout le monde avait annoncé. Fini, la baraque à frites de papy ! Fallait se moderniser, s'agrandir, construire, c'était le moment ou jamais. Jour après jour. Ils l'avaient cerné, pressuré, étourdi de projets, et pour finir, lui avaient collé des plans sous le nez. Tant et tant qu'il avait cédé.

– Tu ne vas pas dire que tu regrettes, papa !

Raymond secouait sa tête de maigre, longue et osseuse, comme un hochet.

– D'accord, mais c'était le cinquantenaire, le grand boum…

Il n'en était pas encore revenu. Un tel déferlement, c'était impensable. Hors le pognon phénoménal qui était entré dans la caisse, Alfred n'avait pas trop apprécié l'aspect rendez-vous avec le dernier des Mohicans à ne pas rater. Car c'était ça, ils avaient tous débarqué en vol de vautours pour se mêler au grand rassemblement des crépusculaires que le cimetière ne tarderait pas à réquisitionner. « Après, ce sera fini… » Combien de fois l'avait-il entendue, cette phrase ? Ces abrutis ne se rendaient même pas compte qu'il était dans le paquet. Et quelle foire ! Pour recevoir les grands de ce monde, la région s'était transformée en camp retranché. Routes barrées, touristes parqués, habitants aux arrêts. Qui gueulaient comme des ânes après les privilégiés, les « super-badgés ». Même les vétérans du Débarquement, avec leurs cannes et leurs fauteuils roulants, se faisaient contrôler malgré leur veston bardé de décorations. Par moments, on avait frisé la rébellion.

– L'année prochaine, ce ne sera plus du tout la même musique, prophétisa le vieux.

Madeleine se mit à rire bruyamment. Bouche grande ouverte. Ce n'était pas très esthétique, il lui manquait des dents.

– Pas du tout ! Tout est déjà presque complet pour l'été prochain.

– Seulement, il faut améliorer, offrir des distractions, les occuper, les retenir, argumenta Raymond… Tiens, la grange par exemple, qui ne sert plus à rien, on pourrait l'aménager pour faire une salle de jeux, pour les gosses, les jours de flotte…

Alfred soupira douloureusement. Qu'est-ce qu'ils pouvaient bien leur répondre. Qu'ils avaient eu raison sur toute la ligne ? Rien d'autre.

Le chamboulement avait été grandiose. Juché sur la falaise, le bistrot du vieil Alfred avait vivoté jusque-là comme une petite mémoire du Débarquement. Que demander de plus ? Depuis la terrasse, à travers les arbres et les bosquets, le touriste avait vue sur la plage, la vaste virgule de sable roux si paisible aujourd'hui qu'on avait peine à croire qu'elle avait été le lieu d'un affolant massacre, jusqu'à se rougir du sang des GI de « Big Red One ». Partout dans les champs, on repérait encore les vestiges du grand jour, blockhaus, casemates, et tranchées de défense enfouies dans les longues herbes. Sur la droite, s'étendait l'immense nécropole alliée avec ses 9 386 stèles en marbre d'Italie, et sur la gauche, trônait un éperon rocheux que les alliés avaient conquis à la médiévale, avec échelles, cordes et grappins.

Lorsqu'il était en verve, Alfred tenait son théâtre sur la terrasse, face à une clientèle ébahie. Il y racontait son 6 Juin, la mer si couverte de bateaux qu'on ne voyait plus l'eau. « On aurait cru qu'une ville s'était installée sur les flots. » Cette image, il l'aimait bien… Plus les bombardements qui labouraient la côte en cratères lunaires, et en chute, la boucherie des hommes, en bas, sur la plage. « À l'endroit même où vos bambins font des pâtés de sable… » La tronche des vacanciers, c'était son petit plaisir sadique.

Quand vraiment il était en forme, il allait jusqu'à se pousser un peu du col. Car avant de les voir débarquer, il avait fallu résister ! Or, dans le troquet du père Alfred, on ne restait pas les bras croisés. L'affaire marchait du tonnerre : cent couverts par jour, et bal le dimanche soir au son de l'accordéon, avec tous les gars de l'organisation Todt qui bossaient sur le Mur de l'Atlantique. « Attention », précisait Alfred aux ignorants, pas les « Untermenschen », les travailleurs forcés, communistes, républicains espagnols, partisans soviétiques, condamnés politiques ! Ces malheureux, ils étaient en haillons et parqués dans des camps. Mais il y avait les volontaires, des Nordiques, des Flamands, des Hollandais qui étaient plutôt bien traités et bien payés, avec même un jour de repos par semaine. Avec eux, c'était du gâteau. Ils savaient tout. Les bunkers, les lignes de défense, les terrains minés, les pièces d'artillerie, tout. Alfred arrosait, ils picolaient, et les tuyaux pleuvaient.

C'était fini tout ça. N'avait plus envie, ne se sentait plus vraiment chez lui. Aujourd'hui, la terrasse, sa terrasse, était recouverte de dalles en grès pleine masse « jardin caramel » qui avaient coûté la peau des fesses, s'ornait de plantes et de fleurs spéciales, des robustes qui résistaient à l'iode et aux tempêtes. Le vieux éprouva un pincement au cœur en songeant à l'antique longère de plain-pied, avec ses bancs crasseux, ses tables bancales, son comptoir pourri, ses poutres noircies et ses encorbellements rognés. Les poutres, il y en avait toujours. Beaucoup plus même, en comptant les fausses, fausses comme le pavé faussement vieilli, rouge délavé. C'était beau, on ne pouvait pas prétendre le contraire. Beau et confortable. « Il faut être dans le vent », avait péroré Madeleine qui s'habillait comme une vieille. Ils avaient abattu les parois, cassé les cloisons pour bâtir une salle immense, d'un seul tenant. Un bar long comme une piste d'aviation, verni, garni de cuivres étincelants, et des fauteuils, des canapés en cuir sombre qui se détachaient sur le mur blanchi à la chaux. Façon pub irlandais, avait décrété Madeleine, toujours elle. Irlandais ou pas, l'enseigne annonçait la couleur : au *Dog Red*. Du nom d'un des secteurs de la plage où cela avait durement cogné.

– Tu ne vas pas dire que tu regrettes, papa, tout de même !

Il se répétait un peu le fiston, n'avait jamais été doué pour la parole, contrairement à son père, plutôt grande gueule. Mais il n'allait pas lui faire de peine. Bien sûr qu'il ne regrettait pas. Enfin, c'était sa jeunesse qu'il regrettait. Alfred ne pouvait même pas confier ses misères à ses potes, ils l'enviaient, ces imbéciles, eux qui n'avaient plus rien d'autre à se mettre sous la dent que le lent, désespérant écoulement du temps. Ils criaient au génie. Pour les bungalows surtout, les neuf bungalows en bois flambant neufs, coquets et tout confort, avec toilettes et salle de bains, qui s'essaimaient dans le verger, sous les pommiers. « C'est beau de redémarrer à ton âge », avait déliré Paul Pétré l'autre jour. Quel con ! Il redémarrait rien du tout, il se laissait faire, ce n'était pas la même chose. Mais il s'était senti flatté, supérieur même, et un vilain sentiment de vanité lui en avait fait remettre une couche.

Et maintenant, un tennis. Ils allaient tomber dans les pommes…

– En plus, papa, faut pas oublier la nouvelle clientèle… les Allemands. Chaque année, ils sont plus nombreux. Et question monnaie, ils dépotent. Plus encore que les Ricains.

Madame tiroir-caisse, Picsou assis sur ses pièces d'or. Tout venait d'elle évidemment. Sans Madeleine, Raymond n'aurait jamais osé cette aventure. Mais Madeleine avait trop trimé pour pas grand-chose dans sa jeunesse, et sa misère d'antan lui avait ouvert l'appétit. Là encore, Alfred ne pouvait lui donner tort.

Les Allemands aussi avaient changé, quoi qu'en dise Max. Au début, dans les années 1950, on n'en voyait pas un. Et puis les plus hardis ou les plus nostalgiques s'étaient furtivement aventurés à un discret pèlerinage. Contrairement aux Alliés du jour J qui débarquaient par charters entiers avec leurs calots et leurs médailles, et baignaient dans la ferveur d'une reconnaissance éternelle, les vétérans allemands ne traînaient pas dans les parages, rasaient les murs et le paysage, conscients que l'habitant n'était pas encore près à passer l'éponge. Le « D » collé au cul des bagnoles n'avait pas trop la cote. Même leurs cimetières étaient planqués, enfouis dans la campagne profonde, loin des regards et sans trop d'indications. Il y en avait un non loin d'ici, sombre et lugubre, une sorte de temple wagnérien en plein air qui donnait des frissons, avec ses petites croix en basalte sous lesquelles s'alignaient les os oubliés : « Ein unbekannter deutscher Soldat » (un soldat allemand inconnu). Ils étaient une tripotée.

Aujourd'hui, la page était tournée. Les touristes de Germanie déferlaient par vagues insouciantes et décontractées pour visiter leur Waterloo et se faire du mal. Mieux encore, le cinquantenaire du « D-Day » avait été celui du pardon et de la réconciliation, même si l'Allemagne continuait d'être exclue des commémorations officielles. En fait, au Dog Red, il n'y avait plus guère que Max pour fulminer contre le retour du « boche ». Déjà, d'avoir vu Kohl et Mitterrand main dans la main à Verdun l'avait fait écumer de rage. « Un nain, avait-il glapi, un nain ! » Physiquement parlant, les images ne lui donnaient pas tort, Tonton ne faisait pas le poids. Mais Max s'était calmé. Maintenant, il ne bavait plus, il se murait.

– Alors, papa, qu'est-ce que t'en dis ?

Alfred laissa errer un regard las sur son fils. Il aimait bien Raymond. Un petit gars sérieux et travailleur qui ne l'enverrait jamais à l'hospice où végétaient déjà quelques copains. Il aimait bien Madeleine aussi. Un peu trop vorace sans doute, mais bon, elle faisait tourner la boutique. Madeleine, c'était robot-marie, vingt-quatre heures sur vingt-quatre. Ils étaient méritants, et il leur avait tout légué, mais pas encore officiellement, n'était pas passé devant le notaire. Ça ne pressait pas, il y avait le testament. En attendant, les banques, le fric, et les signatures, c'était toujours lui. Même si Madeleine piaffait avec un peu trop d'impatience, et un peu trop ouvertement.

Alfred ôta ses lunettes, se passa la main sur les yeux, tenta de stopper le battement frénétique qui agitait sa paupière gauche. Comme si on lui avait greffé une aile de papillon, et la gêne devenait de plus en plus fréquente. « Un p'tit bout d'hypertension » avait diagnostiqué le médecin. Lui, c'était « Monsieur un p'tit bout ». Un p'tit bout de grippe, de cholestérol, de surmenage… De cancer aussi, pendant qu'on y était ? Il fixa dans le flou l'alignée des culasses d'obus qui étincelait sur le dessus de la cheminée. La salle à manger, la cuisine, et sa chambre aussi bien sûr, avaient été épargnées, s'encombraient toujours des vieux meubles, buffet, bahut, vaisselier, et horloge normande à balancier. Là-dessus, Alfred s'était montré inflexible. Il tenait à son domaine réservé, histoire de barboter peinard dans sa nostalgie…

– Et vous voulez le foutre où, ce tennis ? interrogea-t-il avec une lenteur calculée.

– Dans le pré bien sûr, p'pa, juste derrière les bungalows, se précipita Raymond.

– Il y a de la place, poursuivit Madeleine encore plus pressée, comme ça, après, avec la piscine, ça fera un ensemble-loisirs…

– Je sais, l'interrompit le vieux. Douze hectares, il y a de quoi faire.

– Alors, c'est oui, p'pa ?

Alfred remit ses lunettes, sortit de sa poche son tabac à rouler. Un reproche, un seul, et il lui clouait le bec.

– Évidemment que c'est oui, tu veux un papier ?

Madeleine bondit de sa chaise, fonça vers le buffet. Elle tournoyait dans sa blouse grise comme dans une robe de mariée. Raymond triste figure avait des paillettes dans les yeux.

– Un p'tit calva pour arroser ça !

La grande débauche. Alfred attendit son retour avec la bouteille et les trois gros verres galbés accrochés à ses doigts. Elle avait sorti les beaux, les baccarats.

– Je voudrais que tu me rendes un petit service, Mado.

L'idée lui était venue subitement. Une vilaine idée de profiteur.

– Tout ce que vous voulez, papa !

– C'est bien toi qui fais le ménage dans le bungalow de l'Allemand ?

Madeleine lança un regard étonné vers son mari qui, d'avance, proposa une moue complaisante : Laisse dire papy, c'est sûrement un caprice.

– Oui... Enfin, Gilda ou moi, ça dépend.

Alfred roula son papier, s'apprêta à l'humecter.

– Essaie donc de savoir ce qu'il fout ici.

– Mais papa... protesta Madeleine.

– Renseigne-toi, fouille un peu dans ses affaires...

– Papa ! Je ne peux pas, ça, je ne peux pas !

Elle roulait des yeux effarés, prenait son mari à témoin.

– Tu peux bien faire ça pour moi, ma petite Mado ?

– Raymond ! Dis à ton père que ce n'est pas possible ! C'est malhonnête, c'est...

Mais Raymond jouait à fond la carte de l'apaisement. Il battait des cils avec frénésie, tentait la télépathie. « Calme-toi Madeleine, calme-toi ! »... Pour plus de sûreté, il prit la main de sa femme entre ses doigts, lui tapota le poignet. Message en morse : « T'énerve pas-stop-le vieux est gâteux-stop-fais-lui plaisir-stop-ce n'est pas le moment de le contrarier-stop. »

Madeleine retira sa main avec un soupir d'agonisante. Message reçu.

– Mais papa, qu'a-t-il de si intéressant cet Allemand ? Il ne fait pas de bruit, on ne l'entend pas, on le voit à peine, il ne gêne personne...

– Simple curiosité, coupa abruptement Alfred.

Raymond reprit son air satisfait, et Madeleine, lèvres pincées, remit de l'ordre dans son chignon mal ficelé. Alfred, lui, se partageait en deux. D'un côté, il n'était pas très fier de lui, éprouvait même une légère nausée. Contre ces deux-là qui se prostituaient, et contre lui-même qui les mettait sur le trottoir. Ce n'était pas joli, joli, « même si, songea-t-il avec une parfaite mauvaise foi, c'est aussi un peu pour eux ». Mais surtout, il n'en avait rien à foutre. Savoir ce que tramait cet Allemand devenait une question d'hygiène, une urgence absolue. Ou alors, il continuerait à se faire un sang d'encre. Quinze jours que ça le bouffait. Quinze jours et autant de nuits, il ne pouvait plus se l'enlever de la tête. Il flairait le mauvais présage. À moins que ce ne soit que de la bêtise toute simple. C'était juste ce qu'il voulait savoir. Pour ne plus délirer, s'imaginer le pire, se retrouver avec la même angoisse, la même boule dans l'estomac et le goût amer d'une saleté qu'il voulait effacer.

Il avait fait place nette depuis des années, même si chaque été, le malaise lui retombait dessus, avec plus ou moins de force, plus ou moins de cruauté. Mais cet Allemand de malheur était une vraie apparition ! Alfred Fournier se répéta le nom qui figurait sur le fax envoyé pour la réservation : Jürgen Schneider. Il ne lui rappelait rien. 12, Bismarckstrasse à Esslingen. Sur la carte, Esslingen se situait près de Stuttgart, au bord du Neckar. Cela lui parlait encore moins. Alors quoi ? Tout de même, cette ressemblance…

Alfred s'empara du verre à la jolie couleur ambrée. Il arrondit ses lèvres, lâcha la fumée à petits coups saccadés comme il le faisait souvent pour amuser les petits, et une dizaine de cercles gris bleuté vagabondèrent au-dessus de la toile cirée. Il se sentait bien, s'amollissait dans une douce torpeur, mais une pointe dure persistait, qui gâchait un peu le velouté de cette soirée.

Jamais peut-être Alfred Fournier ne s'était senti aussi seul avec son secret.

3

Gilda remonta frileusement le sac de couchage sur sa poitrine nue, et ses yeux clairs errèrent une fois de plus sur la pièce en vrac. Le ciment bavait sur les murs, le plâtre pustulait au plafond, des fils et des tuyaux pendaient un peu partout, et de grands cartons d'emballage désossés recouvraient le plancher. Pas d'électricité, tout au butane. L'eau courante, au bout du tuyau d'arrosage, la bassine pour se laver. C'était sale et bordélique, sauf que la poussière était blanche. Un taudis neuf. Et pas fini.

– Tu parles d'un nid d'amour ! rigola Gilda pour elle-même. Encore heureux, les fenêtres fermaient, mais d'incessants courants d'air s'engouffraient par le rez-de-chaussée. En bas, la porte du garage n'avait pas encore été posée.

Le lourd rideau de plastique opaque posé à l'entrée de la pièce s'agita avec un crissement de papier déchiré.

– Tu veux un Coca ? proposa Anthony. Il s'ébroua, secoua la tête d'avant en arrière, et les gouttes valsèrent autour de sa crinière sombre.

– Il pleut toujours ?

– Ouais… Un Coca ?

Gilda secoua la tête. Du Coca tiède, non merci.

Il s'accroupit, arracha une bouteille du pack, et Gilda se détourna. Anthony était à poil sous son gros pull, se baladait le sexe et les fesses à l'air, et elle avait un peu de mal avec cette nudité. C'était idiot, ils venaient de faire l'amour…

Anthony envoya valser ses babouches de cuir, s'abattit de tout son long sur le matelas posé à même le sol et, tête renversée, s'engloutit une longue gorgée de Coca.

– Ça marche vraiment du tonnerre de Dieu, tu sais, tous les deux !

Gilda eut un petit rire gêné, fixa obstinément une fissure qui serpentait sur le mur d'en face. Ça non plus, elle n'aimait pas trop. Anthony était un amant formidable… Le prof idéal. Patient, fort, tendre, brutal… Il devinait son désir de l'instant sans jamais se tromper. Elle apprenait avec Anthony. Elle osait tout également. C'est après que ça se gâtait un peu. Il parlait tout le temps. Mais pas de n'importe quoi, de la pluie ou du beau temps. Non, de cul. Et pas de n'importe lequel. Du leur. « T'as joui comment ? »… « Longtemps ? »… « Une fois seulement ?… Je t'ai entendue, tu sais ? Mais tu disais quoi ? J'ai pas compris… » Enfin ce genre de questions, comme s'il avait encore besoin de s'exciter. Elle n'aimait pas, était mal à l'aise, et lui, il rigolait : « Merde ! On vient de baiser comme des fous, on peut tout se permettre, non ? » Non, on ne pouvait pas. Pendant, c'était pendant, elle décollait très loin… Après, c'était après, n'avait pas envie de parler du voyage. Au début, Gilda avait craint d'être tombée sur un de ces spécimens dont

Biba traçait le portrait-robot dans son dernier numéro. Elle avait piqué le magazine en douce à Madeleine, avait fait « le test de l'amour » en vingt-six questions-réponses. Avec des croix, des ronds et des carrés. Au final, il y avait les très cons qu'on devait larguer tout de suite ou fuir à tout prix, les moyens cons qu'on pouvait améliorer, et les pas cons du tout qui méritaient qu'on s'y accroche. Mais pas trace d'Anthony. Son truc à lui, c'était le naturel. Son credo. Tout à l'heure, quand il s'était levé d'un bond, s'était posté au-dessus d'elle, jambes écartées, en annonçant : « Je vais pisser », il était naturel. Mais passablement ridicule également…

Gilda sentit une main qui s'insinua sous le sac de couchage et se promena sur sa poitrine. Elle creusa instinctivement les reins. Gilda était très fière de ses seins. « Profites-en, ma fille, ça ne durera pas », raillait Madeleine. Madeleine et ses mamelles fatiguées. Jamais elle ne lui ressemblerait.

– Tes vieux ne vont pas s'inquiéter ?

– Ils me croient avec la bande, chuchota la jeune fille un peu oppressée. Les doigts de Tony étaient longs et souples, lui donnaient la chair de poule…

La bande. Elle eut une pensée apitoyée pour Marco, le fils du boucher. Elle l'avait laissé tomber du jour au lendemain, et sans la moindre explication. Il avait fait deux ou trois scènes, elle avait trouvé les mots pour le vexer. Le pauvre ne devait rien comprendre.

– Et s'ils apprenaient tout ça, tes vieux, qu'est-ce qu'ils diraient ?

Gilda contempla d'un œil interrogateur son partenaire. Il avait retiré sa main, tétait sa bouteille de Coca. Tignasse noire et bouclée, joues creuses mal rasées, grand et efflanqué. Normal, il ne bouffait rien. Un roseau. Qu'est-ce qu'il avait de mieux que Marco ? Tout, il avait tout de mieux, surtout, il savait tout mieux. Pourtant mignon, Marco, gentil et amoureux. Mais en amour, un apprenti, tout comme elle. En beaucoup moins doué. Elle le connaissait depuis l'enfance, et ils avaient commencé à flirtouiller l'an dernier, sur la plage, à se bécoter à la brasserie. Et puis, il y avait eu cette fin de fiesta, à l'arrière de la bagnole de son père. Elle était un peu partie, et Marco, complètement bourré. Maladroit, brutal, nul. Gilda préférait oublier… Marco avait été son premier.

– Tout ça, quoi ?

– Nous, je veux dire, ils feraient la gueule, non ?

Les yeux verts d'Anthony riaient. C'était un peu son problème avec les gens, lui-même en convenait. Il avait l'air de se foutre de tout et de tout le monde, même quand il était sérieux. Et cela depuis la maternelle. La maternelle, ce n'était pas grave, mais grand-père, si. Il n'appréciait pas des masses.

– J'sais pas trop, mentit Gilda.

La famille ne sauterait pas de joie. À la fin de l'été, lorsque Tony et sa vingtaine d'autres fondus du D-Day s'étaient pointés au Dog Red, elle avait bien cru que grand-père et ses copains de belote allaient les virer. Les vieux du pays ne supportaient pas les déguisés du 6 Juin qui déboulaient dans leurs Jeep et leurs GMC, paradaient en rangers et treillis. « Qu'est-ce qu'ils peuvent en savoir, ces tarés, du Débarquement ? Ils n'y étaient pas. » Violation de propriété privée : le 6 Juin 1944, c'était eux, et personne d'autre. En plus, les troufions de pacotille avaient eu le culot de tenir congrès sur place, de dresser leur camp de toile kaki quelque part du côté de Bayeux, et là-bas, ils faisaient commerce d'insignes, de casques ou de fringues militaires, quand ce n'étaient pas les fusils Mauser ou les mitraillettes Sten qui se négociaient en coulisse. « Comme vous le faisiez vous-même », avait plaidé Madeleine qui optait tout net pour la paix des braves. Business avant tout : les nostalgiques du Débarquement avaient réservé les bungalows pour trois nuits, pas question de les blâmer. Mais avant de battre en retraite, Alfred et les beloteurs avaient lancé un dernier baroud d'honneur : « Nous, on avait le droit, on en avait assez bavé ! » Ce qui était la vérité vraie, ressassée chaque année au vin d'honneur du 6 Juin offert par la mairie de Vollaville une fois les drapeaux remisés dans leurs fourreaux : honneur aux soldats, d'accord, il y en avait pleins les cimetières. Prière tout de même de ne pas oublier les civils ravagés. Voir ce brave Narcisse qui, cinquante ans après, se faisait toujours bombarder. Seulement Madeleine ne parlait pas vraiment des victimes, plutôt des malins qui s'étaient payé sur la bête, qui s'étaient goinfrés, avaient puisé dans l'incommensurable butin que l'armée américaine laissait traîner dans son sillage, sur la plage et dans les pâturages. Souk géant. Les GI semaient leurs richesses comme le Petit Poucet ses cailloux dans un pays qui claquait du bec depuis quatre années. Un demi-siècle plus loin, les troubadours du troisième âge décrivaient encore cette orgie faramineuse, ces pyramides de matériel abandonné sur l'herbe des prés, et Max, un grand trouvère, se souvenait des kilomètres parcourus dans la campagne rien qu'en sautant de caisse en caisse. Évidemment, les pauvres ne s'étaient pas contentés de sauter, ils s'étaient servis. Et grassement.

Un pillage sauvage et massif, où les affamés allaient jusqu'à pousser les cadavres qui gênaient. Comme disait Alfred dans sa grande sagesse : « La guerre est une horreur, mais tant qu'à faire, quand on en a souffert, il est juste d'en profiter. » Il y avait eu les poussifs, les gagne-petit, qui remplissaient tout juste leurs charrettes, mais le ramassage avait connu ses Attila, ses ratisseurs d'envergure, et de stupéfiantes vocations s'étaient épanouies dans le pays déboussolé : certains avaient entassé les reliques, ouvert des musées dans leurs granges à foin, d'autres s'étaient reconvertis en releveurs d'épaves brevetés, et des garagistes avaient laissé tomber la bagnole civile pour se spécialiser dans la Jeep, le half-track ou l'amphibie. Aujourd'hui, on n'en était plus là, l'âge d'or était passé, mais le cinquantenaire avait provoqué un fulgurant retour de flamme, une nouvelle ruée vers l'or du D-Day. Dans les fermes et les villages, les caches bourrées de vestiges rouillés s'étaient rouvertes pour les affaires. Car les prix s'envolaient : six mille francs pour une carabine US Ml, plus du double pour un casque de la Wehrmacht. Le poignard SS se cédait aux environs de huit mille francs, et la palme revenait à l'uniforme du para américain : soixante mille francs, s'il était complet et en bon état. Tout de même.

Gilda connaissait par cœur ce trafic, comme elle connaissait la légende du siècle version bocage normand reprise en chœur par les vieux du Dog Red. Jusqu'à l'indigestion. En fait, tout ce qui avait rapport de près ou de loin avec ce fichu Débarquement, lui filait des boutons. Rien que les photos et les fanions qui ornaient les murs blancs du Dog Red, elle n'en pouvait plus. Gilda avait déjà explosé, les avait tous envoyés paître avec leurs souvenirs qui trempaient dans le sang, mais elle ne le referait plus, juré. Grand-père avait été trop choqué. Quant à Momo qui l'avait traitée de « petite ingrate », qu'il aille se faire voir ! L'ingrate avait quelque excuse. Ici, c'était la guerre tous les jours, et l'année du cinquantenaire avait été une apothéose. Gilda en avait ras le bonnet de l'épopée.

– Ton grand-père surtout, insista Anthony. Lui, s'il apprend pour nous deux, il me découpe en rondelles.

– Tu l'auras bien mérité, s'esclaffa Gilda.

Dans ce cas, qu'est-ce qu'elle fichait avec lui ? Elle jeta un coup d'œil aux quelques bouquins qui s'entassaient à l'autre extrémité de la pièce, autour de la table de camping. Tous consacrés au 6 Juin 1944. Comment pouvait-il se passionner pour ces vieilleries ? Il était jeune, n'était pas du coin… Tony prétendait que c'était récent, un copain qui l'avait embringué là-dedans, et maintenant, il s'y intéressait. Mais sans plus. Pour lui, c'était une découverte : il était sur place, visitait les lieux, voyait les gens, écoutait leurs souvenirs… Bref, l'ambiance le séduisait. Il ne donnait pas d'autres explications, racontait qu'il agissait toujours ainsi, par pulsions passagères. La dernière fois, il était resté six mois avec des marins-pêcheurs, à Dieppe. Maintenant, c'était le Débarquement, et demain, ce serait autre chose. Les bûcherons du Canada, pourquoi pas ?

Elle le croyait d'autant plus volontiers qu'elle avait toujours trouvé Anthony différent des autres nostalgiques qui s'abreuvaient au Dog Red. Même dans son ridicule blouson de l'US Army. Il se tenait un peu à l'écart du gros de la troupe, de la bande de braillards qui se saoulaient à la bière. Lui ne buvait que du thé, se prétendait végétarien également. C'est ainsi qu'ils avaient lié connaissance, sur le thème du soja réparateur de santé. Gilda se fichait des qualités miraculeuses de la petite graine, mais il pouvait bien lui raconter n'importe quoi, elle était aimantée. Au troisième soir, qu'elle croyait être le dernier, leur tête-à-tête s'était éternisé au bar. « Qu'il m'invite à sortir avec lui, nom de Dieu, qu'il m'invite, qu'est-ce qu'il attend ? » Elle n'en pouvait plus, se rongeait les ongles, noyait ses yeux dans les siens, lui lançait des perches grosses comme des poteaux, et il ne se rendait compte de rien, décrivait ses errances de nomade et ses étapes de hasard. Pas d'attaches, pas de racines, pas de meubles, même pas d'appart, rien. Sauf une vieille bagnole, pour bouger. « Je n'ai qu'une seule ambition, vivre comme je l'entends, et dans la plus grande liberté… » Et il lui disait ça à elle, qui crevait d'ennui dans ce bistrot de ploucs, s'asphyxiait à petit feu dans une famille qui ne pensait qu'au fric ! Ils étaient gentils, c'est vrai, mais elle s'en fichait de cette gentillesse, elle voulait vivre, vivre, et pas dans dix ans ! Tout de suite ! Être libre, prendre la route, larguer les amarres sans se retourner, s'enivrer d'espace, Gilda en rêvait, et il était devant elle, avec sa dégaine de routard et ses yeux moqueurs. « Il suffit de vouloir, de faire son choix, et de s'y tenir », avait-il dit. Il ne racontait pas de salades, ne cherchait pas à l'épater, comme ces petits frimeurs de la brasserie…

– J'aimerais bien discuter avec lui pourtant, et avec ses potes aussi. Le petit nerveux surtout.

Les longs doigts d'Anthony folâtraient maintenant dans ses cheveux courts. « D'habitude, j'ai horreur de ça », s'étonna Gilda. À chaque fois que Marco s'y risquait, elle l'envoyait balader.

– Lequel ?

– Tu sais, la vieille baderne…

– Ah oui, Momo, l'ancien coureur cycliste !

– C'est ça. Il aurait des tas de trucs à raconter, paraît-il…

Gilda partit d'un grand éclat de rire, vira le sac de couchage, se posa à califourchon sur son amant. Elle pouvait se permettre, elle avait remis sa petite culotte. Une manie. Après, elle remettait toujours sa culotte. Anthony ne comprenait pas pourquoi : « Puisqu'il va falloir l'enlever tout à l'heure », disait-il en tirant sur l'élastique.

– Mais d'abord, mon petit monsieur…

Elle riait, fourrageait à pleines mains dans sa tignasse brune.

– … Il va falloir me couper tout ça, et puis mettre une cravate aussi !

Il la désarçonna d'un coup de rein, roula sur le flanc.

– T'es conne…

Gilda gloussa, se pelotonna amoureusement contre Anthony, aima à se rappeler quand tout avait débuté. Ce soir-là, elle était dans un drôle d'état, s'était engueulée avec Madeleine. Comme d'habitude… Non, plus durement que d'habitude. Madeleine était crevée, énervée, s'en était prise à elle, l'accusant de se vautrer, de se coller pendant des heures devant la télé, comme un bigorneau sur son rocher : « Ma pauvre fille, qu'est-ce que tu vas faire de ta vie, je me demande ! »… Et la sienne de vie ? Faire la boniche à longueur de journée, bel exemple ! Badaboum !

Hostilités. Gilda avait regretté bien sûr, elle regrettait toujours. Mais elle en avait sa claque de passer la serpillière sur le carrelage et le chiffon sur les meubles. L'été encore, ça allait. Les touristes se posaient sur le littoral comme des oiseaux migrateurs, et même si elle les enviait, les voyait repartir avec un sentiment d'abandon, il y avait la foule, l'insouciance, et ses propres petits plaisirs aussi : la plage, les copains, les soirées en boîte… Mais on entrait à nouveau dans l'hiver, dans la pluie et les tempêtes, dans cette désespérante routine des jours et des nuits qui s'emboîtaient. Plantée comme une gourde derrière le comptoir, à essuyer les verres ou à abreuver les imbibés ! Dix-huit ans dans quatre mois, et jamais Gilda n'avait ressenti un tel écœurement. Madeleine et ses torchons, Raymond et sa tête de fossoyeur, pépé Alfred qui se planquait pour fumer, les quatre mômes qui étaient à tuer… Et puis tous les autres, les vieux, les habitués, les copains à la brasserie, les bonnes femmes au marché. Les mêmes, toujours les mêmes. Que des feuilles mortes autour d'elle, elle n'en pouvait plus. Quelque chose devait arriver, n'importe quoi, quelque chose qui fasse tout péter, qui foute le bordel ! Et Anthony avait surgi. Ce soir-là, elle était prête à tout, prête à lui sauter dessus, comme une pute, ni plus, ni moins ! Et elle allait le lui dire ! S'il ne se décidait pas, elle allait lui…

Il l'avait dit le premier. Dieu merci. Avec son sourire de jean-foutre : « Je ne pars pas avec les autres, pas tout de suite, j'ai trouvé un petit boulot. » Une place de gardien de nuit sur un chantier qui se faisait constamment piller. L'entrepreneur en avait assez, l'avait embauché. Au noir, bien entendu. Il lui filait quelques billets chaque semaine, et Anthony faisait des rondes dans le lotissement, se débrouillait pour squatter sur place. « C'est bien. » Gilda se souvenait encore de sa réflexion débile. Il s'était franchement marré : « Pas du tout, c'est complètement nul ! Mais je vais être sur place, j'ai plein de trucs à voir, c'est une occase formidable… Et puis, comme ça, on pourra se revoir. » Elle avait bu un grand verre d'eau pour ne pas suffoquer.

– Presque dix heures, merde ! Faut que j'y aille, je dois passer chez Grangier.

Anthony s'était assis sur le matelas, cherchait son caleçon au fond du sac de couchage.

– À cette heure-là ?

– Tu sais comment il est ! Le jour, la nuit, ça n'a pas grand sens pour lui…

– Et ta surveillance ?

– Attends, je peux me barrer une heure, tout de même, faut pas pousser.

– Je ne l'aime pas, ce type, maugréa Gilda qui rassembla à son tour ses vêtements. D'ailleurs, personne ne l'aime ici…

– Il est un peu bizarre, c'est vrai, mais pas méchant pour un rond. Et puis, il est incroyable, ce bonhomme ! Tu te rends compte de la vie qu'il s'est choisie ? Je trouve ça fascinant, moi…

– Il est complètement givré, oui !

– Et puis alors, sur le 6 Juin…

– Je sais, je sais…

– En plus, il paraît qu'il a quelque chose à me dire.

Bruno lui avait passé le message. Personne ne connaissait mieux Grangier que le facteur du pays.

En fait, l'ermite ne voyait pratiquement personne en dehors du facteur. Même sans courrier Bruno s'arrêtait chez « son clodo », comme il l'appelait. « Avec toi, ça m'en fait deux », avait-il rigolé. Anthony n'avait que moyennement apprécié.

– À toi ?

– Eh oui, à moi. On est devenus copains, tu sais !

Anthony sautillait sur un pied, tentait d'enfiler son jean.

– Ah bon…

Gilda ajusta son tee-shirt noir qui flirtait avec le nombril, ferma son blouson de cuir qui descendait à peine plus bas. Trop légère, elle allait cailler.

– Et qu'est-ce qu'il te veut, l'ermite ?

– J'en sais rien.

– Encore des conneries sur votre Débarquement… T'en as pas un peu marre ?

– D'abord ce ne sont pas des conneries, s'insurgea paisiblement Anthony, ensuite, il est passionnant, Grangier…

Inutile de discuter. Gilda se posta devant la glace posée au-dessus de l'évier sans robinet, remit un semblant d'ordre dans les franges blondes qui s'effilochaient sur son front. Cheveux courts, très courts, c'est ce qui lui allait le mieux. Elle faisait moins gamine. « T'as un petit côté Jean Seberg », avait dit grand-père, l'autre jour. Il adorait coller des noms d'acteurs sur la bobine des gens… Mais c'était qui, celle-là ? En tout cas, elle se trouvait plus belle encore qu'en été. Moins bronzée évidemment, mais plus belle. Son sourire fit éclore deux petites fossettes rondes sur ses joues lisses. L'amour lui allait comme un gant.

Gilda rafla son casque posé sur une caisse en bois, s'approcha de la fenêtre où perlaient quelques gouttes de pluie.

– Je vais être propre, se plaignit-elle.

Madeleine avait raison pour une fois. Elle ne se couvrait pas assez. « Tout ça pour faire la belle. »

– Tu veux que je te passe mon ciré, le rouge ?

– Celui avec le loup dans le dos ?

– Oui.

– Merci. Autant avouer à grand-père qu'on vient de coucher ensemble !

Car pépé Alfred la soupçonnait. Au Dog Red, il n'avait pas cessé de les fixer de son œil de lynx, avait même ronchonné : « Qu'est-ce que tu peux bien lui trouver à ce cow-boy ? »

– Comme tu veux, se résigna Anthony en bouclant son ceinturon.

– Bon, j'y vais, annonça brusquement Gilda. Elle plaqua un baiser éclair sur les lèvres du jeune homme, se jeta dans l'escalier.

– Attends, on descend ensemble.

– Je suis partie !

– À demain, alors ?

– À demain !

Dehors, la nuit était grise, pommelée de gros nuages opaques qui galopaient en troupeaux. Gilda noua la lanière de son casque, songea à Grangier qui s'enfouissait dans son gros cercueil de béton, vivait comme une bête sur un coin de falaise. Ce type n'était peut-être qu'un doux dingue, mais il lui filait les jetons.

4

À plat ventre sur la butte sablonneuse, il se cramponna à deux mains aux grosses touffes d'herbe, cala ses brodequins dans la pente pour ne pas glisser. Et il se mit à rire franchement, bouche ouverte dans la tempête, s'imagina comme un naufragé sur son radeau, avec la mer mugissante dans son dos, une mer sale, pleine d'une vase qui jaunissait l'écume, avec le ciel qui lui crachait dans les yeux, et la terre qui se dérobait sous ses pieds. Il se marrait parce qu'il devinait sa tête, une tête d'ahuri bancal, celle qu'il a toujours quand sa pelote de crin se hérisse sur son crâne et s'éparpille au vent. Mais il aimait bien le vent, le grand vent odorant, les grandes bourrasques qui surgissaient de nulle part, comme nées dans un autre monde. Elles brisaient leurs coquilles, se libéraient de leurs chaînes, et s'évadaient, galopaient à l'infini. C'est comme ça qu'il les voyait, les bourrasques, c'est comme ça aussi qu'elles lui soufflaient dans la tête, qu'elles balayaient toutes ces saletés qui lui collaient au cerveau. Il aimait bien…

Tacheté de mousse verdâtre, coiffé d'un toit de lierre, le bloc de béton lui faisait face, vingt mètres devant, légèrement en surplomb. Et ses yeux mouillés ne lâchaient pas le rectangle qui faisait un trou dans la façade, comme un trait épais. Parfois, une ombre passait sur le trait, parfois, une couleur vive se détachait, se posait pour quelques secondes. Le bonnet.

L'homme du vent et de la pluie s'interrogeait. Mais d'abord, il était heureux. Parce qu'il se sentait utile.

Son vieux copain, si soucieux, si nerveux depuis quelques jours, lui avait dit : « Suis-le ! » Et il l'avait suivi. Sans comprendre pourquoi. Il avait l'habitude, ne comprenait pas grand-chose à ce qui se passait autour de lui. Ou alors, on devait longuement lui expliquer, mais ils étaient rares ceux qui prenaient la peine. Trois petits mots, une tape sur l'épaule comme on donne une caresse à un chien. Et puis, cette lueur floue, un peu de pitié, un peu de misère, qui passait dans le regard. À quoi bon ? Pas de temps à perdre…

Au début, pourtant, ils avaient bien essayé, tenté de le tirer de sa prison. Ils ouvraient la porte de force, gueulaient sur tous les tons qu'à nouveau la vie était belle. À treize ans, t'as tout l'avenir devant toi, gamin, faut oublier ! Mais dès qu'ils le lâchaient un peu, il retournait entre ses quatre murs. Comme la fois de l'explosion, il y avait longtemps. Un vieux dépôt d'obus oublié qui avait pété. Ils l'avaient cherché pendant trois jours, déniché dans un grenier. Affamé, recroquevillé, terrorisé. Il avait cru que ça recommençait.

Avec le temps, les dévoués s'étaient lassés. C'est toujours ainsi, quand on ne ressemble pas aux autres, on décourage. Ou alors, on fiche la trouille. Certains le contournaient, d'autres baissaient les yeux, il y en avait aussi qui l'observaient avec curiosité, comme s'ils cherchaient un petit bout d'eux-mêmes dans ce reflet déformé. Mais il n'éprouvait aucune rancœur, ne réclamait rien, se trouvait bien comme il était. Toutes ses journées se ressemblaient : il se posait dans un coin, écoutait ce qu'il pouvait, rendait service pour trois sous, acceptait les petites corvées. « Il fait partie des meubles », disaient les habitués du « muet ». Les plus anciens, ceux qui l'avaient connu en culottes courtes, qui se raréfiaient chaque année. D'ailleurs, lui aussi prenait de l'âge. Sa pelote de crin se ratatinait, et la glace, chaque matin, lui renvoyait une peau de papier froissé. Pour le reste, il était maigre comme un clou, l'avait toujours été. Son torse s'était creusé, et il marchait les épaules bloquées, sans bouger les bras, raide comme un piquet. Cette allure mécanique impressionnait aussi, mais moins que le silence obstiné. Enfin, ça faisait un tout. Bizarre tout de même que de ne pas vouloir parler vous fasse passer pour un simplet. Mais comment leur expliquer ? Il y avait un grand vide en lui, un gouffre béant de cinquante années. Il s'y accrochait, refusait les pelletées de mots qui auraient pu le combler.

Son vieux copain le sait. Il sait tout. Il l'avait sauvé, soigné, nourri, logé. Aimé surtout. Alors, bien sûr, il pouvait tout lui demander. Comme de suivre ce touriste étranger.

Tâche facile. Il était grand, ce type, immense, et il ne l'avait perdu à aucun moment ; il repérait son bonnet de laine écarlate qui surnageait au ras des dunes. Il faisait un temps de chien, un temps d'égoïste, où on ne pense qu'à soi, à rien d'autre qu'à se protéger de la pluie battante et du vent cinglant. Et c'est ce que faisait le type. Il ne flânait pas en route, marchait sans se retourner, et qui plus est, savait où il allait. « Jusqu'à la mer », avait d'abord pensé le muet. Il n'en était pas tellement surpris. Lui aussi aimait les tempêtes qui fouettaient les vagues et ce ciel de plomb mouvant qui étincelait jusqu'à l'horizon. Mais l'homme avait brusquement obliqué, avait commencé à grimper la pente. Le muet en était resté effaré. Il n'y avait personne à voir dans ce terrain vague du souvenir que les promoteurs immobiliers ne pouvaient pas bétonner. Personne à voir, sauf un fou, un exalté, que tout le pays évitait. Et c'est chez lui, dans sa caverne, que l'homme au bonnet était entré.

– T'es sûr ? articula péniblement le vieux copain.

Le muet eut une mimique d'étonnement. Il était rentré trempé, souillé, se réchauffait au coin du feu, dans la cuisine, avec un bol de café.

– J'suis sûr !

Avec son vieux copain, il lâchait tout de même quelques bribes, quelques raretés, mais très vite, comme si d'ouvrir la bouche risquait de le blesser. Là, il ne pensait pas à lui. Le vieux copain était devenu blême, ses traits se décomposaient, ses mains tremblaient.

« Qu'est-ce qui lui arrive ? » s'interrogea le muet. Il trempa ses lèvres dans le bol de café, tout en épiant son vieux copain dont la réaction l'effrayait. Il jurait à voix basse, balançait des paroles sans suite, bousculait les chaises, tournait dans la cuisine comme un fauve dans sa cage…

« C'est pas vrai, c'est pas possible ! » comprit le muet.

Il rinça son bol, le déposa sur l'évier, et des pensées hostiles se glissèrent peu à peu dans sa tête malmenée. L'homme au bonnet rouge était un ennemi, et sa visite au fou du bunker, une tragédie.

5

– Voilà, c'est fini, ma belle.

Anthony Quevallec stoppa sa Taunus en douceur, coupa le contact avec soulagement. La pauvre vieille venait de subir un long martyre sur le sentier du bout du monde, et il n'aimait pas l'entendre souffrir, se ratatiner ainsi sur ses amortisseurs exténués. Anthony tenait à son antiquité des années 1970. La tôle était foutue, bouffée, rouillée jusqu'à l'os, les sièges troués avaient mauvaise mine, mais après cent soixante-dix mille bornes, et en dehors de quelques petits bobos, le moteur ne l'avait jamais lâché. De toute manière, il n'avait pas le choix : où trouverait-il le fric pour une nouvelle caisse ? Il ouvrit la boîte à gants, en sortit une lampe de poche à carcasse jaune et, tout en actionnant la poignée, obligea la portière à s'ouvrir d'un petit coup de pied affectueux.

– Putain, c'est l'horreur, râla Anthony en sortant dans la nuit.

La lande de Dracula. Sans château ni corbeaux, mais avec la tornade de l'épouvante. Il tombait des hallebardes. Le naufragé actionna sa lampe, réveilla de longues chevelures d'herbes tourbillonnantes. La terre sombrait à une cinquantaine de mètres, dégringolait en gros éboulis vers la plage ; en temps ordinaire, Anthony aimait la respiration nocturne des vagues qui se jetaient et se retiraient, cette horlogerie que rien ne pouvait dérégler. Mais là, c'était trop pour le poète. Il orienta le faisceau lumineux vers sa gauche, repéra la trouée étroite qui s'enfonçait entre les ronces et les broussailles avant d'attaquer la butte. Cent mètres dans la gadoue. Anthony Quevallec leva la lampe, devina plus qu'il ne la vit, une masse sombre et rectangulaire qui émergeait au sommet. Le château, finalement. Il ferma soigneusement le col de son caban bleu marine et en même temps se traita d'abruti parfait : être au plumard avec la petite Gilda, la plaquer pour se geler les couilles en pleine nuit dans ce décor à faire fuir un revenant ! Il était givré. Mais il se mentait. Avec l'ermite aussi, il prenait son pied…

– Je t'ai entendu arriver.

– Vous avez l'ouïe fine, dites donc !

– Tu rigoles ! La nuit, quand le temps est calme, j'entends le moteur des chalutiers qui pêchent au large…

Le vieux avait un ricanement de crécelle. Anthony délaissa les mottes de terre boueuse, contempla la silhouette fluette qui stationnait dans l'encadrement de la porte blindée, s'accorda quelques secondes avant de reprendre l'ascension des derniers mètres. Il devait se méfier, c'était sinueux et hérissé de barbelés. Grangier avait réhabilité les chevaux de frise dans son périmètre malgré les gueulantes des gendarmes qui avaient fini par se lasser. Le bunker de l'ermite se tenait à l'écart du circuit balisé pour touristes, des campings, buvettes et parkings macadamisés. La côte était truffée de ces vestiges qui gisaient dans les champs et les prés, ou carrément sur la grève, à demi ensablés. Hormis les bunkerologues qui se faufilaient dans leurs carcasses à la recherche du moindre clou rouillé, ces épaves n'intéressaient personne…

Anthony en termina enfin avec la montée, reprit son souffle, mains plaquées sur les hanches. Il était trempé.

– Putain, c'est l'Everest !

– Les jeunes, ce n'est plus rien, de nos jours ! Allez, entre, je vais te faire un café…

Anthony le suivit dans le sombre boyau menant à la salle centrale, retrouva l'odeur âcre du tabac à pipe qui se mêlait à l'humidité, déboucha sans surprise dans l'antre du soldat Fritz. « Rien de changé depuis l'alarme du 6 Juin », se vantait Grangier. Ailleurs, quelques fantaisistes avaient racheté des blockhaus pour les déguiser en coquettes résidences, repeintes blanc ou bleu ciel, avec vérandas greffées sur les flancs. Il existait même un bunker-discothèque. « Ils en ont fait des travelos ! » râlait l'ermite qui vilipendait ces dégénérés, s'en tenait méticuleusement à l'ère de la botte cloutée. Quelques dessins et graffitis, laissés par des troufions oisifs et cafardeux, ornaient le béton épais d'un demi-mètre, et un poêle d'époque trônait au centre de la salle principale. Rond et trapu, coiffé d'un long tuyau noir qui se perdait dans le plafond. Parfait état de marche. Le vieux était en train d'y faire chauffer l'eau pour le Nescafé.

Anthony déboutonna son caban. Trois grosses lampes à pétrole saupoudraient l'espace d'une lueur tremblotante, et la quatrième, plus en hauteur, plaquait sa bouffée jaunâtre sur une monumentale carte militaire. À sa droite, une autre porte blindée. Qui ouvrait sur d'autres couloirs et d'autres pièces que le vieux lui avait fait visiter : « Là, un mini-hôpital, avait-il assuré, là, le réfectoire, et là, une soute à munitions… » Il y avait également le poste de couchage avec lavabos et douches où Grangier dormait, des réservoirs d'eau qu'il avait bricolés, une salle de ventilation, un groupe électrogène qui fournissait une électricité qu'il n'utilisait que pour son bureau, un ex-magasin à vivres désormais rempli de bouquins. C'était immense, mais un réseau de souterrains débouchait également dans d'autres blockhaus, composait un labyrinthe où tout autre que lui pouvait s'égarer. À l'entendre, la forteresse était mystérieuse, et il était le seul à en détenir les clés.

– Tiens, je t'ai mis un sucre.

Grangier tendit un gobelet en métal et s'affala dans un rocking-chair qui couinait comme une portée de souris. Un gros coussin roux dissimulait l'osier en fuite. Anthony traîna derrière lui un tabouret dont les pieds métalliques rebondirent sur le sol mi-ciment, mi-terre battue, s'installa dos au poêle et face à l'ermite. Il se réchauffa les doigts sur le métal du gobelet, s'imagina une nouvelle fois dans un vieux tableau aux couleurs passées. Et ce tableau était un peu moisi, trempait dans un formol invisible où surnageaient les fumées de la bouffarde de Grangier.

– La journée a été bonne ?

– Normal.

Leur conversation démarrait toujours ainsi, à propos de tout et de rien. Au début, Anthony s'était mépris. Le vieux voulait rompre son isolement, ouvrir une lucarne sur le monde dont il s'était retranché.

Bienvenue au petit jeunot. C'est le facteur qui l'avait amené. Un peu comme on amène un gosse au zoo. Il lui avait promis le choc de sa vie, ce qui était grandement exagéré, car, en vingt-trois années, la vie d'Anthony était déjà bien bosselée. Mais Bruno l'avait pris pour un fana du Débarquement allié, et Anthony n'avait pas cherché à démentir. Un peu par flemme, un peu parce qu'il n'aimait pas se raconter. Contrairement au postier qui était un vrai moulin à ragots, se donnait un mal de chien pour paraître sympathique. Un envahissant, ce qu'Anthony n'appréciait pas forcément. Mais dans ce bled où il était plus que paumé, Bruno était une vraie utilité…

Toujours est-il que des nouvelles du monde, l'ermite n'en avait rien à cirer. Même son transistor restait muet. Sa drogue, c'était le D Day, et sa spécialité, de sombres histoires que les grands faits d'armes préféraient oublier. Des trucs insensés, peu ragoûtants, peuplés de traîtrises, de lâchetés et d'exécutions sommaires. Son dernier récit avait été le pire, un cauchemar d'épouvante où couraient les morts-vivants. Enfin, ils ne couraient pas trop, gisaient dans leur cercueil. Plus tard, à l'heure du rapatriement, les boîtes avaient été systématiquement rouvertes… Et là, L'horreur : d'infortunés GI avaient été ensevelis trop vite dans la bagarre. Des cadavres s'étaient retournés, débattus entre leurs quatre planches. Leurs poignets étaient à vif, leurs ongles arrachés, et le bois, à l'intérieur, avait été lacéré. C'était ça, la guerre de Grangier. Plus affreuse, plus dégueulasse encore qu'à l'ordinaire. « Et encore, je ne dis pas tout, soutenait Grangier en frappant du poing sur ses classeurs métalliques bourrés de documents, ce serait trop dérangeant ! » Vantardise d'un illuminé, prétendait la contrée…

– J'ai quelque chose à te demander.

Une nouveauté, l'ermite ne demandait jamais rien. Grangier déplaça son coussin, se cala sur sa chaise qui laissa échapper un gémissement.

– … Figure-toi que j'ai eu une visite intéressante, hier après-midi.

Anthony patienta. Il commençait à connaître le vieux et ses manies, sa voix éraillée, rongée par le tabac, son débit lent et ses silences que ponctuaient d'incessants reniflements.

– Un Allemand. Un jeune, enfin moins jeune que toi… Il recherche son grand-père… les traces de son grand-père plutôt, un lieutenant-colonel de la Waffen SS qui se serait volatilisé dans le coin, le 6 Juin…

– Ça arrive encore ?

– Plus que tu ne crois. Généralement, ils viennent me voir après avoir épuisé toutes les autres démarches officielles et administratives, comme on vient voir le rebouteux. En dernier recours…

– Après cinquante ans, c'est un peu normal !

Le vieux se balança, fit miauler sa chaise.

– Ne crois pas ça. Cinquante ans, quand on a mon âge, c'est parfois plus près que cinq ou dix ans, on se souvient mieux, plus profondément. Des souvenirs qu'on pensait oubliés, qu'on voulait oublier aussi parfois, reviennent comme neufs, dépoussiérés, c'est étonnant… D'ailleurs, la plupart de ceux qui m'en parlent ne s'en cachent pas. Ils ont vécu la plus grande partie de leur vie sans penser à ce grand-père, père ou frère disparu dans la nature, et puis un beau jour, il remonte dans leur mémoire, un peu comme le noyé remonte à la surface de l'eau. Ils veulent savoir, l'exigence s'impose à eux, quelque chose de tangible, concret, un repère contre l'évanouissement d'un être…

– C'est bizarre tout de même, après tout ce temps !

Anthony était surpris. Grangier était toujours un cynique, prisait l'humour noir. Mais là, il était différent, donnait l'impression de parler pour lui.

– T'es jeune… Mais mon Allemand ne ressemblait pas aux autres, son histoire sonnait le creux…

– Il mentait ?

Coui-coui fit la chaise. L'ermite s'était levé.

– Tu veux un biscuit ?

– Je veux bien.

Il crevait de faim, n'avait rien avalé depuis le petit déjeuner.

– Tiens.

Grangier revenait avec une boîte métallique entre ses mains, traversa le clair-obscur des lampes à huile en traînant de la savate. Il était décharné de partout, son treillis crasseux pendait sur ses épaules comme sur un portemanteau, et sous les longs cheveux neigeux, la peau se collait aux os, jaunâtre et parcheminée. Une momie. Anthony s'y était habitué.

Coui-coui. De nouveau assis.

– … Non, il ne mentait pas, enfin pas vraiment. Au début, il a même été clair, précis : pèlerinage, promesse faite à son père sur son lit de mort, on sentait qu'il avait préparé son affaire… Mais dès ma première question, il a perdu pied, s'est embrouillé…

– Laquelle ?

– Tu dis ?

– Votre question ?

– Ah… Je lui ai demandé s'il avait contacté le Volksbund Deutsche Kriegsgräberfürsorge.

Anthony écarquilla les yeux.

– Pardon ?

– Un organisme allemand qui recherche depuis les années 1950 les disparus du Grand Reich. Il y en a des milliers et des milliers dont on ne sait toujours rien, qui se sont évaporés dans la bataille. Ils ont été dispersés, enfouis à la hâte le plus souvent quand la puanteur devenait insupportable, dans des fosses, des trous de bombe… Parfois, les hommes, les chevaux, les vaches, étaient jetés pêle-mêle, ou alors, comme on savait que les SS piégeaient les cadavres, on les arrosait d'essence et on les faisait brûler sans y toucher. Et puis, il y avait les pillards également, qui s'emparaient des corps pour les dépouiller. On n'en parle jamais de ceux-là.

– Putain…

– Comme tu dis. Aujourd'hui, évidemment, ce n'est plus pareil. Au début de l'année, un chasseur de trésor a retrouvé un squelette non loin d'ici grâce à son détecteur de métal. Il reposait dans un sous-bois, portait sa plaque avec le matricule, ce qui a permis de retrouver son identité complète. Manfred Grüber, si je me souviens bien… la famille a été prévenue, il y a même eu une cérémonie, et on lui a fait une petite place auprès de ses copains, au cimetière de la Cambe. Mais en 44, c'était différent, le cadavre d'un boche ne valait pas cher…

– Et il ne l'avait pas fait ?

L'ermite contempla Anthony comme s'il tombait de la lune. Il avait toujours son regard vif, inquisiteur… chez Grangier, la vie se réfugiait dans ses yeux gris.

– Hein ?

– Au Volskbung machintruc, il n'y était pas allé…

– Ah oui… Je ne sais pas trop, mais j'ai senti qu'il merdait, qu'il cachait quelque chose, qu'il ne me disait pas tout, si tu préfères…

Il ne préférait rien du tout, ne voyait pas où le vieux voulait en venir et grignotait du bout des dents. Son petit beurre était une éponge.

– Il m'a pris pour un vieux con, un demeuré avec le cerveau en pâté de foie… On a dû le lui dire, remarque ! Allez donc voir l'ermite, mais je vous préviens, il est un peu fêlé, il radote un peu… J'ai l'habitude… Toi aussi, tu as dû l'entendre plus d'une fois !

Pas vraiment. Les autochtones évitaient le sujet. On avait peut-être le culte du souvenir à Vollaville, mais sûrement pas celui des extrêmes, et le Robinson Crusoé des bunkers, il était vraiment au bout du bout, même que ça leur faisait un peu honte. Des obsédés du D-Day, il y en avait eu d'autres, il y en avait encore. Mais des gentils, des inoffensifs, des raisonnables surtout, qui ne balançaient pas leur existence et leur famille aux orties pour le confort d'un blockhaus. L'extravagance troublait le bon sens d'une population éberluée.

Sauf Bruno l'intarissable. Bruno, c'était l'aide au bunker, la béquille du reclus, sa Mère Teresa. Pour le courrier, la bouffe, la laverie, et tous les tracas administratifs, ceux qui vous rattrapent toujours, même si vous vous retranchez du monde. Grâce au facteur, Anthony connaissait quelques épisodes de la métamorphose Grangier. Il avait débarqué pour la première fois dans les années 1975, et il était encore comme tout le monde. Avec un bon boulot – correcteur dans une imprimerie parisienne –, une femme, deux gosses, et un pavillon en pierre meulière du côté d'Aubervilliers. Déjà fada du 6 Juin, mais pas plus assommant que les autres. Sauf que, peu à peu, l'épopée semblait bouffer la tête du correcteur, au point qu'on ne voyait plus que lui dans le voisinage. Vacances, week-ends, et même en semaine ! Parfois seul, parfois avec sa tribu. « Un jour, je m'installerai ici », assurait-il. Personne n'y faisait trop attention, les vacanciers au teint gris qui rêvaient de la campagne à la mer, on connaissait… jusqu'à ce jour de l'automne 89 où il s'était posé avec sa petite valise. Sa boîte avait fermé, et il se retrouvait sur le pavé avec prime de licenciement, un bon petit paquet de pognon, « de quoi attendre ma retraite ». Car Grangier approchait la soixantaine, et ce n'était plus un âge pour retrouver du boulot. En tous les cas, il avait tout bazardé. Pas seulement la baraque, mais la femme et les enfants ! Il avait d'abord loué un mobil-home sur le terrain de camping et, au bout de quelques mois, avait acheté ce blockhaus à un agriculteur qui l'utilisait comme réserve à foin. « Cinquante mille balles ! Au départ, tout le monde s'est marré, a cru à un coup de tête, avait conclu le facteur… et le résultat, tu l'as sous les yeux. »

– C'est un peu vrai d'ailleurs, je me parle souvent tout haut. Ce doit être le mal des solitudes…

Une ruine, ils le prenaient tous pour une ruine. Et un cinglé. Et moi ? s'interrogea Anthony.

– Remarque, j'ai une petite idée…

Quelle idée ? Et sur quoi ? Anthony bataillait avec une grosse miette spongieuse collée au palais. Il suivait distraitement.

– … Et je vais te demander un petit service.

– Si je peux… répondit-il à tout hasard.

Grangier renifla. Il semblait embarrassé.

– J'aimerais que tu te renseignes sur cet Allemand.

– Hein ?

– Juste quelques tuyaux…

– Moi ?

– Oui.

– Mais pourquoi ?

– Je veux vérifier quelque chose.

– D'accord, admit Anthony, mais pourquoi moi ?

– Parce que je ne peux pas le faire moi-même, je vais tout de suite me faire repérer… Tandis que pour toi, ce sera beaucoup plus facile.

– Facile ! Je ne sais même pas à quoi il ressemble !

– Aucun problème, il s'appelle Jürgen Schneider, et il loge dans l'un des bungalows du Dog Red. C'est même le seul client.

– Eh bien, allez-y au Dog Red, vous connaissez tout de même !

– Je te le répète, c'est impossible.

– Pour quelle raison ?

– C'est personnel…

Anthony se souvint brusquement. Le Dog Red avait été le QG de Grangier, jusqu'à ce que papy Fournier ne puisse plus l'encadrer. Un soir, ils s'étaient salement engueulés, et il l'avait lourdé du bistrot. Bruno *dixit*. Mais pour quelle raison ?

– Vous êtes marrant… Le problème, c'est que je n'y mets plus les pieds au Dog Red !

L'ermite hocha pensivement la tête, et ses cheveux blancs s'éparpillèrent en cascade sur son front.

– Alfred Fournier, c'est ça ? avança-t-il d'un ton compréhensif.

– Non… Enfin oui… bredouilla Anthony.
– Mais avec ta Gilda, ce sera facile…
Anthony demeura la bouche ouverte. Comment savait-il, nom de Dieu ? Personne ne devait savoir, personne !
– Je ne sais pas si…
Le facteur ! Ce ne pouvait être que lui ! Cet enfoiré de Bruno, cette pipelette malfaisante, il allait l'entendre, celui-là !
– Mais si, tu sais ! Elle fera tout ce que tu lui diras de faire. Et je ne suis pas loin de penser que ça va lui plaire.
– C'est délicat, protesta encore une fois Anthony.
Il pensait à Gilda. Lui demander d'espionner son client allemand pour le compte de Grangier qu'elle ne pouvait pas blairer ! Il allait être bien reçu. Se reprendre, mettre un peu d'ordre dans la tête.
– Ce n'est pourtant pas grand-chose.
Patient et entêté, comme un vieillard que le temps ne bousculait plus jamais. Il n'était pas si vieux pourtant ! Soixante-trois, soixante-cinq piges peut-être. Anthony épia les rides minuscules qui se pressaient en multitude aux paupières. Pas de lèvres, juste un couperet. « Ce n'est pas bon signe », disait sa maman. Il découvrait Grangier sous un nouveau jour.
– Je vais y réfléchir, articula-t-il.
Réfléchir à quoi, pauvre pomme ! Tony s'énervait après lui-même.
– Pour me rendre service, c'est tout…
Sa main se posait sur la sienne. Elle était glacée, couturée de grosses veines bleuâtres qui chevauchaient les os. Anthony se dégagea, se leva, et se voûta d'instinct. Ses cheveux frôlaient le béton.

– Je vais y réfléchir.

Grangier renifla bruyamment.

– Écoute, petit, je sais beaucoup de choses sur ce qui s'est passé ici, il y a cinquante ans, des événements sur lesquels les gens n'ont pas envie de revenir. Et cet Allemand a quelque chose à voir avec ça, je le sens… Pas lui, bien sûr, mais son grand-père… Enfin, je ne peux pas t'en dire plus.

– Merci pour la confiance.

Anthony marcha de long en large, buta sur le lit de camp recouvert de couvertures militaires destiné à la sieste de l'après-midi, contourna le panier à roulettes rempli de bûches. Un Caddie piqué au supermarché.

– Juste quelques tuyaux, savoir ce qu'il a dans le ventre, cet Allemand.

Le jeune écarta les bras en un geste d'impuissance.

– Mais quels tuyaux ? Je ne sais même pas ce que…

– Tout ce que tu peux ratisser. Dans le paquet, je vais trouver ce que je cherche.

– Mais comment ?

– Elle n'est pas trop empotée, la petite, à ce que je crois savoir. Heinrich est bourré de documents, prend des notes partout, griffonne à tout bout de champ. Devant moi, hier, il ne s'est pas gêné, et il avait un sac à dos rempli de papelards. C'est là-dedans, j'en mettrais ma main au feu.

Pourquoi ne pas refuser tout de suite ? Nettement et tout de suite, s'impatienta une nouvelle fois Anthony. Son indigence l'accablait. Il avait déjà commis dix mille conneries pour ne pas avoir osé dire non. Et Gilda était la dernière en date. Une mineure ! « Pour quatre mois, tu parles ! » Elle était inconsciente.

Quatre mois, c'était suffisant pour s'attirer les pires emmerdements. Bruno était au courant, le vieux était au courant, qui d'autre ? Le grand-père, pourquoi pas ? Ce serait le bouquet ! Et maintenant, Grangier et son histoire d'Allemand ! Même ici, dans ce trou perdu, l'invraisemblable lui tombait sur le râble…

– J'ai besoin de toi, fils.

Le jeune garçon se retourna. La chaise avait couiné, et Grangier traînait des pieds, avec dans ses mains sa pipe et sa blague à tabac. Il passa devant lui sans le regarder, se posta face à l'ouverture qui donnait sur la mer.

– Tiens, viens voir, commanda-t-il.

Anthony s'approcha, posa ses coudes sur le béton, il n'y avait rien d'autre à voir que la nuit.

– Tu aperçois les trois lumières là-bas, dans le fond ?

Trois petits points jaunes effectivement, qui tremblotaient dans le noir.

– Oui.

– Eh bien, ce sont les bateaux de pêche dont je te parlais tout à l'heure. Je suis content quand ils sont là, j'ai l'impression d'être moins seul…

L'ermite tendait le bras à travers la fente, pointait le doigt dans la nuit striée par la pluie. Le vent mugissait, tapait sur le bunker comme un taureau furieux. « Qu'est-ce que je fous là ? s'interrogea Anthony. Dans ce sarcophage, et avec un vieux qui déraille. » Il jeta un coup d'œil à sa montre. Il avait hâte de quitter Grangier.

– Faut que j'y aille, ça fait plus de deux heures que je suis là. Manquerait plus qu'une bande d'abrutis pique du matos sur le chantier…

– Tiens, au fait…

Grangier plongea une main dans la poche de son treillis, sortit un petit carré de papier qu'il lui tendit.

– Qu'est-ce que c'est ?

– Le nom de l'ancêtre…

Le garçon haussa les épaules, se saisit du papier.

– Je suppose qu'il s'appelle Schneider, comme son petit-fils !

– Non, justement.

– Lieutenant-colonel Artmut Schloss… Schloll… quoi ? interrogea Anthony en levant les yeux.

– Grün… Lieutenant-colonel Artmut Schlossgrün.

– Mais comment est-ce possible ?

– Je ne sais pas.

– Mais Schneider, c'est bien votre Allemand ?

– Je n'en sais rien, il ne me l'a pas dit.

– Mais tout à l'heure… commença Anthony.

– Il ne m'a parlé que de son grand-père, le lieutenant-colonel Artmut Schlossgrün. Son nom à lui, Jürgen Schneider, je l'ai appris par ailleurs.

– Par ailleurs ?

– Oui…

– Vous ne lui avez pas demandé ?

– Non… C'était après.

– Je ne comprends rien.

– Il était bizarre, je te l'ai dit.

Grangier reniflait, mâchouillait sa bouffarde.

« Il se fout de ma gueule, oui ! » Le vieux lui bourrait le mou, lui racontait des bobards, tout simplement. Mais Tony avait le crâne en compote, ne pensait plus qu'à une chose : foutre le camp…

– Je me tire, salut !

Il lui tardait de respirer à l'air libre, de retrouver le vent, la flotte, et sa vieille tire pourrie.

– Alors, qu'est-ce que tu décides ?

– Je vais voir, s'exaspéra Anthony en s'engouffrant dans le couloir.

6

Jürgen Schneider soupira avec lassitude. Tout en continuant à fixer l'écran de son ordinateur, il se pencha, dénoua ses lacets et ôta ses chaussures. Il n'avançait pas. Tout ce qu'il relisait sur l'écran était rabâchage inutile. Supputations, présomptions, extrapolations… Du vent ! Il forgeait des hypothèses au kilomètre, les classait avec méthode. Ce jeu de l'esprit pouvait durer un siècle, jamais la lumière n'en jaillirait.

L'Allemand fit claquer le couvercle noir de son Mac portable, repoussa sa chaise avec mauvaise humeur, enjamba tout de même avec précaution clichés, cartes et plans qui jonchaient la moquette bleu marine, affala son mètre quatre-vingt-huit sur le lit… Et ce lit, bordel ! Trop petit. Jürgen s'aida des deux coudes, se mit en travers pour caser son quarante-six fillette. Tout était trop petit ici, trop étroit. Il se cognait aux portes, se rabotait les coudes sous la douche. Une hutte pour quatre personnes soi-disant. Couple avec deux enfants. Les gosses avaient droit à un placard avec lits superposés. Punis, au coin.

Jürgen déprimait. Deux semaines pour rien. Il avait quadrillé toute la contrée, potassé bouquins, récits et témoignages, effectué tous les recoupements possibles et imaginables, ratissé la documentation du Mémorial de Caen sous toutes ses coutures. Il y en avait des piles, entassées dans des dizaines de dossiers. Calepins, carnets, cahiers d'écolier, bouts de papiers rapiécés. C'est fou comme les gens aimaient écrire sur la pire période de leur existence ! Mais tout cela était inutile, le brouillard ne se dissipait pas. Quant aux précieux renseignements légués par son père… Jürgen leva les yeux sur le plafond lambrissé de bois verni :

« Pardonne-moi, papa, mais ils ne valent pas un clou ! »

Il plia l'oreiller sous sa nuque, alluma la télé qu'un bras métallique coinçait sous le plafond, et la première image lui arracha un ricanement : venir de Stuttgart pour retrouver le cacochyme globuleux ! Pas étonnant, cinq cents millions de téléspectateurs se le farcissaient dans une centaine de pays différents. Il couvrait l'univers. Derrick doublé en français, c'était complet. Jürgen coupa le son pour abréger le calvaire, rafla machinalement l'un des clichés qui traînaient sur la moquette.

Voilà, c'était lui. Ses parents le trouvaient beau, s'extasiaient dès qu'ils ouvraient l'album de photos dissimulé dans le coffre du bureau de son père. Pas les premières années, celles du silence honteux et du remords. Enfin, du remords… C'est ce qu'ils prétendaient du bout des lèvres. Lui-même n'avait eu droit à la connaissance du secret qu'au jour de ses douze ans. Solennel tête-à-tête avec son père.

Jürgen Schneider tendit le bras à la verticale, éleva la photographie à hauteur de ses yeux. À douze ans, quelle fierté ! Comme si Zorro s'était invité dans la famille. Ou Barbe-Bleue. Bonjour, grand-père, raconte-nous tes belles histoires de SS ! Cette bouffée d'orgueil juvénile avait persisté jusqu'à la fin de l'enfance. Après... Eh bien après, ne plus y penser, faire le vide, même quand ses parents feuilletaient religieusement l'album à couverture écarlate, avec leurs agaçants « Dieu qu'il était beau ! ».

Même pas. Ou alors, la beauté du vainqueur. Et du diable par-dessus le marché. Arrogant, dédaigneux... raide comme un mannequin dans son uniforme noir. Devait croire dur comme fer au Reich de mille ans sous sa casquette à tête de mort, ça crevait les yeux. Une gueule de couteau. Mais ses parents s'entêtaient à lui trouver une ressemblance avec le petit-fils. « Ton portrait craché », assurait même sa mère, mais maman débloquait toujours un peu devant l'icône. Papa était plus prudent, acquiesçait simplement en silence, conscient que ça ne faisait pas forcément plaisir...

– N'importe quoi ! grogna Jürgen en se jetant hors du lit. Il alla dans la salle de bains, coinça le cliché entre le mur et la glace, fit un test au-dessus du lavabo où trempaient slips et chaussettes.

– Papy à ma gauche, et moi, avec ma barbe de trois jours...

Jürgen écourta la revue de détail. Cette glace était une saloperie. Il y avait du vrai.

Il connaissait chaque détail de cette photographie, l'avait même examinée à la loupe avec l'espoir du détective : déceler un indice miraculeux, une silhouette brumeuse, une ombre derrière une vitre, ou bien encore un signe cabalistique qui lui aurait ouvert les portes du sésame. Débile. Il frôlait l'overdose, grand-père officier s'animait sur papier glacé, déambulait dans le parc, avec sa badine, ses bottes, et sa morgue de conquérant. En arrière-plan, on discernait nettement une grande façade blanchâtre sans style, piquée d'une vingtaine de hautes fenêtres à petits carreaux. Son QG. Jürgen n'avait eu aucune peine à retrouver la demeure aujourd'hui un peu délabrée, masquée par les haies et les futaies, postée en bout de presqu'île. Falaise à quatre cents mètres sur la gauche, plage à moins de un kilomètre sur la droite. Les habitants l'appelaient pompeusement « le château », et le château appartenait à un homme d'affaires suisse qui n'y faisait escale que trois ou quatre fois l'an, durant l'été. Jürgen n'avait pas pu pousser plus loin que les grilles du parc, mais peu importait. De toute manière, ce n'était pas là, ce ne pouvait pas être là. Ou alors, c'était râpé, il pouvait rentrer.

Jürgen rejoignit son lit, lâcha la photo qui échoua sur la moquette comme une feuille morte. « Cherche le bunker », lui avait seriné son père. Pauvre papa. Cancer généralisé. Condamné. En janvier 1993, il avait réuni la famille, interdit les pleurs, organisé méticuleusement son compte à rebours. Notaire jusqu'au bout. Mais une nuit, une nuit d'hiver glaciale, il avait appelé son fils au téléphone, lui avait demandé de passer le voir tout de suite. « C'est le moment », avait-il annoncé mystérieusement avant de raccrocher. Jürgen s'était affolé, avait foncé dans les rues désertes, lugubres comme des allées de cimetière. Jamais son père n'avait parlé de se supprimer, mais le mal qui le rongeait, le faisait atrocement souffrir, pouvait très bien venir à bout de ses préjugés. Rien de tout cela. Le père l'attendait dans sa robe de chambre à brandebourgs, tranquille et décidé. Il avait ouvert le coffre, avait d'abord sorti l'album de cuir rouge, pour inviter ensuite Jürgen à plonger sa tête dans le meuble. « Tu vois là ? Dans le fond… » Il voyait. Une sorte de petit coffret scellé dans la paroi, comme un double-fond. « Tu fais trois fois le trois », avait révélé son père en actionnant une mollette. La paroi s'était ouverte, et derrière, il y avait la boîte en carton bleu.

Jürgen laissa errer un regard mélancolique sur la moquette, effleura rêveusement les papiers du bout de sa chaussette. Tout était là. Clichés, plans, rapports, documents, croquis… Tout. « Cherche le bunker. » Lui-même avait tenté sa chance. À sa manière. Sur la pointe des pieds, en frappant aux portes, en enlevant poliment son chapeau et sans aucun succès. À l'entendre, il s'était même plutôt fait botter le cul : « En 1962, un Allemand qui fouinait faisait plus que déranger, et on me l'a vite fait comprendre. Je n'ai pas pu supporter cette méfiance, cette hostilité, cette haine même parfois. Il fallait voir comment c'était là-bas ! Tu arrives sur la côte, et tu tombes sur un musée en plein air, où nulle part, absolument nulle part, tu n'as le beau rôle. Tu es l'ennemi. Jusque sur les cartes postales et les murs des bistrots. Dès que tu sors, tu te retrouves dans la peau de l'accusé, et ça fait un drôle d'effet ! Même si je n'y étais pour rien, j'étais allemand, et forcément coupable. J'étais le sale type, le pourri, j'avais la gale. Cela me rendait malade, j'ai vite abandonné… Et puis, ce n'était pas mon genre, mon éducation s'y refusait. Tu comprends, j'étais notaire… »

Un sourire vagabonda sur les lèvres de Jürgen. Pauvre père ! Même les Jeunesses hitlériennes n'avaient pas voulu du gamin asthmatique qui crachait ses poumons en entonnant le « Horst-Wessel-Lied » !

La confession avait duré jusqu'à l'aube. Le père qui plongeait ses mains maigres dans la boîte bleue, et lui qui écoutait, abasourdi, l'incroyable récit de l'honorable notaire. Jürgen se souvenait du choc, de sa première pensée, de la seule en fait. Ainsi donc, cette famille qui dégoulinait de préjugés, cette famille si empesée, si respectable, si soucieuse de son image, possédait son noir secret. Et il l'avait tellement rejetée, cette famille, avait tellement craché sur ses valeurs bourgeoises ! Le jeune Jürgen s'était vautré dans toutes les révoltes de l'adolescence jusqu'à rêver des Brigades rouges et de la bande à Baader. L'âge l'avait assagi, évidemment, mais son père n'avait jamais pardonné son refus de lui succéder à l'étude. Scènes terribles, avant un long silence entre étrangers. Il était le mouton noir, le prof gauchiste, et pour couronner le tout, le divorcé. Enfin, tout ce qui n'était pas notaire…

Il n'y avait pas eu de promesse, le père n'avait rien exigé. « Tu fais ce que tu veux… C'est à toi de décider. » Mais tout de même, les derniers jours, il ne faisait que parler du lieutenant-colonel Schlossgrün. Sidéré par les ravages de la maladie, Jürgen n'avait d'abord prêté que peu d'attention aux paroles de son père. Le pauvre vieux n'avait plus toute sa tête, il délirait… Les yeux de Jürgen s'embuèrent… Pourquoi avoir voulu croire ça ? C'était faux. Il était lucide, mentalement intact dans son corps de naufragé. Assis dans son lit, coincé par une armée d'oreillers, et même lorsque la souffrance le poignardait, il restait lui-même. Un parfait contrôle de soi, dans toute cette panique morbide qui agitait la baraque. Jürgen se rappelait s'en être égoïstement félicité. Malgré sa déchéance physique, le père ne changerait pas jusqu'au trépas. Ça le rassurait, il se demandait également si « l'histoire » ne le soutenait pas. Il ne se confiait qu'à lui, en tête à tête, s'arrêtait de parler dès que la porte de la chambre s'ouvrait. Il était devenu le confident ultime, alors que tous deux prétendaient n'avoir plus rien à se dire depuis des années. La maladie, se persuadait Jürgen… Et il se sentait impuissant à endiguer ce flot de paroles insensées. Que voulez-vous répondre à un père agonisant ? Qu'il arrête de délirer ? Car ces mots, comment les croire ? Il affirmait s'être détesté, avoir détesté sa vie, son métier, sa médiocrité. « J'ai trop réfléchi, et trop longtemps, à ce qu'il fallait faire ou ne pas faire. Et au seuil de la mort, il y a toujours urgence à transmettre… » De tels mots, c'était impensable. Et transmettre quoi ? Il appelait comme à une vengeance. Sur quoi, grand Dieu ?

« Cherche le bunker, avait soufflé le paternel… Je ne serai plus là pour te suivre, mais ça me fera plaisir tout de même. »

« Cherche le bunker. » Il ne faisait que ça.

Une brusque averse de grêle martela les vitres du bungalow, arracha l'Allemand à ses troublantes pensées. Il se leva, colla ses mains en œillères sur le carreau, déposa son regard sur la nuit. La tempête soufflait depuis quarante-huit heures, cognait sur le bungalow comme sur un sac de sable.

– Monsieur Schneider, votre repas ! cria une voix de femme.

Jürgen sursauta, contempla la moquette avec consternation.

– Une seconde, s'il vous plaît !

Il ramassa précipitamment clichés et documents, les déposa en vrac sur le lit, les recouvrit tant bien que mal par des magazines, et alla ouvrir la porte. Emmitouflée dans une veste matelassée, bottes de caoutchouc aux pieds et écharpe sur la tête, Madeleine Fournier était une paysanne russe sortant de son champ de patates.

– Excusez-moi, je vous ai fait attendre, déplora Jürgen.

– J'ai frappé, mais vous ne répondiez pas.

– Je n'ai rien entendu.

– Avec ce boucan dehors, ce n'est pas étonnant… Heureusement, c'est un repas froid. Où est-ce que je vous le pose ? demanda Madeleine en baissant les yeux sur le plateau qu'elle tenait entre les mains.

– Donnez, je…

– Non, non, pensez-vous !

Madeleine était déjà entrée, ignorait les doigts tendus.

– Sur la table ?

– Si vous voulez, consentit l'Allemand en enlevant l'ordinateur qu'il déposa sur le lit.

Il fit à nouveau volte-face. Madeleine ne se débarrassait pas du plateau recouvert d'une serviette.

– La photo, annonça-t-elle avec un mouvement de menton.

Elle trônait sur la table, avait dû se glisser sous le portable. Le lieutenant-colonel Schlossgrün bien entendu. En compagnie d'Albert Speer, chouchou du Führer et ministre de l'Armement lors d'une visite sur le « Westwall » (mur de l'ouest). Son père le surnommait « l'amnésique ».

Jürgen la ramassa avec un rire niais. Madeleine souleva la serviette.

– Côte de porc froide avec salade, camembert, tarte aux pommes maison, et une demi-bouteille de Bordeaux. Ça ira ?

– Parfait.

– Vous n'avez besoin de rien d'autre ?

– Non, assura Jürgen en ouvrant la porte, et merci encore d'avoir bien voulu faire une exception.

Le Dog Red ne servait habituellement pas dans les bungalows, mais il avait demandé une faveur. Le restaurant vide lui minait le moral. La dernière fois, la fille de la patronne posait les chaises sur les tables et il n'en était qu'au hors-d'œuvre…

– Pour un bon client, c'est normal… Et puis, nous ne sommes pas débordés !

Elle le rejoignit à pas lents, mains enfoncées dans les poches de son blouson matelassé. Une fois sur le seuil, elle continua à prendre son temps, resserra le nœud de son écharpe autour de son cou, et ses yeux se posèrent sur le lit.

– Alors, bon appétit et bonne nuit.

– Merci.

Pensif, Jürgen se versa un verre de vin. Elle avait vu la photo sur la table, et alors ? Quelle importance ? Cette brave femme voyait défiler des centaines de clichés, des centaines de bouquins et des centaines de touristes. Tous étaient liés au Débarquement, et elle n'était pas près de s'en plaindre, c'était son fonds de commerce.

Non, le vrai souci, c'était lui. Il s'y prenait comme un imbécile, n'y arriverait jamais tout seul, et surtout pas en clandestin ! Déjà, cette fausse identité était une bêtise. Mais il avait écouté son père. Cette fameuse ressemblance, toujours elle ! Mais qui pouvait donc se souvenir avec précision du lieutenant-colonel Schlossgrün cinquante ans après ? Et quand bien même ! Il s'était laissé bêtement influencer, devait changer sa méthode. Peut-être pas battre du tambour sur la place publique, mais se dévoiler, jouer franc-jeu… Enfin, jusqu'à un certain point. Ce ne serait pas facile, facile, mais il n'avait plus le choix. Tout ce qu'il avait entrepris depuis quinze jours ne l'avait mené nulle part, et puis, les gens commençaient à l'épier, à l'observer d'un drôle d'air. Comme les vieux qui jouaient aux cartes, le gros Fournier surtout, le patron, qui le flairait comme un chien de chasse… Alors, autant tenter le tout pour le tout. Qu'est-ce qu'il risquait ?

Jürgen s'assit à la table, déplia sa serviette.

Pour commencer, il allait revoir le fou du bunker et rattraper le coup. Il avait voulu le rouler dans la farine, et l'autre s'en était rendu compte, s'était refermé comme une huître, soupçonnant un mensonge, peut-être même une arnaque. Or, au seul nom de Schlossgrün, une drôle de lueur s'était allumée dans ses yeux. Ce type savait quelque chose, il devait le mettre en confiance…

D'abord le vieux. Et puis après, le releveur d'épaves. Ensuite, Alfred Fournier et ses copains, pourquoi pas ? Et il y en avait bien d'autres, Jürgen avait sa liste.

Ragaillardi, moral replâtré, il se remémora les étapes qui l'avaient amené ici. Son père s'était éteint le 3 avril 1993, et pendant des mois, il y avait eu en lui la volonté de tout effacer. Faire le vide, ne plus se retourner sur le passé, il n'avait même pas eu à se forcer. Mais tout ce battage autour des cérémonies du cinquantenaire l'avait obligé peu à peu à rebrousser chemin. Toute une actualité à laquelle on ne pouvait échapper, qui engageait de durs débats, et même d'ardentes polémiques, notamment sur la question de savoir si, oui ou non, l'Allemagne devait participer à l'anniversaire. Il s'était intéressé aux récits, aux souvenirs, aux témoignages, et « le bunker » de son père avait resurgi dans sa tête. D'abord comme un jeu. Mais il s'était laissé bouffer, avait ouvert la boîte bleue, passé des soirées, le nez collé sur les documents. C'est ainsi que l'idée avait fait son chemin. Une idée de gamin. La Seconde Guerre mondiale n'avait jamais été sa tasse de thé, mais ce bunker s'imposait, devenait un peu comme sa propriété. Il l'avait étudié, se l'était imaginé, se l'était dessiné, et le jeu avait dégénéré, avait tourné à l'obsession, soutenu par le fantôme de son père, qui sans cesse le relançait : « Pourquoi pas, Jürgen, pourquoi pas ? » Prendre quelques mois sabbatiques, s'arracher à la routine, aux gosses, se désintoxiquer la tête, revivre un peu. C'était plus que tentant, le prof de français en avait plein le dos de son boulot, des devoirs à corriger, de son ex qui le harcelait, de sa copine qui s'incrustait, plein le dos de lui-même finalement… surtout de lui-même. Oui, pourquoi pas ? À tout hasard, il avait retenu une chambre longtemps à l'avance, car on pressentait la cohue là-bas, toute la Normandie allait être prise d'assaut. Il avait également opté pour l'établissement le plus proche des descriptions du grand-père SS. « Tant qu'à faire », s'était-il dit, feignant de ne pas se prendre au sérieux.

Comme un jeu.

Jürgen planta sa fourchette dans la côte de porc qui débordait de l'assiette, enfourna son premier morceau de viande avec gourmandise. Sur le mur, face à lui, s'étalait la photographie aérienne d'un tremblement de terre. La pointe du Roof au lendemain des combats.

Il allait tout de même finir par le trouver, ce putain de bunker…

7

« Last December, the sixth nineteen eighty-three… »

Anthony conduisait en père peinard, gueulait à tue-tête avec les Blues Brothers. Il adorait les frangins à lunettes noires, ce rock de sauvages dopé par les cuivres qui ronflaient derrière. Même avec ce son pourri, ces vibrations de cage métallique. À l'heure où l'autoradio faisait de votre voiture un studio, son magnéto tressautait sur le siège comme si on le chatouillait sous les écouteurs.

« There's a riot going on,
there's a riot going on… »

En même temps, il se donnait du cœur au ventre. Anthony ne savait pas trop comment présenter la chose à Gilda, mais il était résolu. Le naturel avec lequel Grangier lui avait balancé le nom de sa petite amie l'avait sidéré, et depuis, une lourde inquiétude le torturait. Si l'ermite, reclus dans son bunker, était au courant, qu'en était-il des autres ? Pour l'ermite, il ne voyait que Bruno. Mais c'était encore pire. Le postier était la commère du village. Anthony ne le connaissait pas depuis quarante-huit heures que le facteur se répandait déjà sur les histoires de cul de la contrée. La femme du notaire, le curé et sa bonne, et puis, cerise sur le gâteau des ragots, une ancienne pute de la ville, rangée avec un fermier, qui se faisait encore quelques passes de temps à autre. Pourquoi donc se priverait-il avec Gilda ? La réponse était toute simple : il ne se privait pas. Et son cauchemar de la nuit dernière attisait encore son angoisse : le boulanger, le boucher, la pharmacienne, tout le monde savait, tout le monde en discutait. Une foule hostile, bavante et répugnante, rameutée par le grand-père, qui grouillait, grondait après lui avec de vilains rictus et des mines salaces, ils en devenaient violets. Anthony s'était réveillé en sueur au seuil du lynchage sur la place…

Le lynchage, c'était peut-être exagéré, mais au conseil de famille au Dog Red, il s'y voyait tout éveillé. Papy Fournier ne pouvait pas l'encadrer. Les parents, il ne savait pas trop, mais pas la peine de s'illusionner. D'abord, les parents étaient adoptifs et le vieux comptait en priorité. Gilda assurait qu'il détenait le pognon, tenait la baraque. Et qu'il l'adorait. Donc, s'alarmait Anthony, il apprend les parties de jambes en l'air de sa petite-fille de dix-sept ans avec un vaurien de passage, il fait un foin de tous les diables, porte plainte et me plonge dans la merde sans hésiter ! Les gendarmes et le Dog Red coexistaient dans une grande fraternité, ils y passaient chaque jour, garaient l'estafette sur le parking, posaient le képi sur le comptoir. Et pour ce qui était du fameux « jamais pendant le service », mieux valait aller au ciné.

La cata, donc. Surtout qu'il ne pouvait se permettre de prendre le moindre risque, vu la casserole qui lui collait au cul. Dans la nuit du 31 décembre dernier, il était passé à l'année nouvelle en massacrant un videur de boîte de nuit à Dieppe. Encore une histoire de fille, l'attitrée du videur, qui avait plaqué son gros musclé pour le grand frisé un peu bohème. Qu'est-ce qu'il pouvait y faire ? Mais le délaissé, taillé en rouleau compresseur, avait piqué sa crise. Ce qui fait que, à deux doigts de se voir infliger la dégelée du siècle, Anthony avait gâché une bouteille de Jack Daniel's sur le crâne du sanguinaire. Le résultat prouvait une nouvelle fois que, décidément, la justice n'est pas de ce monde : hôpital et quinze points de suture pour l'agresseur, tribunal et huit mois avec sursis pour l'agressé. Lesquels s'ajoutaient à quelques fâcheuses bricoles inscrites à son casier.

– Un détournement de mineure là-dessus, et je suis bon pour le trou, se lamenta Anthony.

L'enfer s'installa dans sa tête avec le grand-père en vedette. Le grand-père, les képis, et le juge d'instruction. Non seulement, il était un violent, mais un suborneur, abuseur, violeur, enfin bref, une horreur. Qui avait flétri l'innocence d'une petite fleur. « Gilda, l'innocente ! » rigola un autre coin de son cerveau… Mais il serait marron. Seconde liste : Un douteux, marginal, asocial, quasi-vagabond, monsieur le juge, qui erre dans le coin sans savoir quoi faire de sa peau, si ce n'est ce petit boulot de minable… Au noir de surcroît. Vous voyez bien, monsieur le juge, que mon petit ange blond est en grand danger. On passerait le mouchoir à grand-papa.

Anthony fit taire le magnétophone d'un coup de pouce rageur. N'avait plus le goût aux Blues Brothers. Il repéra le panneau « Descente vers la mer », quitta la départementale pour un mince ruban de goudron sinueux et ombragé. Sans doute l'une de ces anciennes « chasses » de camouflage, où Allemands et Américains s'étripaient. Ils se planquaient dans les haies, les fossés, les talus, ne se voyaient pas à trois mètres, tiraillaient dans le tas, s'égorgeaient à l'aveuglette.

Le tunnel d'arbustes disparut sans prévenir à la sortie d'un virage, et l'éblouissement fut tel qu'Anthony s'en trouva aveuglé. Il abaissa précipitamment le pare-soleil, déboucha sur un horizon sans barrières. La grosse boule rouge flottait sur une eau étincelante qu'elle striait de longues traînées sanglantes, et la plage de sable n'était plus cette lande sinistre de la veille, secouée par les bourrasques. Anthony leva les yeux vers un ciel bleuté et cotonneux. La tempête s'était offert un jour de repos.

Il aperçut le scooter de Gilda, gara sa voiture sur le terre-plein sablonneux, ouvrit la portière d'un coup de pied solide, moins tendre qu'à l'accoutumée. Il y avait bien une solution. Habituelle et pas compliquée. Il ouvrait son sac de sport, y enfournait ses petites affaires, et disparaissait. Oui, mais voilà, il n'avait pas envie.

– Tony, Tony… chantonna une voix joyeuse derrière lui.

Gilda accourait, sa longue jupe claire remontée sur les cuisses. Il la capta en contre-jour comme une ombre d'enfant, comme une proie éperdue qui se jetait dans la gueule du loup. C'était bien ce qu'Anthony avait pensé les premiers jours. Mais là, sur cette plage d'automne maquillée en été, le loup s'inquiéta encore un peu plus : il n'avait plus de griffes, plus de dents, et le Petit Chaperon rouge était en train de le boulotter.

– Qu'est-ce que tu foutais ? se plaignit Gilda en se blottissant contre lui, visage enfoui dans le pull bleu marine à grosses côtes torsadées. Il lui caressa doucement les cheveux.

– Rien de précis. Je me suis baladé en attendant l'heure, et puis j'ai oublié les kilomètres…

Il avait poussé jusqu'à Utah Beach, s'était arrêté à Sainte-Marie-du-Mont et Sainte-Mère-l'Église. Là-bas, c'était Clochemerle. Depuis cinquante ans, les deux communes se disputaient âprement la borne 0 de la Liberté qu'elles avaient plantée chacune de leur coté. Sainte-Marie était plutôt amère, râlait après le renom de sa voisine où l'on changeait le parachute accroché au clocher chaque année. Mais depuis le tournage-marathon du *Jour le plus long* sur la place du village, les vieux de Sainte-Mère avaient des trous de mémoire. Ils perdaient leurs repères, se brouillaient entre fiction et réalité. À les entendre, l'armada-ciné du Zanuck à gros cigare avait mis plus de bordel dans les us et coutumes locaux que les « Aigles hurlants » de la 82e Airborne US.

– Il me semble que tu m'oublies aussi un peu facilement, glousse Gilda. Remarque, tu avais tout le temps, je ne risquais pas de me faire draguer. À part eux là-bas…

Anthony accompagna du regard le bras tendu de la jeune fille. Sous le soleil rasant, une douzaine de gus creusaient le sable en ligne avec leurs bêches, et il savait depuis peu ce qu'ils trafiquaient. À marée basse, ils plantaient leurs hameçons avec un appât, retenaient le tout en enterrant un contrepoids. La marée remontait, les poissons mordaient, et une fois la plage découverte, se faisaient ramasser. Sans cannes et sans bateaux, juste avec un petit crochet et un bout de Nylon. La pêche du pauvre…

« Tiens, eux, par exemple, se désola derechef Anthony, ils doivent bien de temps à autre prendre un coup au Dog Red, et s'ils me voient avec elle… »

– Qu'est-ce qu'on fait ?

– C'est vraiment beau…

Anthony était en extase, se lavait un peu de son angoisse. La mer flambait sous ses yeux.

– M'en fous !

– T'as tort, on n'en profite pas assez. On est là, on ne fait plus gaffe, on ne voit plus rien… pense un peu aux toxicos à l'oxyde de carbone !

– Parle pour toi. Moi, tout ça, je finis par le prendre en horreur. J'en ai ma claque, mais à un point que tu n'imagines même pas !

Ah bon ? Elle le bassinait jour après jour avec sa vie de miséreuse dans ce trou perdu où les jeunes ressemblaient aux vieux, où les vieux étaient plus vieux qu'ailleurs, cette routine désespérante où rien n'arrivait jamais.

J'ai l'impression qu'on m'a collée dedans, larmoyait toujours Gilda, et que je ne pourrai plus jamais m'en sortir…

– T'exagères pas un peu, non ?

– Tu ne sais pas ce que c'est, ça se voit… Pour toi, c'est simple, tu foutras le camp quand tu voudras.

C'était reparti ! Regard humide, lèvres boudeuses. Un petit animal. Anthony lui bécota le bout du nez.

– Alors, qu'est-ce qu'on fait ?

– On se balade un peu ? Il fait bon…

– D'ac ! se résigna Gilda.

Ils commencèrent à marcher lentement le long du parapet de ciment. Il la tenait par le cou, elle l'enlaçait de ses deux bras au niveau de la taille, se laissait guider, avait le museau dans la laine…

– J'aime ton odeur.

– Ouaf ! ouaf !

Il faisait le guignol. Mais ça n'enlevait pas les soucis.

– Et après ? On va chez toi ?

– Je n'ai rien à bouffer.

Gilda haussa les épaules.

– Comme d'habitude. On n'a qu'à prendre deux pizzas chez l'Italien.

Malgré un « Don Cesar » inscrit en lettres géantes sur sa camionnette blanche, il n'y avait rien d'italien chez le marchand ambulant qui stationnait tous les deux jours, près du monument aux morts. Il était breton, moins bavard qu'un menhir, avait démarré par les crêpes, honneur au pays. Mais le sarrasin ne faisait plus recette.

– Si tu veux.

– Dis donc, t'as pas l'air en forme !

– Ce n'est pas ça…

Gilda s'arrêta sans desserrer son étreinte, l'épia avec une moue de gamine fureteuse.

– C'est quoi alors ?

– Rien…

Sa voix était accablée. Et ce n'était pas du chiqué. Anthony se battait durement avec lui-même, s'accusait de pousser un peu trop les feux : car il ne fallait pas délirer non plus, tout allait bien jusqu'à maintenant. Ce n'est pas parce qu'il sautait la fille du Dog Red que tout le pays allait se mettre à ses trousses.

– T'as des ennuis ?

Quoique… C'était l'autre partie de sa pauvre tête, celle qui ne pensait plus qu'au grand-père furibard, aux gendarmes, au casier. Et il se décida. Elle allait comprendre, elle n'était pas bête, loin de là…

– On va devoir mettre la pédale douce, commença Anthony.

– Hein ?

– Tous les deux, on devrait freiner un peu.

Gilda se décolla avec brusquerie. Regard noir, front plissé, sourcils froncés.

– Ce qui signifie ?

– Qu'on devrait se voir un peu moins, être plus prudent aussi…

– Dis-le !

Elle s'était reculée d'un bon mètre maintenant. Anthony sentit venir le clash. Bravo ! En deux phrases, il foirait. Il tenta de se rapprocher, mais elle l'envoya paître, mains plaquées sur sa poitrine.

– Je te le dis, s'entêta courageusement Anthony, il serait bon qu'on fasse un peu plus gaffe, on prend trop de risques.

– Dis-le ! répéta sèchement Gilda.

– Te dire quoi ? Je comprends pas…

– Il y en a une autre, c'est ça ?

– Mais pas du tout, qu'est-ce que tu vas chercher…

Anthony était atterré. Il était à la télé, dans un feuilleton à trois balles…

– Mais tu veux me larguer, c'est bien ça ? Tu ne sais pas comment t'y prendre, comment me le dire, mais c'est ça !

– Alors là, pas du tout !

Dialogue haut de gamme. Anthony s'esclaffa. Il était nul, s'y prenait comme un manche.

– C'est ça, connard ! Marre-toi en plus !

Anthony rengaina son sourire. Ce n'était pas gagné.

– T'es encore mineure, Gilda, et si je me fais piquer…

– Et c'est tout ce que tu as trouvé ! Alors là, bravo ! Monsieur tire son coup quand ça lui chante, il en a bien profité, a baisé tant qu'il voulait, et maintenant qu'il en a marre, salut ! Terminé !

Elle se frottait les mains avec frénésie, paraissait prête à se ruer sur lui. Le Petit Chaperon rouge ? Tu parles… Jeanne Hachette, oui ! Elle allait le couper en deux.

– J'aime pas…

– Quoi ?

– J'aime pas quand tu parles comme ça…

– M'en fous, c'est la vérité.

– C'est le contraire justement !

– La vérité. T'es un salaud, rien d'autre !

Elle marchait, s'éloignait d'un pas saccadé.

– Mais arrête !

– Non ! Barre-toi !

Anthony prit peur. Une trouille énorme, inexplicable, comme si un gouffre s'ouvrait sous ses pieds. Gilda partait, et c'était le gouffre. Quelque chose d'inconnu le lacéra, lui ravagea les entrailles.

– Arrête !

– Non, je ne veux plus te voir !

Sans réfléchir, il fonça sur la jeune fille, ignora les poings qui le martelaient, les ongles qui le griffaient, emprisonna la forcenée entre ses bras.

– Salaud ! T'es qu'un salaud…

– Mais calme-toi !

– Lâche-moi ! lâche-moi !

– Sûrement pas !

Il maintenait de force son visage contre l'épaule.

– Écoute-moi bien, petite conne, je tiens à toi comme je n'ai jamais tenu à personne… Tu m'entends ? Non seulement je veux qu'on reste ensemble, mais je veux faire plein de trucs avec toi… Je ne sais pas où on va, ni comment… Mais pour l'instant, je ne vois rien sans toi… Si tu me quittes maintenant, franchement, je serai mal… Je tiens à toi…

Anthony chuchotait à l'oreille de Gilda. Des mots désordonnés, haletants, toujours les mêmes… il était incroyablement essoufflé, oppressé, son cœur jouait du tambour. Il plaqua la jeune fille contre lui, la sentit frissonner, sentit son corps s'amollir, s'affaisser…

– Pourquoi tu me fais des peurs pareilles, alors ?

Elle sanglotait, hoquetait, avec ses mèches en poils de chien, et son Rimmel qui dégoulinait. Anthony desserra son étau.

– Si tu me laissais le temps de m'expliquer aussi ?

Une demi-heure plus tard. Dans la voiture, blottis l'un contre l'autre. La boule rouge déclinait, jetait ses dernières flammes, sombrait à vue d'œil dans l'océan. Les pêcheurs remontaient sur la grève, bêche sur l'épaule, seaux à la main, défilaient devant la Taunus, et Anthony invoquait le dieu des myopes. Mais finalement, il s'en foutait. Sa main s'aventura un peu plus loin dans l'échancrure de la chemise en jean de Gilda, fit sauter un nouveau bouton-pression. Il était bien.

– Six mois, c'est long… entendit-il murmurer.

– Ce n'est rien. Ça passera vite, tu verras…

– Et après…

– Je te l'ai dit, s'impatienta légèrement Anthony.

– Mais comment on va faire ?

– On verra à ce moment-là…

Ça n'allait pas recommencer ! Le soulagement le rendait à lui-même. Le contentement également. Il avait réussi, elle était à nouveau la petite Gilda et il était à nouveau le grand Anthony. Mais à quel prix !

– Remarque, il ne faudra pas faire n'importe quoi, non plus.

Il était allé trop loin. Pourquoi s'était-il affolé comme ça ? Complètement dingue… « Qu'est-ce qui m'a pris, bordel ? » s'interrogeait Anthony. Tous ces mots insensés, ces promesses, ces serments, il avait flippé comme un malade… Tout ça ne lui ressemblait pas. Il avait toujours tout maîtrisé, sa dèche, ses coups durs, tout ! Même le coup de boutanche sur le crâne de l'autre orang-outang, il l'avait pensé. Il se souvenait de sa lucidité, de la demi-seconde où il s'était décidé : « C'est lui ou moi »… Et bang ! Mais là… « Putain ! enragea Anthony, je ne sais pas ce que je veux, complètement largué. » Si, il savait au moins une chose. Il ne voulait pas perdre Gilda, ne se voyait plus sans elle. Et cette nouveauté le démontait.

– Tu as raison, on va devoir s'organiser…

Elle renversa son cou, il lui mordilla gentiment le bout du nez, et sa question jaillit comme une issue de secours.

– Au fait, il y a un Allemand qui loge chez vous ?

– Ouais. Depuis plus de quinze jours maintenant.

– Et qu'est-ce qu'il fait dans le coin, à ton avis ?

– Ah bon, toi aussi ?

Gilda s'était redressée, avait regagné son siège. Curiosité dans le regard mouillé.

– Comment ça, moi aussi ? interrogea Anthony totalement pris au dépourvu.

8

Retour de flamme. Cramé, roussi jusqu'aux oreilles. Maintenant, il récupérait. Enfin, il s'efforçait.

Grangier renifla avec application, appuya ses coudes sur le rebord de béton, fixa la nuit qui dansait sur les vagues. Il faisait miraculeusement doux. Plus de rodéo dans le ciel, juste une bonne vieille lune jaune pâle. Rien d'autre à voir que « le Désert des Tartares » s'amusait Bruno l'autre jour. Il aimait bien les références littéraires. Bruno avait dû jeter un œil sur Buzzati, et ne se privait pas de le faire savoir. Avoir des lettres, ça faisait bien dans la sacoche d'un postier.

« À cette différence près, avait répliqué Grangier, que je n'attends personne. »

C'était vrai sans l'être. Depuis quarante-huit heures, les visiteurs venaient d'eux-mêmes…

Il posa sa pipe en équilibre sur le ciment, se racla laborieusement la gorge, s'énerva après les durs picotements qui couraient sur sa langue. Il fumait trop. Depuis qu'un copain de l'imprimerie s'était chopé un cancer du palais avec sa bouffarde, Grangier s'alarmait régulièrement. Le copain, c'était il y a longtemps, mais Grangier n'était pas près d'oublier sa fin. Pour abréger ses souffrances, il s'était pendu dans sa salle de bains.

– J'arrête les frais, décida l'ermite en colère contre lui-même.

Pour ce soir. Demain, il irait mieux, et après deux ou trois heures d'une vaine résistance, repiquerait du nez dans sa blague à tabac. Mais demain était demain.

La nuit se glissait dans le bunker avec son bagage d'odeurs marines. La journée avait été calme et ensoleillée, presque printanière, et le vent d'ouest s'était paresseusement relevé avec la marée. Grangier eut une pensée pour les pêcheurs qui chaluteraient tout à l'heure devant son bunker. Ils n'allaient pas trop en baver…

L'ermite tourna la tête vers son lit de camp qu'éclairait violemment la lampe baladeuse accrochée au plafond. Il soupesa du regard les chemises cartonnées soigneusement alignées sur la couverture kaki. Rangées par couleur. La rose était pour Alfred Fournier. Sur la petite table de fer coincée contre le mur, gisait un monceau de feuillets. Il avait griffonné toute la journée. Tout à l'heure, il remettrait ses notes au propre. Ce serait son dernier travail, mais déjà, il savait.

Fournier, l'enculé.

Le jeune Allemand était revenu. Tôt ce matin, et avec une tête à se faire pardonner. Décidé à ne plus bluffer, à ne plus le prendre pour une bille. Ainsi, il n'y avait pas que le grand-père, tiens donc, la grande nouvelle ! Le grand-père, on pouvait toujours y penser, mais ça n'irait jamais plus loin qu'un tas d'os exhumé sous le soc d'une charrue. Question macab, c'était classé. En passant, Grangier avait eu droit à quelques éclaircissements sur la carrière de l'ancêtre : blessé à Stalingrad avant la grande déroute, il avait été rapatrié sur le front de l'ouest pour prendre le commandement d'une horde de troufions dépenaillés où l'on comptait bien plus de Géorgiens et d'Ukrainiens que de purs Allemands. Des « Mongols », qui se trimbalaient avec leurs chevaux et leurs charrettes, dormaient sous la tente. À lire son courrier, assurait Jürgen, le fringant SS n'en était pas très fier, encore qu'il méditait loyalement sur son coup de pot. Pendant sa convalo, son régiment d'élite s'était fait désosser dans les steppes glacées, et lui, il était bien au chaud, sur le Mur de l'Atlantique. Vivant, et croix de fer en sautoir. Le jeune Allemand s'était accroché aux valeurs familiales, avait tracé un honorable portrait de l'aïeul à tête de mort disparu dans la tourmente du 6 Juin 44. Sans Hitler, il serait resté notaire, grand-père, ne pouvait donc pas être sanguinaire. Grangier avait ricané en douce. Actuellement en Bosnie, il y avait un tas d'honnêtes gens qui égorgeaient à la chaîne…

De toute manière, l'Allemand s'en moquait un peu de l'ancêtre. Ça se sentait à la mollesse du propos. Il s'était volatilisé, paix à ses cendres éparpillées… Sauf qu'il avait laissé un souvenir à lui dans la contrée, et un souvenir de valeur si l'on excluait les sentiments. « Alors ? » s'était impatienté Grangier. Car il avait tout se suite senti le flottement. Jürgen Schlossgrün – oui, il s'appelait Schlossgrün, ça aussi, c'était réglé – avait repris ses tics de cachottier, minaudait à nouveau. Un Allemand qui minaude, c'est un spectacle, mais l'ermite s'était vite lassé, et au comble de l'agacement, lui avait indiqué la porte de sortie. Il le prenait pour un con ? « *Raus !* »… Ce qui, dans un blockhaus, ne sonnait pas faux. « Vous me racontez tout, ou alors, ce n'est pas la peine, je ne peux rien pour vous ! » avait gueulé Grangier de sa voix embrumée, et le grand Schlossgrün, qui évoluait tête basse sous peine de se faire balafrer le crâne, avait pris conscience de l'urgence : ou il obtempérait, ou il se faisait jeter. Avec une mauvaise mine de conscience tourmentée, l'Allemand avait fait le bon choix, avait tout déballé, aurait même poussé plus loin si l'autre ahuri n'avait pas déboulé.

Passez donc au bunker, c'est le dernier salon où l'on cause ! Façon de parler, c'était Narcisse le muet. L'ermite ne l'avait pas revu depuis des années, depuis qu'Alfred Fournier l'avait viré de son bistrot… Mais il le reconnut sans difficulté. Toujours la même salopette bleue trop courte sur la chemise écossaise trop grande, toujours les brodequins de vacher. Et toujours la même tête d'empaillé.

Quoi qu'il en soit, l'irruption avait grandement perturbé l'Allemand. Au point qu'il s'était pratiquement enfui en bredouillant une vague excuse. Comme l'hostilité de Narcisse à son égard était carrément palpable, qu'il le fixait avec un rictus de férocité, Grangier s'était posé des questions. Mais il n'avait pas eu le temps d'approfondir, le muet l'avait tout de suite accaparé. Nouveau coup de théâtre ; Il s'était mis à parler.

Parler, c'est beaucoup dire… Mais enfin, il sortait des sons. Et en l'écoutant ahaner entre deux grognements primitifs, l'ermite s'était souvenu de ce que lui avait confié Alfred au temps de l'amitié : Narcisse n'était pas un vrai sans-parole, mais un muet volontaire, muré dans un blocage dont il ne voulait pas s'extraire. Le silence était le seul remède au chaos qui régnait dans sa tête. « C'est comme un curé quand il prononce ses vœux. Plus de femmes. Eh bien, Narcisse, c'est plus de paroles. » Une connerie signée Paul Pétré. Un spécialiste.

Enfin là, il causait un peu. Un chuintement bizarre sortait de ses dents jaunes et rognées comme d'un tuyau d'échappement à demi bouché, et dans le même temps il s'agitait comme un forcené, brassant frénétiquement l'air de ses deux bras décharnés. L'ensemble ne faisait pas très aimable, et après quelques secondes de perplexité, Grangier avait fini par comprendre que Narcisse l'engueulait. Pire encore, il le menaçait. « Pas toucher à Alfred… Laisser tranquille Alfred », chuintait-il sans cesse entre ses quenottes pourries…

Fournier et Narcisse, c'était le maître et l'esclave, le maître et son chien. Mais Grangier ne voyait pas ce que lui-même avait à voir avec les balbutiements du débile. Et plus il avait tenté de comprendre, plus Narcisse s'était excité : « Laisser Alfred… laisser Alfred… », c'était tout ce qu'il saisissait. Si bien que, au bout de quelques minutes, Grangier en avait eu sa claque, avait voulu le virer, mais gentiment, en lui conseillant d'aller se reposer. Mauvaise initiative, Narcisse avait piqué sa crise, l'avait empoigné, fait tourner comme une toupie et voltiger sur le lit de camp. Le temps de réagir, et il s'était retrouvé face à un tabouret et à un poing fermé. « Narcisse, tu déconnes ou quoi ? » L'ermite se l'avouait sans honte, il avait eu la trouille face au furieux : Les yeux lui sortaient de la tête, il moulinait du tabouret, ce qui l'avait amené à réfléchir à toute vitesse. À peu près même âge, à peu près même poids. Ce qui n'en faisait pas des gladiateurs. Mais l'autre était déchaîné, donnait l'impression de pouvoir porter un avion à bout de bras. Grangier contre Narcisse, c'était plume contre enclume. Il avait donc prudemment brandi le drapeau blanc : il était d'accord avec lui finalement, on pouvait discuter. Mais de quoi Bon Dieu ! Discuter avec un borborygme, c'était mal barré. Et pourtant…

Grangier reluqua avec insistance la chemise cartonnée dont le rose s'éclaboussait sous la lampe baladeuse. Une idée se propulsait en lui à une vitesse foudroyante, une idée qu'il ne pouvait même plus contrôler. Et il voulait de la lumière cette nuit, plein de lumière. Et lui dedans.

9

– On en fout partout, rigola Gilda en donnant de grandes tapes sur la couette.

– Trop cuite, comme à chaque fois.

Assis en tailleur sur le matelas, ils s'enfournaient des bouchées géantes pour éviter que la croûte ne déserte en masse.

– T'aurais dû couper des parts moins grosses.

– Genre petits-fours, c'est ça ? marmonna Anthony, main coincée en réceptable sous le menton.

La pizza italo-bretonne gisait dans son grand carton tiède. Fourrée aux légumes du pays. Plus saucisse style Morteau découpée en dés. On évitait le chou-fleur, c'était déjà ça.

– T'en veux ?

Anthony tendait une bouteille de Coca. Gilda se résigna. C'était ça ou s'étouffer.

– Et ton grand-père faisait la gueule, tu dis ?

– Une gueule d'enterrement. Quand Madeleine lui a dit le nom de l'Allemand, Schloss… Schloss… Enfin, Schloss machintruc, je ne me souviens plus… Il s'est liquéfié. J'te jure, je l'avais jamais vu comme ça. D'ailleurs Madeleine s'est inquiétée, a cru qu'il se sentait mal.

– Il n'a rien dit ?

– Non, pas un mot.

– Et alors ?

– Alors rien, je ne suis pas restée, car j'ai bien vu que je les emmerdais. Je passais dans la cuisine pour la troisième fois, et je sentais le malaise. De toute manière, la cuisine, c'est toujours là où ils s'engueulent ! En plus, j'en ai rien à foutre de leurs histoires ! J'ai pris le journal sur la table, et je suis ressortie. Tout ce que j'ai compris, c'est qu'ils discutaient de l'Allemand depuis un bon moment, que Madeleine avait découvert qu'il n'était pas là sous son vrai nom, qu'elle avait repéré plein de papiers dans sa piaule, des photos aussi, et que ça mettait grand-père dans tous ses états…

– Et pourquoi, à ton avis ?

Gilda sautilla avec impatience sur son séant.

– Mais j'en sais rien, moi ! T'es marrant…

– Ils n'étaient que tous les deux, donc, articula pensivement Anthony.

– Oui, Raymond travaillait, était de quart du soir. Enfin, pas tout à fait deux, mais c'est tout comme, l'autre, il ne compte pas. Lui ou personne…

– L'autre ?

– Narcisse.

– Qui c'est ça, Narcisse ?

– On peut parler d'autre chose, non ? plaida Gilda.

– Dis-moi !

– Un pauvre type, que la guerre a rendu muet. Enfin, pas tout à fait. Il refuse de parler, paraît-il, lèvres collées à la glu, t'as déjà vu ça toi ? En tout et pour tout, j'ai dû l'entendre sortir quatre ou cinq mots, c'est comme s'il crachait des noyaux… Remarque, je suis mauvaise, il a des excuses.

– Raconte.

Gilda dodelina de la tête avec désespoir.

– Ah nooooon…

– Allez !

– Et après, on fera ce que je veux ?

Pas difficile de savoir à quoi elle pensait. Mais Tony avait l'esprit ailleurs, tentait de comprendre pourquoi l'Allemand de Grangier semait une telle pagaille chez le vieil Alfred, pourquoi l'Allemand cachait son nom, pourquoi l'ermite se foutait de sa gueule… Enfin bref, pourquoi tout ce bordel !

– On verra.

– Jure !

– Arrête…

C'était vraiment une gosse. Avec elle, fallait jurer sur tout.

– Jure !

– D'accord…

– Vite fait, alors, se décida Gilda.

Elle connaissait par cœur l'histoire de Narcisse. Grand-père Alfred avait dû la lui raconter des dizaines de fois, même si Madeleine râlait. Les malheurs du petit Narcisse ne sont pas faits pour les oreilles d'enfants, disait-elle. Trop tristes, tristes à pleurer. Mais Gilda adorait. Sans doute parce que dans l'histoire Narcisse avait douze ans, comme elle… Maintenant, Narcisse était un vieux sénile, et elle, plus du tout une enfant. Gilda ne cessait plus de se le répéter. Surtout avec Tony sur le matelas. L'amour, l'amour, l'amour… Le faire surtout. Qu'y avait-il d'autre que l'amour dans la vie ? L'argent peut-être... Oui, le pognon bien sûr. Mais pas comme Madeleine et Raymond, ça les desséchait. Elle aurait le pognon, mais avec l'amour. Et avec Tony aussi ? Ce serait parfait.

Gilda entonna mécaniquement la tragique saga : la baraque familiale prise entre deux feux, explosée, comme une écumoire. Les parents décapités, et le petit rescapé statufié, qui reste des heures à contempler ce cauchemar. Et puis, une Jeep de la Croix-Rouge américaine qui emmène Narcisse dans l'église de Rigerville, un village voisin distant d'une quinzaine de kilomètres, que les Alliés avaient transformé en hôpital de campagne. Il reste quinze jours parmi les blessés et les mourants, dans un capharnaüm de sang. On le soigne, car il est blessé lui aussi, des éclats d'obus un peu partout, dans le cou, dans l'épaule, sur les jambes... On le nourrit, il est à l'abri. Mais quand il réclame ses parents, ses frères, ses sœurs, personne ne l'entend. Ils sont des dizaines autour de lui qui crèvent en appelant leur maman. Le front progresse, les Américains s'en vont. Narcisse est seul au monde, dans l'église, sur la route, et c'est là que grand-père Alfred le découvre, assis dans le fossé, en train de manger une boîte de pâté de l'armée avec ses doigts. Il le réconforte, l'embarque dans sa charrette pleine de la ferraille US ratissée sur l'ex-champ de bataille...

– Et depuis, Narcisse ne l'a plus quitté, grand-père s'est occupé de lui, l'a élevé, protégé, et ça continue encore maintenant. Sans grand-père, de toute manière, il serait perdu. Autant dire qu'il vit chez nous. Dans le silence, avec son cerveau de douze ans et le souvenir de ses parents sans tête. Ce n'est pas gai, tu peux me croire !

Gilda était pressée, terminait au galop.

– Voilà, t'es content Tony ?

– Putain… Il a sacrement morflé !

Tony était estomaqué.

– Le pire, c'est qu'autour du 6 Juin, le Narcisse, il perd carrément la boule, encore plus que d'habitude, et pour le calmer, grand-père l'emmène à son église des blessés. Et l'autre, il y reste pendant des heures, s'allonge sur le banc qui était le sien… Et tu vas rire, les bancs, depuis ce temps-là, on ne les a jamais lavés, jamais cirés, pour ne pas enlever les taches de sang !

– T'as raison, il a des excuses…

Gilda pêcha dans le carton une nouvelle part de pizza. Froide maintenant, dégueulasse. Tony l'énervait. Non seulement il ne se marrait pas, mais il avait une tête de curé.

– Possible, bougonna-t-elle en mâchouillant sa saucisse, mais en attendant, il nous encombre un peu, figure-toi. Il est là dans son coin, sans bouger, sans parler, aussi vivant qu'un surgelé. Il y a des jours où ça me fout un de ces cafards !

– Il ne fait pas de mal…

– Je ne peux plus le supporter, j'te dis, coupa brutalement Gilda. Narcisse, il traîne la mort derrière lui, et j'ai envie de vivre, bon Dieu, vivre…

– T'es un peu dure, je trouve.

Impitoyable même, pensait Anthony. Il y avait des moments comme maintenant où elle dévoilait un cœur de pierre, et ça le mettait mal à l'aise.

– Non, je ne suis pas dure, j'ai envie d'en profiter un max, c'est tout. Je n'ai que des vieux autour de moi, qui ont eu une vie de merde, qui se traînent, qui se racontent leurs vieilles histoires et qui me font chier !

– Arrête ! On dirait que tu veux les tuer !

– Possible. Mais je n'en peux plus, tu comprends, je n'en peux plus.

Anthony continuait d'épier sa copine qui cisaillait sa portion de pizza à grands coups de dents. Dès qu'elle se lançait dans sa complainte, ses traits de poupée se figeaient en une expression glacée. Dans ces moments-là, Gilda était un petit monstre de cynisme et d'égoïsme. Elle était la plus malheureuse du monde, la plus incomprise, la plus brimée… Une sale gamine, uniquement préoccupée d'elle-même, et qui voyait le reste du monde avec ses yeux de dix-sept ans. Anthony s'en amusa pour ne pas s'inquiéter. Il n'avait pas fini d'en baver.

– Mais toi aussi, un jour, tu seras une petite vieille, plaisanta-t-il pour détendre l'atmosphère, et très jolie d'ailleurs, j'en suis sûr.

– Non ! Pas comme eux, en tout cas !

Raté.

– Tu as raison, on parle d'autre chose.

– Tu te rends pas compte ! La guerre est finie depuis cinquante ans, et j'ai l'impression d'y être encore ! Il faut les entendre, ils ne parlent que de ça ! Sauf Madeleine, mais elle, c'est presque pire… Maintenant, elle nous bassine à longueur de journée avec son court de tennis !… Oui, c'est sa dernière lubie, un tennis ! Mais qu'est-ce que j'en ai à foutre ?

Trop tard, c'était reparti. Il allongea ses jambes, tendit la main pour taquiner tendrement la frange blonde. Mais la frange blonde se rejeta violemment en arrière.

– Et leur Allemand ! le Schlossducon…

– Schlossgrün, rectifia machinalement Anthony, Jürgen Schlossgrün.

Le moignon de pizza resta en suspens dans la main de Gilda. Une virgule de bacon pendait, prête à tomber.

– Comment tu le sais ?

– Par Grangier.

Lui, il ne perdait rien pour attendre. L'ermite l'avait mené en bateau. Il savait pour Fournier, sûr qu'il savait, et il allait lui souffler dans les bronches. Pas plus tard que demain.

– Ah, je l'avais oublié, celui-là ! Dans le décor, il n'est pas mal non plus ! Tu as déjà vu ça quelque part, toi ? Toi qui voyages, tu as déjà vu un homme des cavernes pareil ? Non, mais on rêve…

– Encore un peu de patience, chérie, juste un peu…

Lui aussi, il recommençait. Pourquoi s'embarquait-il à nouveau dans ces promesses à la con ? Par lâcheté, pour avoir la paix… Et maintenant Gilda avait des larmes dans les yeux. Il se serait giflé.

– Et si on partait maintenant ? Là, tout de suite. On ne dit rien à personne, et on s'en va loin, très loin.

La frange ne se refusait plus, la voix était câline, enjôleuse…

– Tu oublies que tu es mineure, on aurait tous les flics à nos trousses, on ne serait jamais vraiment tranquilles…

Et encore, il ne parlait pas des autres petites babioles. Taule directe assurée. Merci.

– Quatre mois, je ne tiendrai jamais, je vais faire une connerie…

– Mais on est tous les deux.

– C'est sûr ? J'ai toujours peur que tu en aies marre de moi. Qu'est-ce qui t'empêcherait de fiche le camp, si tu le voulais, hein ? Tu me laisses tomber et…

– Ne dis pas n'importe quoi.

Anthony lui caressa tendrement la joue. Il pensait le contraire. Si seulement ! Fin des emmerdements. Mais c'était au-dessus de ses forces. Impossible. Il ne pouvait pas, jamais il ne pourrait.

– Si on s'en fumait un petit ? proposa-t-il.

Un peu d'herbe pour planer en douceur… Tiens, il avait oublié ça pour pépé Fournier : il se drogue, monsieur le juge, entraîne ma petite Gilda dans cette saleté…

Anthony voulut quitter le matelas, mais se sentit retenu par le bras.

– Pas tout de suite… Après.

Gilda envoya valdinguer le carton sur le plancher, mêla ses jambes à celles du garçon.

– Attends, protesta-t-il, juste une taffe.

– Tu as juré !

– Ouais, je sais, mais…

– Tu as juré.

– C'est vrai, geignit faiblement Anthony, mais je ne suis pas un étalon !

Gilda pouffa d'un rire énervé, se roula sur le cimetière de miettes, fit sauter les boutons-pressions de son chemisier.

– Si !

10

Voilà, c'était fait. Au propre. Encore que ce mot… Il quitta la petite table de fer et ses brouillons entassés, récupéra sa pipe sur le rebord en béton, sortit la blague à tabac de la poche de son treillis, et jeta un coup d'œil à sa montre, une vieille Lip des années 1970. La seule qui lui restait. Il avait été un fou de tocantes dans son autre vie.

Près de deux heures du matin. Grangier émietta le tabac entre ses doigts. Ce n'était plus le temps des promesses à la noix. Et puis, Narcisse l'avait bien trop énervé. Après une brève accalmie, cet abruti avait repiqué sa crise, avait recommencé à le menacer, poing levé comme prêt à cogner. Mais cette fois, Grangier ne s'était pas laissé intimider, avait saisi une bûche dans le Caddie. « Tu dégages, maintenant ! » avait-il gueulé en faisant des moulinets, et l'autre avait secoué la tête comme un métronome déréglé, prêt à bondir. Mais il s'était tout de même décidé à foutre le camp, et l'ermite était resté longtemps à la porte du bunker, avec sa bûche dans la main. C'est alors que les mots, les bouts de mots, les derniers, s'étaient mis à tournoyer dans sa tête : « Le boche… Alfred a tué… Mais pas dire, hein ! Pas dire… »

Grangier avait fouillé dans ses dossiers, retrouvé les détails dans ses fiches. Notamment le lieu où le lieutenant-colonel Artmut Schlossgrün avait été vu vivant pour la dernière fois, au matin du 6 Juin 1944. Vivant, mais en piteux état. Complètement décalotté de la boîte crânienne, avec la cervelle à l'air, mais miraculeusement intacte sous la membrane qui palpitait. C'est Fournier qui racontait ça. Car il était là. Avec les blessés, les infirmiers et un toubib de la Wehrmacht qui coupait, colmatait, recousait, pataugeait dans le sang jusqu'aux coudes. Tout ce bordel d'épouvante dans l'un des souterrains du château, le château de Grouchy.

Grangier revint vers la table. Qu'avait-il fait de la note sur le château ? Il ouvrit un cahier d'écolier à spirale, relut sa large écriture qui désertait les lignes, s'effilochait vers la droite : datait du XVIIe, avait été transformé par son propriétaire, fin XIXe. Féru de Viollet-Leduc, il s'était lancé dans quelques fantaisies architecturales qui lui donnaient désormais un charme légèrement tarabiscoté. Avait également fait creuser tout un réseau de galeries souterraines que les Allemands avaient utilisé.

L'ermite arracha la feuille d'un coup sec. Hop ! dans la chemise rose.

… Donc, ils étaient dans ce boyau humide et vermoulu, sommairement aménagé en infirmerie, avec quelques lattes de bois pour plancher et du goudron badigeonné sur les parois. Les occupants du château s'y étaient entassés dès l'aube. Parce qu'au-dessus, c'était l'apocalypse.

Toujours Fournier qui racontait : vers sept heures-sept heures trente, la grande panique. Tous les hommes valides, et même les estropiés qui pouvaient tenir un flingue, avaient été sommés de monter au combat, ce qu'ils avaient fait en traînant du godillot… Et avec eux, le toubib et les infirmiers-brancardiers, parce que là-haut, ça saignait à gros bouillons. De toute façon, il n'y avait plus grand-chose à faire pour les trois mourants du souterrain, dont Artmut le scalpé en proie à d'atroces souffrances. On l'avait ligoté sur sa civière pour l'empêcher de plonger à pleines mains dans sa cervelle. Et puis, il y avait toujours Alfred, le civil. Dont on pouvait se demander d'ailleurs ce qu'il foutait là. Réponse : la bagarre l'avait surpris dans les cuisines du château alors qu'il courait à ses petites combines de ravitaillement. L'après avait été une simple histoire de fin du monde. Les bombes et les obus qui dégringolent à la tonne, la terre qui tremble, s'ouvre et s'écroule. Et Alfred le valide, qui sauve sa peau en slalomant à l'air libre. Salut, Schlossgrün, bon voyage en enfer.

Version Fournier.

Grangier s'avança vers le poêle, dégagea le couvercle avec un tisonnier, et y jeta une bûche. L'humidité perlait, se déposait en gouttelettes serrées sur les parois du blockhaus. L'ermite revint humer l'air nocturne, face à l'ouverture. D'ordinaire, c'était l'instant béni, noir et vide, où rien n'était à comprendre ou à expliquer. Mais cette nuit, les petites bêtes à mémoire pourrissaient la magie. Il se retourna, s'adossa contre le béton, tapota sur le foyer de sa pipe à petits coups de pouce rapides, tira une longue bouffée. « Le boche… Alfred a tué… Mais pas dire, hein ! »… Ces mots l'obsédaient. « Bien sûr, Narcisse était un simplet, se disait Grangier, mais justement, les simplets ne savent pas mentir ou inventer. Quand ils pensent, ils pensent vérité. Ils n'ont pas le choix, c'est tout ce qui leur reste »… Et cette vérité, l'ermite l'avait traduite sur le papier : Alfred a tué l'officier SS, et toi, tu fermes ta gueule et tu ne touches pas à Alfred. En gros.

Se calmer. Mais Grangier n'y parvenait pas. Il ne tenait pas en place, crapahutait de long en large dans son bunker. Tout était parti de ce jeune Allemand, bien entendu, c'était lui, le responsable de ce merdier. Il s'installe au Dog Red et Fournier s'affole. Pourquoi ? Parce qu'il recherche officiellement les traces de son grand-père SS, que Fournier a estourbi. Admettons. Mais enfin, cinquante ans après, il n'y a pas de quoi paniquer ! D'autant qu'en 1944, c'est l'ennemi. Et pas n'importe lequel, un officier SS. D'accord, mais le seigneur de la guerre est ligoté sur une civière, agonise, crâne ouvert. Et Fournier l'achève ?

Pour Grangier, ce n'était même plus une question. Maintenant, il savait, était certain de savoir. Après la première visite de l'Allemand, il s'était décidé à revoir les deux spectres de ces noires années, à retourner à la maison des marais. Pour la quatrième ou cinquième fois peut-être, il ne savait plus, ne gardait en mémoire que sa première visite. Pénible, si pénible… Comme si sa mère se trouvait devant lui, mais cette fois, il avait son idée en tête, rien d'autre ne comptait. Les deux spectres l'avaient écouté sans bien comprendre, tant il était excité et désordonné. Mais ils avaient confirmé : Fournier était un salaud capable de tout. Il avait toutes les raisons de haïr Schlossgrün, et il l'avait tué, ce fameux 6 Juin 1944, alors qu'il gisait sur la civière, grièvement blessé.

Voilà ce qu'il venait d'inscrire sur ses feuillets.

Pourquoi maintenant ? Seulement maintenant ? L'ermite allait et venait toujours dans le bunker, alignait les gestes inutiles. Il époussetait la couverture de son lit de camp, vérifiait l'état du feu dans le poêle, rangeait ou déplaçait sans raison les objets… comme si ces petites manies allaient éclairer ses pensées. Ce serait l'histoire d'un autre, se répétait-il sans cesse, je serais le premier à ne pas y croire… Mais c'était la sienne. Et elle avait commencé par cette volonté farouche de tout gommer, tout effacer. Sa première vie d'adulte, guidée par l'oubli. Il avait mis son énergie à exister comme tout le monde, à travailler, fonder une famille, et y était parvenu. Ni mieux, ni moins bien que les autres. La moyenne honnête. Mais alors, comment cette part de lui-même, qu'il croyait bannie à jamais, avait-elle pu resurgir jusqu'à l'obséder ? Il n'en savait rien, n'avait d'abord pas prêté grande attention à cette mémoire qui ressuscitait lentement, comme lâchée au compte-gouttes. Quand il y réfléchissait, il trouvait normal, logique même, qu'un homme d'une cinquantaine d'années puisse avoir la tentation de se retourner sur son passé. Et c'est ainsi, alors qu'il s'était promis de ne jamais y revenir, qu'il avait retrouvé la terre de son enfance assassinée. En vacances et en famille, il avait tout revisité, et en même temps s'était cru guéri de cette mémoire endormie, archivée en vrac. Il s'était menti. Les archives s'étaient réveillées, avaient exigé le classement de ce qui avait bousillé son enfance. Et plus encore de ce qui avait pu tuer sa mère.

Grangier arrêta de déambuler, s'affala sur son lit de camp, détailla le visage qui se reflétait dans la petite glace posée sur une caisse. C'était lui, ça ? Cette gueule à faire peur aux gosses, ces joues creuses, ces rides qui le balafraient, ce nez busqué, effilé, ces cheveux blancs… C'était lui ? Comment en était-il donc arrivé là, dans ce blockhaus ? Il s'était donné quelques semaines, quelques mois tout au plus pour se désintoxiquer, en finir une bonne fois pour toutes. Sa décision avait été prise comme un défi. Il se croyait maître de lui-même, refusait d'admettre qu'une force irrésistible le poussait à cette extravagance. Être sur place ne lui suffisait plus, il devait s'immerger, rayer les années qui le séparaient de son enfance. Après, ça irait mieux, il serait guéri. Et il entrait dans sa septième année. « Tu dois trouver le temps long, parfois », disait Bruno. Eh bien non. Ni long, ni court. Ces mots ne correspondaient à rien. Le temps lui échappait, devenait fuyant, impalpable, s'enfonçait dans l'irréel. Un temps invisible, que seuls les fous voient défiler. Il devenait donc fou ? Avec Bruno, c'était devenu un sujet de plaisanterie, et avec Anthony l'autre jour, il en avait ri. Mais dans sa solitude, il finissait parfois par le croire…

L'ermite renifla avec résignation. Il se sentait épuisé. Les petites bêtes de la nuit pompaient son énergie, s'ingéniaient à le torturer par épisodes désordonnés. Cette pauvre Odette par exemple ! Complètement paumée évidemment. Sa femme avait d'abord tenté de minimiser, de jouer le jeu devant les amis, le reste de la famille : « Il prépare sa retraite. Certains jardinent, collectionnent les timbres ou se mettent à la pétanque… Eh bien, lui, c'est le Débarquement du

6 Juin 1944 ! » Donner le change, faire bonne figure devant les autres, Odette avait toujours eu cette priorité. « Explique-moi au moins », avait-elle supplié avant de capituler. Mais lui expliquer quoi ? Il en était totalement incapable, était lui-même dépassé. Un autre le dominait, l'écrasait de toute sa puissance, et il ne pouvait résister. D'autant que cet autre, c'était lui tout de même. Parfois, il s'imaginait, se voyait même, à côté de son corps, à côté de sa tête. Il bougeait sans bouger, pensait sans penser. Allez raconter un truc pareil ! Il le fallait, c'était tout. Il le fallait, rien d'autre ne comptait. Et ce n'était même pas la haine… Car il se souvenait aussi de sa première entrée dans le bistrot d'Alfred Fournier. Où était-il donc le meneur, le braillard qui avait défoncé la porte de la maison, qui avait battu sa mère, l'avait livrée à la foule déchaînée ? Un vieux… Lui et les autres, ceux qui n'étaient pas morts, vieux et faisandés. Dès sa première tentative, Fournier l'avait viré. Et depuis, il restait là, planté comme une sentinelle, dans une sorte de pâte épaisse et visqueuse qui le malaxait. Alors, pourquoi maintenant ? Le jeune Allemand venait de changer tout ça…

Jürgen Schlossgrün, Grangier quitta son lit de camp, soupesa la chemise cartonnée dans ses mains. Pas la rose, la verte. La verte contenait le fantasme du jeune Jürgen. « Vous avez dû en entendre parler ? »… Bien sûr, comme tout le monde ici. C'est ainsi que l'idée était née. Grangier avait consigné par écrit tout ce qu'il avait pu rassembler sur l'histoire de ce prétendu convoi fantôme. Mais il ne s'était pas contenté de la vérité, laquelle tenait en peu de lignes finalement, il avait légèrement bluffé, juste assez pour transformer la rumeur en certitude, pour l'appâter, lui laisser croire qu'il était tout près, qu'il brûlait. Et tout ça s'empilait dans la chemise verte. S'il voulait l'avoir, Jürgen Schlossgrün devait promettre d'accuser publiquement Alfred Fournier du meurtre de son grand-père, preuves à l'appui.

Comment pourrait-il refuser ? Bon, le grand-père, il s'en fichait éperdument, mais sa chasse au trésor semblait le fasciner. Le jeune Allemand avait tout laissé tomber lui aussi, c'est bien ce qu'il lui avait dit. Grangier le revoyait, fébrile et passionné. Ce mystère le hantait.

Ce serait donnant, donnant.

L'ermite se traîna avec lassitude jusqu'à la fenêtre de son bunker. Étrange comme tout pouvait basculer en une seule journée. Mais Jürgen était celui qu'il attendait depuis toutes ces années. Ce n'était pas, ce ne pouvait être le hasard. Il y avait forcément une raison à son histoire. Enfin, tout se justifiait. Se venger de Fournier, le traîner dans la boue et le déshonorer. Comme il avait déshonoré sa mère.

Grangier s'apprêta à tirer la plaque d'acier qui coulissait et obturait l'ouverture. Maintenant, il devait dormir. Tout cela était bien trop soudain, bien trop embrouillé. Demain, ses idées seraient plus claires. Au loin, un liseré se tissait au ras de la mer, scintillait comme un fil phosphorescent. Il le suivit machinalement du regard, s'étonna de la cassure, là, juste devant lui, provoquée par une forme noire, assez haute. Un peu mouvante également. Était-elle proche ou lointaine ? Il n'en avait aucune idée, et ce mystère le perturba. Il connaissait son décor par cœur. Rien, aucun arbre, aucun obstacle, ne l'empêchait de saisir la mer dans toute sa splendeur. Il se colla au béton, glissa son visage au maximum dans l'ouverture pour tenter de comprendre.

– Merde ! jura-t-il de sa voix de ferraille, il y a un gus qui…

Et la balle lui explosa la tête.

11

Bruno but lentement sa mousse, lissa sa barbe pour évacuer quelques gouttelettes blanchâtres, savoura l'instant. Il était la vedette.

– Et qu'est-ce qu'il en dit, Goliath ?

Il fit demi-tour, reprit sa position de conteur, dos au comptoir, coudes sur le zinc. Sa petite taille le desservait, il se tenait presque sur la pointe des pieds. Rentre ton bide, Bruno. Sale souvenir d'enfance. Certains se rappelaient leurs jouets ou leurs copains… Lui, c'était « rentre ton bide ! » à la récré. Grassouillet et court sur pattes. Le calvaire avait duré des années, jusqu'à ce que tous ces connards d'écoliers s'éparpillent dans l'âge adulte. Mais il y pensait tous les jours, y penserait toute sa vie. Rentre ton bide…

– Qu'est-ce que tu veux qu'il en dise ? Il est comme nous, il ne comprend pas.

– Ça changera pas des masses.

Rigolade générale autour du cordonnier. Sacré Ernest, fallait toujours qu'il déconne.

– Tu lui diras toi-même…

Ils se gondolaient, piétinaient sur place. Pas un regret, même pas un semblant de tristesse. Et lui-même ? Le choc, oui, bien sûr… Un macchabée sous vos yeux, crâne éclaté, drôle d'effet. Et puis, c'était Grangier. Il l'aimait bien… Oui, il l'aimait bien. Mais Bruno n'éprouvait déjà plus qu'une vague compassion, et encore, il devait se forcer, et sa propre indifférence l'étonnait. Merde, c'était Grangier tout de même…

– Vous êtes drôles ! Laissez-lui le temps d'enquêter.

Voix de roquet dans le fond du troquet. Les têtes virèrent en chœur. Trouée dans le demi-cercle. Bruno fixa hardiment Maurice Bordenave. Celui-là, il vous prenait le courrier des mains comme si vous étiez un domestique. Évidemment, il n'avait pas bougé le cul de sa chaise, pas plus que les trois autres fossiles qui tapaient le carton avec lui. Ces messieurs ne se dérangeaient jamais. N'empêche qu'ils avaient les mêmes cartes en main depuis dix minutes, belotaient pour la frime, auraient pu tenir un éventail. Ils l'écoutaient.

– Pour l'instant, c'est surtout moi qui lui file les tuyaux.

Le cercle se referma à nouveau sur lui.

– À part toi, il ne voyait plus grand monde, Grangier.

– C'est vrai que sans toi, il pourrait être mort depuis six mois, personne n'en saurait rien !

Bruno contempla sa vingtaine d'auditeurs en souriant. Le sourire, sa meilleure arme. Franc, pétillant, massif, il frotta son crâne à demi chauve avec sa paume, tripota sa minuscule queue de cheval entre ses doigts. D'habitude, il y en avait toujours un pour le vanner : « T'en fais pas, ils sont toujours là ! » Aujourd'hui, pas un mot.

– Sûr…

Une telle foule en octobre au Dog Red c'était inédit. Et pas que des habitués. Certains d'entre eux n'y avaient pas mis les pieds depuis des années. À commencer par Dumouchel, par exemple, l'ex-releveur d'épaves de guerre à la retraite. Une figure. Surnommé « le pirate » pour le bandeau noir sur son œil mort, mais également pour avoir raclé durant quarante années toute la ferraille du Débarquement qui gisait au fond de l'eau. Son astuce avait été de fonder un musée avec les reliques repêchées. Et elles allaient du char d'assaut jusqu'aux souvenirs personnels des malheureux noyés, jusqu'à leur tube de pâte dentifrice. Émouvant pour les touristes. Et c'était justement une relique qui avait opposé le Pirate à Alfred Fournier. La carcasse d'un Sherman qu'ils ne se seraient pas partagée. Depuis, leurs relations stagnaient à l'ère glaciaire. Bruno n'en revenait pas de voir Dumouchel au comptoir du Dog Red. Et les autres, comment avaient-ils su ? Il avait laissé tomber sa tournée pour foncer direct à la gendarmerie sur son scooter, venait de sortir d'une séance de trois heures avec les gendarmes au bunker. Pas un mot à quiconque, le Dog Red était son premier arrêt. Et ils l'attendaient, avaient convergé d'instinct vers le bistrot. D'accord, le blockhaus de Grangier était à moins de cinq cents mètres. Mais encore une fois, comment avaient-ils su ? Tamtam normand.

– Mais surtout, tu as été le premier.

– Tu l'as dit, bouffi !

Un chapelet de rires s'égrena à nouveau autour de lui. Il pouvait tout se permettre, il était celui qui savait.

– Et comment c'était à l'intérieur ? Pas de bordel, on ne lui avait rien volé…

– Qu'est-ce que tu voulais qu'on lui vole, à l'ermite, pauvre pomme ! Non, tout était parfaitement rangé, rien qui traînait…

Il tenta d'apercevoir Fournier, mais les têtes le masquaient.

– T'as pas une idée, alors ?

– Merde ! Comment faut-il que je vous le dise ! Je me suis pointé vers huit heures au bunker pour boire un jus avec le vieux comme chaque matin ou presque, et je l'ai trouvé étalé sur le dos, le haut de la tête en bouillie. D'après Goliath, c'est un coup de fusil.

– Peut-être qu'il s'est flingué, tout simplement ! Ça n'étonnerait personne.

Gaby le fripier, écumeur de marchés. Bruno lui servit un regard teinté de mépris.

– C'est ça. Et le flingue, il s'est barré tout seul.

– Ah ! Parce qu'on l'a pas retrouvé…

– Non. Tout ce qu'on sait, c'est que ça a dû se passer tard dans la nuit, car le poêle était encore chaud…

– Ce qui veut dire que Grangier y avait mis des bûches à une heure avancée…

Gaby se rattrapait…

– Tout juste ! Et puis, il y a un truc que je leur ai dit aussi, et qu'était pas habituel…

Bruno s'interrompit une demi-seconde, écouta le silence. Une jouissance…

– Le groupe électrogène était en marche et la lampe baladeuse encore éclairée.

– Et alors ?

– L'ermite ne s'en servait que pour les grandes occasions…

– Quelles occasions ?

– J'en sais rien, moi… Mais je l'ai dit à Goliath et…

– Et qu'est-ce qu'il a trouvé, Goliath ?

– Que dalle, je vous dis. Ils ont simplement emporté les dossiers de l'ermite, et je vous certifie que leur estafette était pleine à ras bord, car il en avait des papelards, le vieux !

Un bout de Fournier entre deux épaules. Juste la casquette, le front, les yeux.

– C'est ce qu'on dit, oui…

– C'est surtout lui qui le disait ! Ce qu'il a pu nous bassiner avec ses dossiers…

– Peut-être qu'ils vont y trouver des trucs, va savoir !

– Penses-tu, il *affablait* l'ermite…

Albert le boucher. Traitait mieux sa viande que son vocabulaire.

– Affabulait, corrigea sèchement Dumouchel.

– Hein ? fit Albert, yeux écarquillés.

– On dit affabuler.

– Si tu veux…

– C'est pas si je veux.

Bruno attrapa son verre, en termina avec sa bière. L'instant de grâce s'effilochait. Le demi-cercle se cassait en petits groupes qui discutaillaient le long du comptoir, et Madeleine les attendait de pied ferme. Midi moins le quart. Pastis ou p'tit blanc.

– De toute manière, vous lirez tout ça dans le canard demain matin, annonça encore le facteur.

Mais il parlait plus pour lui que pour les autres. Pour sa propre satisfaction. Car le journal à Vollaville, c'était lui. Douze ans de correspondance dans le canton pour le compte de *Ouest-France*. Douze années d'assemblées générales, fêtes patronales, repas d'anciens, galettes des Rois et sapins de Noël. Sans oublier la citrouille géante du jardin, la centenaire de l'hospice, la salle polyvalente relookée et la nouvelle lance des pompiers. « Vous êtes notre toile d'araignée, notre force et notre prospérité », haranguait annuellement le chef régional au grand raout des collaborateurs de l'ombre, des sans-grade de la copie à trente centimes la ligne. Sans doute, mais « le crime du bunker » était d'un autre calibre. Surtout lorsque le correspondant local tombait dessus en exclusivité, Berthier, le rédacteur de Bayeux avait failli s'étrangler à l'autre bout du fil. Clichés du blockhaus intérieur-extérieur, scènes de crime, et photos de la victime. Goliath n'en savait rien, il aurait été capable de les lui confisquer. « Bon réflexe, avait prévenu Berthier, mais on ne passera pas celle du mort. » *Ouest-France* avait de la tenue et de la pudeur, mais il possédait également le portrait de Grangier vivant. Quant à l'hebdo concurrent paru hier matin, il était grillé d'office.

« J'arrive ! » avait glapi Berthier. Le facteur jeta un coup d'œil à sa montre. Il avait rendez-vous dans une heure et demie. La littérature serait pour le pro, mais le scoop était pour lui.

– Tu reprends un coup, Bruno ?

Le bandeau noir du Pirate se détachait d'un quartet de l'apéro aligné le long du comptoir.

– Pas le temps ! J'ai du retard à rattraper. Combien je dois ?

– Laisse, c'est pour moi, fit Madeleine magnanime.

Bruno traversa la salle d'un pas altier, freina légèrement à hauteur des beloteurs qui avaient repris leur partie. Fournier lui tournait le dos, il lui posa la main sur l'épaule.

– Ça va, Alfred ?

– Si on te le demande, grogna le patron du Dog Red.

– On te le demandera bientôt ! rétorqua gaiement Bruno.

Étonnés, les vieux relevèrent la tête. Mais le facteur était déjà sorti.

12

– C'est la merde, déplora franchement Goliath.

Dehors aussi. Octobre était revenu à fond les balais avec ses deux meilleurs alliés. Flotte et vent d'ouest. Ça sentait l'herbe mouillée, la terre trempée jusque sous les poutres vernies du Dog Red.

– J't'en remets une ? proposa Alfred Fournier.

Pour Goliath, c'est toujours lui qui servait.

L'adjudant hocha gravement la tête. Goliath, ce n'était pas son nom évidemment. Mais un gendarme qui s'appelle Gendarme, vous avez déjà vu ça ? Marcel Gendarme. « Tu t'es pas cassé le cul », rigolaient les copains, mais Marcel ne croyait pas au destin du nom, se souvenait surtout que, à la sortie de l'armée, le sans-boulot avait choisi le képi plutôt que de rempiler chez les paras. « Gendarme… Oui, je sais, mais votre nom ? » Maintenant, il faisait marrer tout le monde avec des quiproquos qui lui avaient filé des cauchemars. Mais Goliath, ça lui allait. Son mètre quatre-vingt-dix et ses cent trente kilos supportaient…

– Tiens, elle est juste assez fraîche.

Alfred décapsula la bouteille de Gueuse, déjà prête : Goliath était natif de Liévin. Grand enquilleur de bières. Pas trop pendant le service. La petite dizaine du lever au coucher, juste pour s'entretenir.

– Et pour vous les gars ?

Politesse gratuite. Fournier connaissait d'avance la réponse des deux jeunots en bleu qui s'unissaient dans un même refus de la moustache. Nouvelle génération. Le jeune Desmouleaux était adepte des bulles, faisait durer son verre de Volvic. Parfois, c'était Badoit, ou bien Vittel la plate. Il changeait à dates fixes, tenait à jour son calendrier. *Idem* pour la bouffe, colonnée en calories. « Mon frigo est une usine à santé. » Il ne se vantait pas. Et pour péter un peu plus la forme, l'ascète s'intoxiquait aux haltères, ramait en short sur des machines à contrepoids infernales. À part Momo le cycliste évidemment, qui trouvait ça bien, tout le monde ironisait sur le gendarme-gonflette. Sauf l'été, en maillot, sur la plage.

L'autre, c'était différent. Un chameau. Nouvellement muté, même âge que Desmouleaux, Alsacien tombé d'un bled à consonance choucroute : Braschwiller. Ce qui avait quelque peu agité Max qui prônait de traîtreuses théories sur la frontière du Rhin. Fournier n'avait pas les mêmes préjugés, estimait même qu'un uniforme impeccable, bien porté, bien repassé, avec cravate bien nouée et pompes bien cirées, collait au poil avec le maintien de l'ordre. Il avait beau être chef, Goliath pouvait en prendre de la graine avec sa tenue d'Emmaüs dépenaillée de partout. Sa cravate à lui sombrait dans la graisse du menton, et sa chemise pendait du bas, comme un vieux chiffon. Non, ce qu'Alfred reprochait à l'Alsacien Adrien Krünze, c'était son rite pompes funèbres. Gueule à l'envers dès qu'il franchissait le seuil du Dog Red. L'antipathique désapprouvait les haltes-bistrot.

– Non merci, monsieur Fournier, jamais pendant le service.

Accent marteau-pilon. Et il se tenait à deux mètres du comptoir comme s'il craignait d'être contaminé. Un Alsacien anti-bière, il y avait de quoi se méfier.

– T'as bien une piste, tout de même !

Blédor le broussailleux partait en éclaireur, d'une petite voix sardonique. Goliath flaira le guet-apens, haussa pesamment les épaules, contempla d'un œil morne le trio de beloteurs dont il avait interrompu la partie. Celle du midi, de l'apéro. Seconde mi-temps après la sieste.

– On tâtonne.

– Attends, ça ne fait que trois jours, y a pas le feu !

Paul Pétré. Trop gentil.

– Encore qu'il faille pas traîner, j'ai lu ça l'autre jour, toutes les affaires non élucidées, c'est quand on merde au départ…

– C'est sûr… Tiens, regarde le crime de Biémont, on n'a jamais trouvé.

– C'est vrai, ça ! Ça fait bien six ans, hein, Goliath ?

– Sept, rectifia mécaniquement le gendarme.

Biémont, c'était l'ouvrier agricole retrouvé dans un champ, la tête écrasée sous une grosse pierre. Un pauvre type, sans famille, sans argent, qui vivait dans une porcherie, se bourrait la gueule tous les samedis soir. Le quart-monde des campagnes. L'adjudant venait de débarquer, était en poste depuis quatre mois. L'échec lui collait aux basques. Mauvais souvenir.

– Si ça se trouve, c'est le même qui…

– Penses-tu, rien à voir ! coupa Momo.

C'était parti. Ils se passaient la balle, comme au foot. À toi, à moi. Dès qu'ils trouvaient une proie, ils s'acharnaient, la dépiautaient au couteau. N'avaient rien d'autre à foutre que de baver sur leur prochain. Goliath fut tenté une première fois, rien que pour fermer le clapet de ces vieux chieurs qui se croyaient plus malins que tout le monde.

– On s'en va, mon adjudant ? proposa le gendarme Krünze.

– Une seconde.

Celui-là, pas la peine de demander ce qu'il pensait. Offusqué. Il avait même osé le lui dire : « Vous ne devriez pas permettre toutes ses familiarités. » Ses neurones trempaient dans l'amidon. Quant à Desmouleaux, il n'était pas là, couvait la petite Gilda avec des yeux d'alcôve. Le problème, c'est qu'il roucoulait dans le vide, n'avait pas la cote, d'autant qu'aujourd'hui la belle s'engueulait à l'autre bout du comptoir avec Madeleine.

« Après tout, c'est l'enquête », se justifia l'adjudant. Il balaya du regard un Dog Red quasi désert. La folie était retombée. Pas dans les conversations, là, on en avait pour trois mois, mais c'était redevenu un flot tranquille, avec hypothèses, rumeurs, soupçons et autres sottises qui voltigeaient dans l'air comme les plumes d'un oreiller crevé. Le journaliste de *Ouest-France* avait honnêtement bossé, la télé régionale était venue faire un tour sur le bunker, et dans le micro de France Bleu Basse-Normandie, Goliath s'était trouvé une drôle de voix. De toute manière, le fait divers, ce n'était pas trop leur truc, ils l'avaient tous pris avec des pincettes, préféraient les comptes rendus sur le battage à l'ancienne. Il n'y avait guère que Bruno le facteur qui continuait à se répandre sans se rendre compte que l'heure de gloire était passée. On l'avait vu et entendu partout. Maintenant, il radotait. Mais lui, on le connaissait, il pouvait tenir un an. Quant à la double page de l'hebdo local, qui se vengeait du « grillage », elle tartinait sur l'extravagance de la victime. Franchement, ce n'était pas une nouvelle…

– Si tu crois que ça va durer longtemps comme ça ! se mit à rugir sourdement Madeleine en claquant du torchon sur le comptoir.

– J'en ai marre, vraiment marre !

Gilda tenait tête, refoulait ses larmes avec rage. À part ça, rien. Un couple de randonneurs pressés venait d'avaler un sandwich, était reparti jouer avec les grenouilles, l'Allemand hors de saison attendait son plat du jour à la 8, la table du fond, et Narcisse feuilletait son magazine près de la cheminée éteinte, les yeux rivés sur les images.

– Calmez-vous, toutes les deux, exigea Alfred Fournier d'une voix lasse. Il délaissa le bar, traîna de la savate pour rejoindre ses partenaires. Le gendarme le trouva bizarrement éteint, comme chloroformé. D'habitude, il était plutôt chef de meute. Le coup de vieux n'épargnait personne.

– Si ça continue, il va se faire muter d'office…

– Dans les Vosges.

– Il paraît que l'hiver, là-bas, on se les pèle, c'est pas croyable…

– Remarque, il a la santé…

– Et de la réserve !

Des hyènes ! De vieilles hyènes pelées, tremblotantes, qui cliquetaient du râtelier et parlaient de lui comme s'il n'était pas là. Le rire gras de Maxime Blédor acheva de le décider.

– Côté Grangier, il y a quand même du nouveau…

Silence. Dieu que c'était bon.

– Qu'est-ce que tu veux dire ? interrrogea enfin Momo.

– Je veux dire que l'ermite n'était pas vraiment celui que l'on croyait.

– Hein !

Blédor et Pétré en chœur.

– D'après ce qu'on sait, il était le fils d'une certaine Juliette Crochemore qui vivait ici pendant la guerre.

C'était tout frais de ce matin, tombé sur le télécopieur.

– Crochemore… Crochemore… répéta tout haut Paul Pétré qui fouillait dans sa mémoire.

– Une ancienne infirmière de la maternité de Berainville, qui a eu de gros ennuis à la Libération. Elle fréquentait d'un peu trop près les soldats allemands, à ce qu'on m'a dit…

L'adjudant restait évasif pour le plaisir. Il était sûr de ses renseignements.

– Mais oui ! se mit à gueuler triomphalement Pétré. Juliette Crochemore ! Tu te souviens, Alfred ?

Fournier encaissait les coups de coude de son copain sans réagir.

– Elle a été tondue, c'est ça ? interrogea l'adjudant.

– Et comment ! Juliette, c'était la pire ! Son bonhomme était mort en 40, dans les Ardennes, et elle…

– Mais il y avait aussi les sœurs Métayer, trois belles filles, mais alors pour ce qui était du…

– Suzanne surtout, l'aînée, la meilleure copine de Juliette… Elle tapait dans le haut de gamme celle-là, dans les officiers.

– Même dans le grand chef qu'on disait !

– C'est cela, elles étaient quatre, quatre putes à Boches qui…

Pétré et Blédor évoluaient en duo, s'interrompaient sans cesse.

– Un peu moins fort, s'il vous plaît !

Madeleine passait avec une assiette steak-frites, se faisait du souci pour son solitaire d'outre-Rhin. Ce n'étaient pas des histoires pour lui.

– … Et la Juliette s'envoyait en l'air avec ceux qui avaient buté son mari, reprit Pétré un ton au-dessous. Et elle ne s'en cachait pas, la garce ! Avec sa copine Suzanne, on ne les a pas ratées.

– Et les deux autres ?

– Des jumelles… Elles s'étaient tirées, on ne les a plus jamais revues.

– Il paraît que tu en connais un bout sur cette affaire, Alfred ? s'enquit hypocritement Goliath.

– T'as raison, s'enflamma Max, il y est allé gaiem…

– J'étais pas seul, coupa Alfred d'une voix blanche.

– Heureusement que je n'ai pas vu ça !

Bordenave le cycliste. Moue dégoûtée.

– Évidemment, t'étais pas là !

– C'est ce que je dis ! J'étais où il fallait être.

Vieille rengaine. Pour Momo, la guerre ne s'était pas achevée avec le Débarquement. Dès le 15 juin 44, il avait rejoint l'Office of Strategic Service américain, autrement dit les services secrets, avait participé à plusieurs missions périlleuses qui l'avaient conduit jusqu'en Allemagne.

– T'as raison, Maurice, se hâta d'approuver l'adjudant.

S'il le laissait s'échapper, il était bon pour la saga de l'injustice. À son retour au pays, le résistant avait vu les fiers-à-bras de la dernière heure s'octroyer des faits d'armes imaginaires, quand ce n'était pas les siens. Tout juste si on ne l'avait pas traité de planqué. Il n'avait pas digéré.

– Mais attends, si je comprends bien, Grangier, c'était le fils de Juliette Crochemore, le gamin qui traînait toujours dans ses jambes…

Le front de Maxime Blédor se plissait, s'engloutissait dans la forêt de sourcils.

– C'est cela même.

– Bah merde, alors !

– Mais pourquoi il ne nous l'a jamais dit, ce con ? trompeta Pétré.

– Paul ! gronda à nouveau Madeleine.

– Mais il y a un truc que je comprends pas. Grangier, c'était son vrai nom, qu'est-ce que vient foutre Crochemore là-dedans ?

– Sa mère s'est remariée après la guerre, et son second mari a adopté le gamin, lui a donné son nom.

– Ça valait mieux, remarque…

– D'ailleurs, c'est le beau-père qui l'a pratiquement élevé, parce que votre Juliette, elle ne s'est jamais remise de son histoire d'ici. Dépressions en chaîne. Elle s'est suicidée en janvier 49, s'est jetée à la baille, dans la Seine.

– Bah merde, alors ! répéta Maxime Blédor complètement ahuri.

– Faut se remettre dans l'époque aussi…

Paul Pétré se mettait à chevroter plaintivement.

– … On venait d'en baver pendant quatre ans, et pendant tout ce temps, elles s'étaient pavanées, s'étaient foutues de notre gueule… Hein, Alfred, tu te rappelles ? Les officiers avaient leur boxon, à l'extrémité de la plage, la seule bâtisse qui restait debout. Elles y étaient toujours fourrées, et il s'en passait de belles là-dedans…

– On l'appelait « le Théodore fatigué », je ne sais plus pourquoi, reprit Maxime Blédor.

– Ça suffit ! On ne va pas revenir là-dessus, soupira Alfred dans un murmure haché.

Il était blême, se frottait l'œil gauche, n'avait pas l'air dans son assiette. Normal, songea Goliath, il avait été le meneur, le plus violent, le plus excité. « On a même dû le freiner un peu », avait confié Dumouchel. Car le releveur d'épaves avait fourni tous les détails. Dès réception de la copie provenant du fichier central, le gendarme était allé lui faire part de sa « découverte ». Visite intéressée. Le Pirate passait pour un caïd en souvenir de guerre. Plus aucun expert officiel ne se déplaçait pour des babioles, gamelles, casques ou baïonnettes, on faisait donc appel aux experts locaux du troisième âge, tout à la fois guides, gardiens du temple et consultants historiques. Évidemment, là, c'était un peu différent, mais Goliath avait tout de suite compris que Dumouchel était la bonne porte, même s'il en avait un peu douté dans un premier temps. Au seul nom de son vieil ennemi, le Pirate chargeait comme à Reichshoffen, et le gendarme l'avait ouvertement soupçonné d'exagérer. « Ah bon ! » avait ricané Dumouchel. Il était monté au premier étage, était redescendu avec un magazine qui sentait la poussière : *Voir, Images d'aujourd'hui*, daté de juillet 1944.

« Et ça ? »… Ça c'était une grande photographie bistre sous le titre « Les punies » : deux femmes, crâne rasé, yeux hagards, vêtements arrachés, terrorisées par une foule d'hommes et de femmes qui riaient et crachaient leur haine, prête au lynchage. Leur faute s'affichait sur une pancarte suspendue à leur cou : « A couché avec les Boches. »

« Juliette Crochemore et Suzanne Métayer. Elles venaient d'être tondues, sur une estrade dressée au milieu de la place. Pétré, c'est celui qui marche devant, avec les balluchons des deux filles, et là, c'est Fournier »… Un type en chemise blanche, débraillé, portant béret, qui semblait colossal auprès d'une des jeunes tondues qui l'implorait. Suzanne Métayer, certifiait toujours Dumouchel. Malgré les années, Goliath avait reconnu sans peine le patron du Dog Red : il gueulait, bouche grande ouverte, tirait la fille par une manche de sa blouse à fleurs, avait la main levée comme s'il allait la gifler. « Bien sûr qu'il l'a giflée ! Il l'a même traînée par terre, s'il avait pu, il l'aurait tuée… C'est surtout à Suzanne qu'il s'en prenait. » Pour quelle raison ? Dumouchel avait haussé les épaules sans répondre, s'était étendu sur l'histoire du cliché pris le 24 juin par un correspondant de guerre américain nommé Weston Spiers. Il mettait des noms sur les visages, qui, la plupart du temps, ne disaient rien à Goliath, jusqu'au moment où le chasseur d'épaves avait posé le doigt sur un jeune efflanqué aux cheveux longs qui paraissait se repaître du spectacle : « C'est moi…, avait-il piteusement avoué, j'avais encore mes deux yeux… »

– Et pourquoi il est revenu comme ça, pour vivre dans un blockhaus…

Madeleine s'en mêlait. Trêve dans son engueulade avec Gilda. La petite voulait sortir, Madeleine ne voulait pas : « Je ne veux plus te voir traîner toute la nuit ! »

– Hein ? releva distraitement le gendarme. Il repensait à la photographie. Il y avait plusieurs gosses autour du cortège de la honte, et parmi eux, le petit Grangier sans doute, qui avait assisté au calvaire de sa mère…

– Oui, comme un chien dans sa niche, c'est bizarre…

– D'après sa femme que j'ai eue ce matin au bout du fil, c'était une vraie obsession, ça lui bouffait la tête…

– Il était toujours marié ?

– Oui… Enfin, si l'on veut. Je lui ai parlé de l'enterrement, elle m'a envoyé sur les roses, maudissant le connard qui l'a laissée tomber avec ses deux mômes.

– Putain, bêla Paul Pétré, on n'avait pas parlé de ça depuis des années…

Aucun écho. Les vieux avaient le teint cireux, se fuyaient du regard. « Ils pataugent dans leurs eaux sales », songea Goliath. La lumière du jour battait déjà en retraite, voilait les vitres d'un gris pourri et le Dog Red se noyait dans un silence de bibliothèque.

– Je vais allumer, annonça Madeleine.

Ça ne changea rien. Il y avait des ombres partout. Un léger remords troubla l'adjudant. Il ne les avait jamais vus comme ça. Mais après tout, ils l'avaient cherché.

– Je vous en apprends des choses, hein, les gars ?

– De toute manière, ça n'a rien à voir avec ton enquête.

Momo. Fringant, chevalier blanc droit sur sa chaise. L'ignominie ne le concernait pas, mais c'étaient ses copains tout de même.

– Sûrement pas, rétorqua l'adjudant un peu désarçonné.

– Sait-on jamais ? De toute manière, on n'a pas le choix. Quand on n'a rien, on ratisse large, on fouille dans les coins, on ramène ce qu'on peut… Et il suffit parfois d'un détail, d'un détail infime pour nous mettre sur la bonne piste.

Goliath fixa Krünze avec des yeux ronds. Un détail, quel détail ? Qu'est-ce qu'il pouvait le faire chier, celui-là ! Il rafla son képi posé sur le comptoir, tenta vainement de remonter le ceinturon de cuir qui cédait sous la poussée ventrale. Des bretelles, sa femme avait raison, il allait s'harnacher, s'acheter des bretelles.

– On a eu beaucoup d'histoires comme ça, en Alsace, qui restent encore dans les mémoires…

Krünze insistait.

– Desmouleaux ! ordonna l'adjudant.

– Oui.

Lui, il faisait pitié. Roméo dans sa bulle d'amour. N'écoutait rien, ne voyait rien, couvait sa Gilda qui faisait la gueule là-bas, à l'autre bout du comptoir et ne savait même pas qu'il existait. Pathétique.

– On y va.

– Où ça ?

– Continuer notre enquête de proximité, intervint Krünze avec raideur.

Quelle proximité ? se lamenta rageusement Goliath. Quel con ! C'était le désert autour de Grangier, un Sahara de témoins. Même pas un enfant. Les parents de Vollaville leur interdisaient de jouer trop près du bunker…

Il mit son képi, se dirigea vers la porte à double battant ornée de carreaux multicolores.

– Salut, les hommes…

– Monsieur l'adjudant.

Monsieur l'adjudant. Goliath crut entendre une voix venue d'ailleurs. Voix claire, nette et appliquée. L'Allemand avait quitté sa table, s'était avancé sous un lustre à bonnet d'opaline qui l'éclairait comme un artiste sur une scène. Et tout de suite, il l'envia. Bel homme dans la lumière, un profil de ciné. « Putain, se désola Goliath, j'ai été comme ça moi aussi, un athlète, épaules carrées, ventre plat, avec des abdos en tôle ondulée. » Il se revit rugbyman à Liévin, troisième ligne de choc, roi à la touche, mâle sur gazon, coqueluche des supportrices. Le Spanghero des terrils. Enfin, ce n'était pas la ruée non plus. Le rugby dans le Nord…

– Oui ?

Il tirait vainement sur son ceinturon très peu réglementaire. Un truc de cow-boy que Germaine lui avait offert pour son anniversaire. Avec une boucle en métal ciselé, une vraie fresque, qui devait faire rempart, paraît-il, mais la boucle finissait par plier. Le pire, c'est qu'il ne se trouvait pas d'excuse. L'autre n'avait plus vingt ans non plus. Ces salauds d'Allemands savaient s'entretenir...

– J'ai une déclaration à vous faire.

– Ah...

– Oui. Je suis allé rendre visite à monsieur Grangier le jour de sa mort... Enfin, dans la journée qui a précédé sa mort, car, si j'ai bien compris, il a été tué dans la nuit, n'est-ce pas ?

– Et pour quelle raison, s'il vous plaît ?

Langage de salon. Mais Goliath s'éveillait à la perplexité. Sans être prévenu de surcroît. Il avait horreur de ça.

– Pardon ?

– Votre visite...

– Ah oui...

Pour l'accent, Krünze pouvait s'aligner. Imperceptible, Goliath balaya d'un regard express le Dog Red. Si l'on exceptait ce pauvre Narcisse qui mouillait inlassablement son doigt pour feuilleter le canard, ils étaient tous au spectacle. Avec mention spéciale pour Madeleine qui caressait bizarrement la cloche de verre de son plateau à fromages. À l'ordinaire, ce type devait déjà aimanter les regards rien qu'en se touchant le lobe de l'oreille, mais là, il y avait un petit supplément.

– Je cherche à me renseigner sur mon grand-père, enchaîna paisiblement la star... Sur sa mort plutôt. Car mon grand-père était soldat ici, il a disparu le jour même du Débarquement, et on n'a jamais retrouvé sa trace. Or, j'ai fait la promesse à mon père que je tenterais de... Enfin, tout cela n'est peut-être pas très intéressant pour vous, mais je suis allé voir monsieur

Grangier parce qu'on m'avait dit qu'il savait beaucoup de choses… Oui, cinquante ans après, ça paraît un peu idiot, mais un serment, vous comprenez…

Petit sourire irritant. Les vieux étaient aux aguets, et Madeleine respirait comme une soupape, étreignait la cloche entre ses bras.

– Je comprends, bougonna Goliath, et Grangier vous a été utile ?

– Non, mais il ne m'a pas découragé, m'a promis de faire des recherches, on devait se revoir…

– Mais pourquoi nous raconter tout cela seulement maintenant ?

Krünze. Campé sur ses deux jambes comme chez Sergio Leone. L'adjudant lui lança un regard noir.

– Comment cela ? s'étonna négligemment l'Allemand.

– Oui, relança rapidement Goliath, pourquoi avoir tant tardé à nous prévenir ?

– Ah… Je n'étais pas vraiment au courant, c'est seulement maintenant, en vous écoutant, que j'ai fait le rapprochement…

– Tout de même, depuis trois jours, avec ce charivari !

Krünze avait le regard soupçonneux et un vocabulaire choisi.

– Je ne suis ici qu'en touriste, vous savez, et…

– Bien, fit Goliath d'un ton décidé. Ce n'est pas vraiment l'endroit pour faire une déposition, mais je vais vous demander de bien vouloir passer à la brigade, monsieur… ?

– Schlossgrün, Jürgen Schlossgrün…

– Nom de Dieu ! lâcha une voix étouffée.

Goliath se retourna massivement. Pétré dans l'effarement. Il avait touché les six numéros du Loto dans l'ordre ou quoi ?

– Putain, tout ça le même jour ! Mais c'est vrai qu'il lui ressemble, tu ne trouves pas, Alfred ?

Blédor aussi, mais lui, ça l'effondrait plutôt. Quant à Fournier, il se voûtait à la romane, frictionnait sa paupière de plus belle…

– J'ai jamais fait gaffe, marmonna-t-il, mais maintenant que tu le dis, si.

– De quoi vous parlez, là ? interrogea l'adjudant.

Silence. Et puis Momo, en porte-parole. Impeccable.

– Il y a que nous avons eu un colonel Schlossgrün ici…

– Lieutenant-colonel, rectifia aimablement l'Allemand.

– Peut-être bien, un SS qui commandait la région.

– C'était mon grand-père.

– Ah ! fit Goliath qui se sentit dépassé. Il avait simplement voulu châtier les quatre emmerdeurs, et maintenant, ça dérapait. L'adjudant se sentit un peu coupable. Pas un mot, pas un regard, même pas entre eux. Ils ressassaient en silence, cadenassés dans leurs souvenirs, leurs plis secrets. On était passé de la bibliothèque au salon funéraire.

– Demain, à dix heures à la gendarmerie, ça vous va ?

– Parfait, répondit l'Allemand en se réinstallant à sa table.

L'adjudant l'admira une dernière fois, sentit à nouveau sa graisse peser méchamment sur le ceinturon.

La Gueuse était une salope.

13

Goliath avait tout faux. Jürgen Schlossgrün n'était pas sûr de lui, n'en finissait pas de s'interroger. Pour Grangier, il avait à peine menti. Juste un poil. La nouvelle ne l'avait rattrapé qu'hier dans la journée, lorsque son regard était tombé sur le journal local qui traînait sur une table. Par hasard, car depuis son arrivée il ne lisait que *Die Welt* ou le *Morgenpost* achetés à la librairie du Mémorial de Caen dont il compulsait les archives. En plus, le canard datait de la veille. Gros titre à la une. Mauvais présage, c'est tout ce qu'il en avait conclu. Pour une fois qu'il prenait un risque, son contact se faisait trucider. La coïncidence l'avait atterré. D'ailleurs, ce n'était pas une coïncidence, mais une malédiction. Dès qu'il se bougeait, ça foirait. Dégoûté.

Et puis, le gros adjudant moustachu. Perdu dans ses pensées moroses, il ne l'avait d'abord écouté que très distraitement, mais évidemment, la conversation sur Grangier l'avait sorti de sa torpeur. La suite lui échappait un peu, car Jürgen s'ébahissait encore de son intervention.

Qu'est-ce qui l'avait décidé ? Une petite voix. Une petite voix imbécile qui recommençait, celle de la fierté. C'est le moment, commandait-elle, le moment ou jamais. Tu patauges depuis des jours et des jours, tu t'égares et tu ne ramènes rien. Et ça peut durer longtemps si tu ne te décides pas à agir. Tu ne voulais plus mentir, ne plus te planquer, eh bien, vas-y, mets le paquet ! Tu as rencontré Grangier quelques heures avant sa mort, tu es peut-être le dernier à l'avoir vu avant l'assassin, sûrement même, quoi de plus naturel que d'en informer les gendarmes ? C'est le contraire qui serait étrange, qui pourrait même te causer quelques ennuis, qui sait ? Tandis que là tu fais ton devoir d'honnête citoyen, il n'y a rien de forcé, tu ne déboules pas comme un abruti, vas-y, j'te dis !

Et il avait tout de même hésité. L'appréhension de ce qui allait se passer, la peur même. Celle de se jeter à l'eau quand on ne sait pas nager. Il n'entendait pas tout ce que les vieux racontaient, mais il y avait de la boue dans leurs souvenirs, et tout de même « putes à boches », ça sonnait drôlement à ses oreilles. Et lui, derrière, il allait s'annoncer : Bonjour, messieurs, je me présente, Jürgen Schlossgrün... Oui, le petit-fils du lieutenant-colonel, de cet enfoiré de SS. Tu vois le tableau, papa, et tu vois dans quelle merde tu me plonges ! Les prénoms, les noms des salopes voltigeaient jusqu'à lui... Non, j'abandonne papa. Ce n'était peut-être pas ton truc, mais ce n'est pas le mien non plus. Même cinquante ans après, tu vois comme ils en parlent ? La honte. Demain, la valise dans le 4×4, et direction la maison. D'ailleurs, il me coûte la peau des fesses, le Mercedes. Qu'est-ce qui m'a pris de louer ce carrosse ? De l'enfantillage, comme tout le reste. Cette histoire, c'est une bande dessinée. Désolé, papa, je rentre, j'ai tout tenté…

Mais la petite voix avait fait le forcing : tu n'as rien tenté, rien de rien. Tu as fait deux mille bornes, tu t'es terré dans ton trou, tu n'as pas tenu ton serment, tu t'es dégonflé. Le gros gendarme avait ramassé son képi sur le comptoir, s'était dirigé vers la sortie, et ce départ avait agi sur lui comme un ultimatum, l'avait forcé à se lever.

« Monsieur le gendarme ! » Jürgen avait déployé sa grande carcasse avec cette mâle assurance qu'il affectait toujours quand il s'apprêtait à cafouiller. En vérité, il tremblait.

– Je vous recommande le camembert, il est juste à point, comme vous l'aimez…

Jürgen leva les yeux. Madeleine plaquait sa cloche à fromages contre sa poitrine comme un bouclier.

– J'ai déjà pris du roquefort…

– Et alors ! Un grand gaillard comme vous !

Elle souriait à pleines dents… Enfin, celles qui lui restaient. Elle avait sa tête de rêveuse, à se faire des idées. C'était bien la seule. Car derrière elle, c'était rideau tiré. Les vieux s'étaient reformés en carré, abattaient leurs cartes avec un entrain de galériens. Qu'espérait-il donc ? Qu'ils viennent à sa table en traînant leurs chaises pour se lier d'amitié. Ainsi donc, vous êtes le petit-fils de cet excellent Schlossgrün ? Que de souvenirs, mon cher, que de souvenirs… Il les avait vus stupéfaits, déroutés, et maintenant ils faisaient comme s'il n'avait jamais existé. Tu parles, ils ne pensaient qu'à lui. Schlossgrün pour eux, c'était un gros mot, une insanité qui n'encourageait pas la convivialité.

Jürgen plongea le couteau dans la pâte épaisse.

– Eh bien, ça au moins, ça fait plaisir !

Jürgen hocha la tête avec retenue. Madeleine et sa blouse ne lui laissaient plus qu'un petit bout de Narcisse, un petit bout de sa crinière métallisée, de son teint lisse et couperosé. Apparemment, personne d'autre que lui ne savait que Narcisse s'était rendu dans le bunker, qu'ils s'y étaient croisés. Et à aucun moment, il n'avait levé le nez de son magazine. Cette absence de réaction était un vrai mystère. Jürgen se demandait encore pourquoi lui-même n'en avait pas parlé, pourquoi son instinct lui avait ordonné de la boucler. Demain peut-être, à la gendarmerie, à tête reposée ? Il verrait…

Madeleine s'éloigna, une chaise couina sur le pavé, et Alfred se leva pesamment, en s'appuyant des deux mains sur la table. La partie était terminée. Sans éclats, sans gueulantes, dans l'indifférence.

– Je vais me reposer un moment, annonça Alfred Fournier avec lassitude.

– Mais on va bientôt manger, papa !

– Pas faim… Tout à l'heure peut-être.

– Ce n'est pas raisonnable… Gilda ! Prépare quelque chose pour ton grand-père, il y a de la charcuterie dans le frigo, du rôti de porc froid et…

– Non, j'te dis ! Je peux faire un peu ce que je veux, merde !

– Il a raison, approuva Gilda.

– Toi, évidemment…

Jürgen suivit du regard la lourde silhouette d'Alfred qui disparaissait dans le couloir de l'arrière-salle.

L'idée venait de jaillir dans son esprit comme une évidence. Tout déballer au vieux, voilà ce qu'il allait faire. Prétexte : le silence de Narcisse. C'était une bonne approche. Et ensuite, déballer son histoire, la vraie, au patron du Dog Red. Fournier ou Grangier, c'était du même tonneau, il ne pouvait pas trouver mieux. D'accord, le vieux n'avait pas l'air ravi, les souvenirs de guerre apparemment, ce n'était pas son truc, et il allait peut-être l'envoyer paître. Et alors ? L'Allemand leva les yeux vers les poutres brunâtres sillonnées de toiles d'araignée. C'était décidé.

– Un p'tit dessert avec votre café ? s'enquit Madeleine, la mine gourmande.

En attendant, il devait réfléchir, s'occuper…

– Je prendrais une tarte aux pommes.

… Et manger, c'était s'occuper.

– Avec de la crème fraîche ?

– Avec de la crème fraîche.

Madeleine fit valser son tablier.

14

Vollaville vivait sa marée descendante avec un peu de retard. C'était une routine saisonnière, un rituel, mais que le choc du cinquantenaire avait perturbée dans le calendrier, poussé jusqu'aux derniers jours de septembre. Cette fois, ça y était. Volaville s'était démaquillée, faisait son lit pour l'hiver, ne se prétendait plus station balnéaire. On ne comptait plus ses grilles baissées, les volets fermés. Celle de la station de sauvetage, des boutiques de cartes postales et articles de plage, de la succursale bancaire et des résidences de l'été. L'office de tourisme ne recevait plus qu'aux week-ends, les deux terrains de camping reverdissaient, et on devait viser pour les horaires de la poste. En semaine, à dix-neuf heures pétantes, c'était désert et noir complet dans l'erg automnal du littoral où ne scintillaient plus que deux enseignes rescapées. La tricolore de la gendarmerie, au fronton d'une caserne à toit plat, neuve et pimpante, et celle, écarlate, de la brasserie, sur la place. Encore qu'Overlord – c'était son nom – reprenait son souffle elle aussi. Plus de terrasse jusqu'à minuit, d'huîtres, de crustacés et de moules-frites à la chaîne pour les Parisiens. L'affichette « repas à toute heure » hibernait dans le placard, et passé midi-deux heures-plat-du-jour, c'était sandwich jambon-beurre ou pizza surgelée dans le micro-ondes. Vers vingt heures trente, vingt et une heures selon l'humeur, Henry, le patron, sonnait le couvre-feu, poussait les récalcitrants vers la porte en jurant qu'un jour il bouclerait purement et simplement pendant l'hiver. À l'entendre, il se crevait le cul pour rien, ou pour le simple autochtone, ce qui revenait au même. La morte-saison était perte sèche pour le commerce, et il avait trop bon cœur.

C'est dans cette ambiance de fond de bouteille qu'Anthony attendait, ses longs cheveux noirs bâillonnés par un bonnet de laine aux couleurs jamaïcaines. Il jeta un coup d'œil furibard à la pendule Ricard plaquée sur le mur d'en face, se déplaça de quelques centimètres sur la moleskine grenat. Les ressorts de la banquette lui martyrisaient les fesses. Dix-neuf heures vingt-cinq... près d'une demi-heure de retard, qu'est-ce qu'il branlait, le facteur ? Il était seul, comme un con, avec sa menthe à l'eau, et en plus, il y avait cette bande de jeunes abrutis parqués près des flippers, qui n'arrêtaient pas de le mater en ricanant à l'étouffer. Ils parlaient de lui, c'était certain, et il se demandait bien pourquoi, il ne les connaissait pas, il n'aimait pas ça...

– Salut, tout le monde !

Bruno, enfin. Avec sa calvitie et son catogan, sa parka et ses Pataugas de cambrousse. Barbu, pansu, et tonitruant. Comme d'habitude.

– Ça fait longtemps que tu m'attends ? Je sais, je suis à la bourre, s'excusa-t-il en faisant glisser la fermeture Éclair de sa parka. Il se glissa sur la banquette, grimaça à la vue de la menthe à l'eau.

– Tu ne prends pas autre chose ?

– Non, ça va…

– Riton, une pression ! gueula Bruno, je crève de soif !

Anthony épia furtivement la demi-douzaine de voyeurs. Ils continuaient.

– Qu'est-ce qu'ils ont à me reluquer, ceux-là ?

Le facteur releva la tête, leva la main en guise de salut.

– Oh, eux ? Rien… la saison est finie, plus de filles à draguer, de petites vacancières à emballer, ils commencent à s'emmerder. Comme nouvelle tête, il ne reste plus que toi, ce doit être pour ça.

– Il y a autre chose, grogna Anthony, j'aime pas leurs manières.

– Peut-être bien, oui…

– Ah bon… Et quoi donc ?

Surpris, Anthony s'était posé en biais sur la banquette, scrutait le visage du facteur.

– Attends…

Bruno rafla le verre de bière des mains du patron et but avec avidité.

– Alors ?

– Tu vois le petit brun, le mignon avec son blouson de cuir et ses santiags, habillé tout en noir ?

– Ouais…

– Eh bien, c'est l'ancien petit copain de Gilda. Marco, le fils du boucher. Elle l'a largué pour toi, et à ce que je crois savoir, il ne le prend pas très bien.

– Ah, ce n'est que ça ! soupira Anthony avec soulagement.

Encore une histoire de nanas. Logique, après tout. Il débarquait dans le bled sans prévenir et sans la moindre attache. Coq dans le poulailler. Il détailla le délaissé avec un peu plus de profondeur. C'est vrai qu'il n'était pas mal. Net, propre sur lui, sapé faussement loubard pour faire vitrine, avec sûrement des biffetons plein les poches. Ici, fils de boucher signifiait fils à papa, le bifteck était sacré. Marco avait l'air de mauvais poil, torturait son flipper. Devait en baver. Des Gilda, il y en avait qu'une au village et il se l'était fait piquer par un métèque qui n'était pas du pays. « Pauvr p'tit père », songea Anthony avec une fausse pitié.

– J'aimerais que tu me rendes un petit service, Tony…

Bruno s'exprimait brusquement à voix basse, se lissait la barbe avec un air pénétré.

– Bien sûr.

– Je voudrais que tu me gardes une petite mallette… Enfin, un attaché-case, tu verras, ce n'est pas encombrant…

Anthony attendit la suite. Bruno paraissait dans l'embarras. Ce n'était pas fréquent.

– … Il y a des papiers dedans… des papiers confidentiels… Je dois les mettre à l'abri… Pour quelques jours… Quelques jours seulement…

– Attends, s'étonna enfin Anthony, tu sais où je crèche ! C'est ouvert à tout vent, il n'y a même pas de serrures aux portes !

– Justement ! Personne n'aura l'idée de…

– C'est qui, personne ?

– Personne, c'est personne, rien de précis. C'est juste que je veux être prudent, que je ne veux pas les paumer…

– Et chez toi ?

– Je peux me les faire piquer, et je n'y tiens pas.

– C'est si important que ça ?

Bruno soupira, un peu excédé.

– Écoute, je te demande un service, pas un interrogatoire. Tu me dis oui ou merde, un point c'est marre.

– Et si je te demande de quoi il s'agit, je suis trop indiscret, je suppose.

– Oui.

– Comme ça, c'est clair.

Soupir contre soupir. Anthony réfléchissait au dernier imprudent qui s'était permis de jouer au cachottier avec lui. Grangier. Il n'était pas superstitieux, mais tout de même… D'un autre côté, il se voyait mal refuser. Bruno le ravitaillait en came. Il ne savait pas trop comment le facteur se débrouillait dans ce trou perdu, ça ne le regardait pas non plus, mais il n'était jamais à court…

– Tu ne me racontes pas de bobards, au moins ?

– Quel bobards ? Je ne te dis rien. Simplement, j'aimerais caser ce truc chez toi pendant quelques jours, rien de plus…

– Et je ne risque pas d'emmerdes ?

Bruno se mit à rire franchement. C'était le problème avec lui. Il avait une bouille ronde, un caractère carré, et déconnait à tout bout de champ.

– Tu délires ou quoi ? Non, ce sont des trucs qui concernent les gens du coin, et j'aime autant qu'ils ne le sachent pas. Tu es le seul à qui je peux demander, les autres me connaissent trop, sont trop concernés, ils se méfieraient... Tandis que toi, tu t'en balances de nos histoires, t'es pas d'ici... Va pas chercher plus loin.

Il avait raison, Anthony n'en n'avait rien à cirer, des rumeurs du facteur. Et puis bon, il y avait l'herbe aussi...

– Elle est où, ta valoche ?

– Je te l'apporte demain matin, pendant ma tournée. Juste pour quelques jours, j'te dis, pour me dépanner, après je sais quoi faire... Mais pas un mot, hein ! À personne.

Anthony haussa les épaules avec insouciance. Ce bled était un vrai nid de vipères.

– Tu lui as dit de venir ?

Surpris par le ton contrarié, Anthony leva les yeux. Gilda s'agitait derrière les vitres de l'Overlord. Elle venait d'enlever son casque, ébouriffait sa courte tignasse, et la poussière rouge de l'enseigne qui tombait du ciel, luisante comme une lumière d'aquarium, lui donnait une silhouette de blonde volcanique. Blouson, jean, bottines. Une sirène de scooter.

– T'es marrant, tu n'avais qu'à pas être en retard.

– Même pas à elle ! Surtout pas ! souffla précipitamment Bruno.

Anthony secoua la tête d'un air consterné. Gilda ? Mais qu'est-ce qu'elle en avait à foutre de leurs histoires de minus ? Elle les détestait. La jeune fille se précipita sur lui, le couvrit de petits baisers ravageurs comme s'ils ne s'étaient pas vus depuis des mois, et Anthony se laissa glisser dans la peau du mâle adoré avec complaisance. Derrière, le flipper tinta comme une tirelire.

– Doucement, les jeunes ! lâcha le patron avec résignation.

Il était robotisé, n'était plus que l'ombre du Riton de l'été.

– Bordel ! s'exaspéra le fils du boucher en martelant du poing les flancs de l'appareil.

Tilt. Bien fait pour sa gueule.

15

Elle avait rappliqué sitôt connus les résultats de la balistique. Louis Grangier dit l'ermite avait été tué par la balle d'un Garrant Ml, le fusil semi-automatique des GI de juin 44. Calibre 7,62 mm, puissance de perforation : 6 mm d'acier à 450 mètres, 12 mm d'acier à 90 mètres. Or, selon les expertises, le tueur avait flingué Grangier à une petite vingtaine de mètres, et il n'était pas en acier. D'où les dégâts. Pour pimenter, la balle en question n'était pas du tout-venant. Elle avait été perfectionnée, aiguisée si l'on peut dire, de façon à améliorer ses sanglantes performances. Un travail d'artiste que se réservaient les tireurs d'élite de la dernière guerre, les snipers qui dégommaient l'ennemi dans des duels de western. Le Garrant n'était pas une arme de salon, fallait savoir la manier. Or, l'assassin de Grangier n'était pas un manchot. Les renseignements livrés par Bruno sur les habitudes nocturnes de l'ermite s'étaient révélés utiles. Grangier aimait passer de longues heures face à l'ouverture qui donnait sur la mer. Son tueur le savait, et cette nuit-là, pour une raison mystérieuse, Grangier avait illuminé l'intérieur de son bunker. Son visage offrait donc une cible idéale. Vu l'impact laissé par la balle et la position du corps effondré sur le dos, il n'y avait pas d'autre scénario possible.

Mais c'était l'aspect « crime de revenant » qui intéressait le maréchal des logis Fabienne Duranger.

À vingt-huit ans, elle incarnait l'avenir de la gendarmerie. Physiquement, celui-ci ne s'annonçait pas rose. Fabienne était dans la lignée des quelques uniformes féminins que Goliath avait déjà réceptionnés en renfort saisonnier. Costaud, rustique, garçonne. « Des bourrins », se désolait le brave Desmouleaux. En plus, elles avaient toutes un petit quelque chose qui achevait de les ruiner. Des mollets de coursier ou un vocabulaire de charretier. Fabienne Duranger, c'était son nez épaté, une patate à éplucher. Mais la désobligeante comparaison s'arrêtait là. Bardée de diplômes, elle était l'élite nouvelle vague, se trimbalait notamment un DESS de criminologie. Elle ne bénéficiait d'aucune affectation précise, agissait en électron libre, œuvrait hors-cadre, détachée de toutes les corvées. Enquêtrice spéciale et scientifique, Duranger s'annonçait comme l'échantillon d'une future brigade expérimentale, concoctée par les cerveaux de l'Institut de recherche criminelle de la gendarmerie (IRCGN). Goliath avait lu tout ça sur le fax envoyé par la direction nationale, s'était rué sur le *Quid* pour savoir ce que signifiait DESS : « Diplôme d'études supérieures spécialisées », avait compris également que chez cette fille, mis à part la plastique, tout était supérieur. On le priait également de coopérer avec elle sans arrière-pensée, de la soutenir dans ses initiatives, bref de lui laisser carte blanche. Hiérarchiquement, Fabienne

Duranger lui devait peut-être le respect, mais pour le reste, elle était dix crans au-dessus de lui.

Pas désagréable au demeurant. La nouvelle venue logeait à la caserne, dans la piaule réservée aux extras, et pour sa première soirée, Goliath l'avait conviée à dîner à la maison, sachant par expérience que la cuisine de Germaine serait un test. Mise au courant du profil morphologique, maman avait mitonné trapu. Pas de problème : encadrés par une salade de joues de porc confites et un fondant chocolat-crème anglaise, les rognons de veau aux morilles n'avaient pas fait un pli. Coup de fourchette et franc-parler, sans oublier un goût certain pour le sancerre. Bref, une bonne et solide soirée, même si à l'heure tardive du calva hors d'âge le maréchal des logis avait tout de même légèrement gonflé son supérieur avec un éloge dithyrambique de la police scientifique britannique. Elle rentrait tout juste d'un stage de deux semaines à Londres où l'application quasi systématique de la technique dite des empreintes génétiques l'avait éblouie. Elle déplorait le retard pris par la France dans ce domaine, prophétisait une révolution dans les pratiques policières et judiciaires, tenait la trouvaille de l'acide désoxyribonucléique comme une panacée universelle, celle qui désignerait à coup sûr le coupable et éviterait toute erreur regrettable. « L'ADN, c'est notre code-barres. Personnel, unique, et on peut en retrouver des fragments microscopiques partout, sur tout ce qu'on touche. Avec ça, l'enquête peut devenir infaillible : on coince un suspect, on compare, et c'est terminé. L'empreinte génétique, c'est comme si l'assassin signait son crime ! » Goliath avait bien tenté de modérer les débordements d'un enthousiasme qu'il mettait sur le compte de la jeunesse, de l'inexpérience et du calva à cinquante degrés, mais il avait vite laissé tomber. D'abord, il ne comprenait pas tout dans cette traque de l'infiniment petit, s'en voulait d'avoir négligé la lecture de quelques brochures à usage interne, lesquelles croupissaient au fond du placard à archives. Ensuite, il appréciait paternellement la flamme d'une néophyte. Tout de même, comme elle s'embarquait loin dans le travail de labo et l'avenir de l'éprouvette, il avait tenu à la prévenir : « Avec notre pauvre affaire Grangier, vous risquez d'être déçue. Ce serait plutôt le Moyen Âge. »

Quarante-huit heures plus tard, l'adjudant-chef avait dû se rendre à l'évidence : non seulement Duranger n'était pas déçue, mais elle prisait le terrain comme un fox-terrier. Elle avait reniflé des heures dans le bunker, comme si elle envisageait d'y passer le restant de ses jours, avait pataugé sous la flotte aux alentours. Elle disait devoir s'inspirer des lieux, de l'ambiance, des odeurs et des couleurs pour humer le sillage de l'assassin, appelait ça « se profiler à l'anglo-saxonne ». Pour le décor, elle était servie, mais la victime la fascinait plus encore. Cet ermite ! En 1994 ! Pourquoi ce retrait de la vie, ce choix incroyable ? Elle voulait tout sur lui, sur son passé et sa personnalité. Goliath lui avait refilé ce qu'il savait, et Paris avait complété. La nuit, elle usinait à la gendarmerie, classait les renseignements, raclait jusqu'au détail le plus insignifiant, s'appesantissait sur les marges dérisoires. Mais cette plongée quasi exhaustive ne concernait que Grangier, et comme se moquait finement Goliath : « On est bien avancé, il est mort ! » Fabienne lui souriait sans mot dire, et l'adjudant-chef développait *in petto* l'une de ses grandes théories : à savoir que la science tuait l'instinct, et il prenait toujours pour exemple le gâchis des boxeurs-marteaux à la force de frappe explosive. Dès qu'on leur apprenait l'art du ring, qu'on en faisait des stratèges de l'esquive, ils n'avaient plus de foudre dans les poings. Pour la petite, c'était pareil. Elle était douée, mais son bagage théorique finirait par bouffer la fraîcheur de son punch.

Ce matin, à la brasserie, Fabienne avait donc souri devant son chocolat et ses croissants, face à un Goliath débonnaire qui sirotait un café en rêvant à son premier demi de la journée. Mais elle avait parlé également, beaucoup même, expliqué pourquoi cette affaire la passionnait. C'était tout simple : par son originalité. On n'y trouvait ni l'argent, ni la passion, ni la jalousie, ni la bagarre, encore moins le hasard. Quoi alors ? « Quelque chose dans la vie de la victime renvoie au profil du tueur », avait tranquillement asséné Fabienne. Et ce quelque chose, c'était le passé, ou plutôt une vengeance qui remontait loin dans le passé. Goliath avait facilement traduit : vieux flingue de guerre d'un côté, mère tondue à la Libération de l'autre. « C'est peut-être un peu tiré par les cheveux », avait-il osé, et Fabienne avait profité de ce subtil trait d'esprit pour annoncer que doc et paperasserie, c'était fini, qu'elle devait maintenant humer une vieille odeur de sang séché qui devait bien traîner quelque part dans la contrée. Goliath en était resté estomaqué, son histoire de punch ne tenait plus la route…

Première étape dans la tournée des popotes du terroir : Dumouchel, le releveur d'épaves, lequel avait fait son numéro de chien savant devant la petite gendarmette. Il avait entamé sa saga de la ferraille, évoqué ses pêches historiques, glorifié quelques-unes de ses plus belles reliques désormais exposées dans son musée. Parvenu aux cloches des contre-torpilleurs et aux écussons de passerelle, le Pirate avait dû changer de registre. Fabienne demandait à voir la photo honteuse citée par l'adjudant-chef. Elle l'avait fixée durant de longues minutes sans même paraître écouter le récit du borgne. Goliath avait eu la sensation d'un dégoût réprimé.

« Et vous en connaissez beaucoup, vous, des gens qui détiennent encore un fusil Garrant Ml ? » avait brusquement demandé Fabienne en rendant la coupure de presse. Personne, il ne connaissait personne. Mais des Garrant, sûr qu'il y en avait encore des centaines dans la nature, planqués dans les caves, les greniers, les granges, ou au fond d'une armoire. Et des Mauser également. Même des mitrailleuses. Des munitions et des grenades, n'en parlons pas. Enfin, plein de souvenirs. Mais qui ? Alors ça, mystère. Le borgne faisait le malin. Personne, c'était tout le monde. Bienvenue en Normandie.

Maintenant, ils étaient devant le Dog Red.

– Attends-nous dans l'estafette, ordonna l'adjudant-chef au gendarme Desmouleaux. Krünze, l'emmerdeur, était resté de faction à la gendarmerie. C'était toujours ça de gagné.

Fabienne voulait flairer l'antre des anciens que Dumouchel avait cités en abondance, voir de près cet Alfred Fournier surtout, le furieux du cliché. L'adjudant-chef ne s'était pas trompé. Sous son air impavide, Fabienne n'avait pas bien encaissé. Le temps de faire la route, elle s'était défoulée sur ces honteux bûchers de la Libération et ces chasseurs de scalp dont Fournier, à en croire le Pirate, avait été un exemple vociférant. « Faut pas trop faire attention, avait tenté de tempérer Goliath, ils ne peuvent pas s'encadrer. Des querelles de clocher. »

Sur le pas de la porte, à l'instant d'affronter la cage aux fauves, il en remit une couche :

– De braves bougres, un peu grincheux sur leurs vieux jours, mais quand on sait les prendre…

– Attendez… On ne vient pas les arrêter, se moqua Fabienne Duranger.

Goliath l'enveloppa d'un regard navré. Pardonnez-lui, elle ne sait pas où elle met les pieds. Il respira un grand coup, et actionna la poignée en ferronnerie ciselée.

16

Ils étaient parfaits. Entendre Alfred Fournier lui dire : « Vous prendrez bien un rafraîchissement, mon adjudant ? Et vous aussi, madame ? » relevait du conte de fées. Goliath l'avait arrêté d'un geste de centurion romain. Jamais pendant le service, mon brave… Et personne n'avait pouffé. Depuis, son appréhension fondait tel un sorbet.

Ils étaient malins, les vieux. Chieurs, mais malins. L'arrivée de la gendarmette galonnée s'était répandue sur Vollaville comme un nuage toxique : à tous les coups, Goliath était en danger, se faisait coiffer. Ce n'est pas qu'il ne le méritait pas, ne foutait rien, l'animal, laissait filer, surtout l'été, au camping, sur la plage… Et la nuit ! Mon Dieu, la nuit, tous ces jeunes qui se débauchaient. Sodome, Gomorrhe, Salem, sexe, drogue, rock'n'roll, et Saint-Germain-des-Prés ! Il était trop bon Goliath, trop gentil avec les vauriens. Seulement, ce n'était pas une raison pour lui faire des misères et, pire encore, nous l'enlever de force. La rumeur s'était insinuée sous les portes, avait grossi dans les foyers et les boutiques. Y avait une jeune qu'était là, pour le noter et le surveiller, une jeune avec une tête pas facile et des manières d'homme, vous voyez le genre ? Et elle avait les dents qui rayaient le parquet. Fallait surtout pas l'enfoncer, notre adjudant fainéant.

Goliath avait tout de suite saisi le revirement. Plus personne ne l'emmerdait avec le chien de Machin qui divaguait, le vélomoteur de Truc qui pétaradait, et la boum hebdomadaire du fils du boucher. Un vrai plaisir. En temps ordinaire, les gens étaient plus ou moins bêtes et plus ou moins méchants, se voulaient du mal par jalousie ou désœuvrement. Mais là, le danger venait d'ailleurs, d'où la petite union sacrée. Pareil pour les quatre piliers du Dog Red, encore qu'avec eux, un bémol s'imposait. Tracasser l'adjudant, c'était comme se mêler de leurs affaires, et l'étrangère n'avait pas à y fourrer son gros pif épaté.

N'empêche que la petite Fabienne se débrouillait comme un chef. Les vieux lui avaient fait bon accueil, avaient sagement rangé leurs brèmes, et elle s'était installée non pas avec eux, à leur table, mais sur une banquette voisine, pour bien marquer qu'elle ne voulait pas s'imposer. Depuis, ils babillaient avec la dame. Même Fournier, dont Goliath déplora à nouveau la mauvaise mine et cet œil ensanglanté qu'il ne cessait pas d'astiquer, et même Momo, qui faisait sans doute un gros effort sur lui-même. Il détestait l'incursion des femmes dans le labeur et le sport jusque-là réservés aux mâles, hurlait après les footballeuses à crampons et les coureuses en cuissards. La femme-gendarme, ce devait être pire…

Pas de refus donc. Et pas la moindre bouderie. D'autant qu'on ne parlait que du défunt. En mal. Grangier s'était peut-être pris une balle dans la tête, mais ça ne freinait pas les vieux. Ils avaient digéré le choc du passé révélé, reprenaient leurs médisances de croisière : Grangier avait été un extraterrestre que personne à Vollaville n'avait pu comprendre. D'ailleurs, il n'y avait rien à comprendre pour les personnes sensées. Se terrer ainsi, pendant de longues années, dans un bunker de la dernière guerre, qu'est-ce que cela signifiait ? Grangier était un fêlé de la cafetière, que plus personne ne fréquentait, sauf Bruno le facteur, qui en avait fait sa BA. Et maintenant qu'il était mort, il continuait à nous emmerder.

Fabienne acquiesçait de la frange, tambourinait sur la table en chêne de ses ongles carrés, tentait tout de même de labourer le délicat terrain du souvenir, évoquait précautionneusement une raison lointaine et secrète, comme un retour sur les lieux de l'enfance… Je dirais plutôt, sur un drame de son enfance, n'est-ce pas, messieurs ? Fabienne pouvait toujours tourner autour du pot, elle n'obtenait en retour qu'une rafale de mimiques dégoûtées. Pourquoi n'avait-il rien dit dans ce cas ? Ils avaient été bernés, s'étaient fait rouler par le cachottier.

D'accord, mais tout de même, il semble qu'il se soit installé ici, dans ce décor étonnant, pour des raisons précises…

Ah bon ? Les rancuniers n'avaient pas de réponse.

Goliath était de plus en plus détendu. Le Dog Red était paisible, avec son ambiance finissante pour habitués. Quelques rares clients passaient sans se poser, Gilda tenait le comptoir toute seule, en l'absence de Madeleine et Raymond qui étudiaient le projet tennis chez un spécialiste caennais. En pleine folie des grandeurs, ces deux-là ! Narcisse allait et venait, furetait un peu partout comme un chien après le gibier. Pour finir, l'Allemand n'était pas là, et c'était un vrai soulagement. L'adjudant-chef ne se voyait pas raconter l'histoire du petit-fils Schlossgrün en quête des ossements du grand-père SS. Il ne fallait pas tout mélanger, c'était déjà assez compliqué comme ça.

Tout fonctionnait donc au poil. Ils devisaient. Soucieuse de ne pas verrouiller le dialogue, la petite Duranger ne commettait pas le moindre impair. Les vieux la testaient, bien entendu, mais Goliath devinait sa gendarmette aux aguets, attentive à tout ce qu'elle pouvait récolter. Elle les auscultait également, laissait traîner son regard sur ses interlocuteurs en de lents allers et retours, avec toutefois quelques arrêts sur Fournier, tassé comme un morceau de viande flasque dans son pull-over grenat déformé. Qu'est-ce qu'elle pouvait bien penser de lui ? Sans doute qu'il n'avait plus rien du jeune enragé de la photo. Mais en dehors de ça, elle n'allait rien tirer de cette séance au Dog Red.

On en était là, lorsque Fabienne décida de s'enhardir, posa oralement l'arme du crime sur le tapis. Un Garrant Ml, ça leur disait quelque chose, au moins ? Évidemment, le Garrant leur parlait. Elle poussa plus loin, livra quelques détails sur les circonstances du crime. Lesquelles, en conclusion, privilégiaient un tireur chevronné, grand connaisseur du fusil, qui ne s'était pas offert un carton au hasard. Enfin quelqu'un qui, autour du bunker, n'était pas dépaysé.

– Vous voulez dire quelqu'un d'ici, intervint Maurice Bordenave avec la tête de celui qui n'aime pas être pris pour un imbécile.

– C'est possible… Est-ce vrai que beaucoup de gens possèdent encore des armes datant du Débarquement ?

Badaboum ! Elle tapait dans le terroir. Goliath épia les quatre vieux qui s'épiaient entre eux. Ils la voyaient venir.

– On le dit, avança vaguement Momo.

Tout le pays savait qu'il planquait un véritable arsenal dans sa cave.

– Mais vous savez que c'est interdit ?

– Bof… De vieilles pétoires rouillées, hors d'usage.

– Pas celle-là, en tout cas !

– À condition que votre hypothèse soit la bonne !

Le porte-parole de la clique ripostait du tac au tac.

– J'y crois fermement, et on va tout faire pour la retrouver…

– Qui donc ?

– L'arme du crime.

– Eh bien, vous n'êtes pas dans la merde !

Maxime Blédor s'était laissé glisser dans un rire étouffé. Fabienne le dévisagea en se grattant le nez. C'était un tic. Son pif la démangeait dès qu'elle s'interrogeait sur son interlocuteur.

– On y mettra le temps qu'il faudra. Il n'y a rien de plus patient que la gendarmerie, vous savez !

– On a tout notre temps aussi.

Momo se braquait, et l'adjudant éprouva une légère raideur sur sa nuque. C'était trop beau. Parti comme c'était, on n'allait pas s'éterniser dans la courtoisie et la bonhomie. Les vieux n'étaient pas près de militer au MLF et avaient fait de louables efforts. Mais maintenant que Fabienne leur rentrait dans le lard, ils allaient se lâcher et se mettre en pétard. On se dirigeait droit vers l'esclandre. Ce fut le moment choisi par Alfred Fournier pour lancer son missile.

– Dans ces conditions, vous feriez bien de fouiner du côté des déguisés…

– Pardon ?

– Mais t'as raison ! Parmi tous ces connards, il y en a bien un qui…

Paul Pétré n'osa pas aller plus loin, mais sa face de bébé-lune chiffonnée s'épanouissait.

– Je ne comprends pas, mon adjudant…

Fabienne Duranger l'interrogeait du regard. Et les vieux attendaient également. C'était lui, le chef. Goliath soupira. Putain, ce qu'il n'aimait pas ça, être bousculé, malmené dans ses habitudes…

– Des fanas du 6 Juin 44, des collectionneurs, des nostalgiques, commença-t-il, qui déboulent chaque été sur la plage, avec Jeep et uniformes de l'armée américaine. C'est vrai qu'ils s'y croient un peu, qu'ils nous paraissent un peu ridicules, mais…

– Des débiles, tu veux dire ! asséna Max.

Goliath le foudroya d'un œil noir. Il se voulait le plus raisonnable, le plus neutre possible.

– … Mais ils sont inoffensifs, ne nous causent jamais le moindre problème. Ils défilent avec leurs engins, jouent aux petits soldats, paradent sur la place du village…

– Ils sont nombreux ?

– Assez, oui…

– C'est-à-dire ?

– Quelques dizaines peut-être, mais pas ensemble. Il y a des clubs, des associations…

– Tu… Vous voulez rire ! se rattrapa Momo… Pour le cinquantenaire, on n'en avait jamais vu autant !

– C'est vrai. De toute manière, ils sont repartis dès la mi-juillet. Comme m'a dit l'un d'eux : en août, faut pas déconner, c'est vacances-camping, avec bobonne et les gosses, sinon, c'est le divorce !

Il se mit à rire, se sentit peu suivi.

– Sauf un, annonça Alfred Fournier.

– Quoi ?

– Je dis, sauf un… Il y en a un qui est toujours là.

– Mais oui, t'as raison ! s'émerveilla à nouveau Pétré. Le jeune trouduc à dégaine de hippie qui bosse pour la société Charley !

– Vous êtes au courant, mon adjudant ?

Duranger avait sorti crayon et calepin.

– Non, je ne vois pas…

– Et où peut-on le trouver ce jeune homme ?

– Il fait le gardien de nuit dans le lotissement en construction, couche même sur le chantier, précisa Fournier.

– T'as raison ! ânonna à nouveau Pétré le zélé. Il vit comme un clodo, un squatter, n'a pas l'air très net, le gars…

– … Teur.

– Quoi ?

– Un squatteur, rectifia l'implacable Momo.

– N'empêche, un drôle de zigoto. On ne sait pas d'où il vient, traîne un peu partout, ne fout rien de ses dix doigts…

– Il a raison, appuya Max. L'autre jour, je le voyais rouler dans sa poubelle… Ces mecs-là, on a toujours l'impression qu'ils préparent un mauvais coup.

– Ne dites pas de bêtises, grogna Goliath.

Les vieux s'échauffaient, et le gendarme savait trop bien où les mènerait le dérapage. À force de gueuler au voleur à tout bout de champ, de faire croire que le pays était à feu et à sang, les politiciens en quête de voix finissaient par polluer les esprits. Même ici ! L'insécurité à Vollaville, il y avait sans doute de quoi se marrer, sauf qu'un vol de tondeuse à gazon risquait aujourd'hui de donner une voix à Le Pen !

Bing ! Bing ! Bing !

Gilda jouait aux cymbales avec ses deux bouteilles.

– Vous n'êtes pas un peu malades, non ! cria-t-elle d'une voix pointue.

– Qu'est-ce qui te prend, Gilda ? tonna Alfred.

– Vous ne le connaissez même pas ! Vous l'accusez et… Et… Et…

Elle ne trouvait pas ses mots, suffoquait d'une rage impuissante, secouait sa frimousse blonde dans tous les sens.

– On n'accuse personne, Gilda, tempéra l'adjudant-chef.

– Mais si ! Je vois bien !

– Vous le connaissez, mademoiselle ?

Fabienne se grattait méticuleusement l'arête du nez.

– Bien sûr, je le connais ! Il est gentil, formidable, Anthony, n'en a rien à foutre de vos histoires !

– Gilda ! Ferme-la !

Fournier était hors de lui. Ses mains trituraient le paquet de cartes.

La jeune fille se statufia, envoya valdinguer les deux bouteilles qui roulèrent bruyamment sur le zinc, se rua vers la porte qui donnait sur la cuisine.

– On vérifiera, commenta calmement Fabienne dans le roulement des bouteilles.

– Bande de vieux cons !

Les mots de Gilda claquèrent. Juste avant la porte.

– Eh bien, félicitations ! Vous vous en êtes bien tirée, ma chère, plaisanta Goliath.

Il était sincère et soulagé. Les deux gendarmes arpentaient tranquillement la terrasse, se dirigeait vers le parking et vers Desmouleaux qui faisait les cent pas autour de l'estafette.

– J'ai passé toute mon enfance dans le Berry, en pleine brousse. Là-bas, on vous jette des sorts, on accroche des corbeaux morts à votre porte, alors, vos terreurs, vous savez…

Une sonnerie aigrelette retentit. Fabienne Duranger plongea sa main dans une poche de son uniforme, s'écarta de quelques pas, et porta un objet métallique à son oreille. Un portable ! s'extasia l'adjudant-chef, elle a un portable. Et pour le service à tous les coups !

– M'sieur Goliath, m'sieur Goliath !

L'adjudant-chef fit volte-face. Gilda fonçait vers lui.

– Faut pas les croire, m'sieur Goliath !

Échevelée, livide, avec des larmes plein les yeux.

– Mais croire quoi, ma petite Gilda !

– Pour Anthony, ce n'est pas possible !

– On n'a jamais dit ça… Ne te mets pas dans des états pareils, ma petite fille, c'est ridicule…

– J'étais avec lui !

– T'étais avec lui ?

– Oui, la nuit où l'ermite a été tué, on était ensemble.

– Ensemble… Tu veux dire…

– C'est mon amant, c'est ce que vous voulez savoir ? Eh bien, oui ! C'est mon amant. Au lit toute la nuit, à s'envoyer en l'air. Voilà.

– Où ça ?

Qu'il était gêné. Mon Dieu, qu'il était gêné !

– Chez lui, là-bas, sur le chantier.

Les deux mains dans les poches arrière de son jean, elle le défiait, sautillait d'une jambe sur l'autre. Il ne savait plus où se mettre. Gilda… Il avait bonne mine avec ses « ma petite fille ! ». Une femme, oui ! Son regard incrédule erra sur la jeune fille dont la poitrine, moulée dans un tee-shirt écarlate, se soulevait en saccades. Même un aveugle s'en serait rendu compte.

– Mais ton grand-père… marmonna Goliath.

– S'il le sait ? C'est ça ?

– Oui…

– Bien sûr que non ! Personne ne le sait, sauf vous ! Mais j'en ai rien à foutre, je vais le dire à tout le monde ! Je les emmerde tous, vous comprenez ! je les emmerde…

Elle pleurait, elle riait.

– Calme-toi, Gilda. Fais attention aussi, pour ton grand-père…

– Je l'emmerde aussi !

Il n'eut pas le temps de la sermonner. Gilda s'enfuyait. Il était l'adjudant impuissant. Tête vide et bras ballants.

– Desmouleaux ! décida-t-il d'un ton morne, on ira dans le lotissement voir…

Goliath s'interrompit. Desmouleaux s'accrochait à la carrosserie. Mine verdâtre, plié en deux.

– Ça ne va pas ?

– Des spasmes, haleta le gendarme.

Spasmes d'amour. Roméo avait tout entendu. Ça lui passerait, ça passait toujours. Mais il irait voir le copain de Gilda tout seul. Roméo commençait à l'inquiéter, serait capable de descendre l'heureux rival avec son arme de service au moindre écart de conduite…

– Alors ? s'enquit le maréchal des logis Duranger.

Elle revenait vers lui, rengainait son portable.

– Rien…

– Comment elle vous a appelé la demoiselle ?

Goliath se sentit lourd comme un sumo. Putain de journée…

17

Humeur massacrante. Même après douche, café et tartines beurrées. Se lever tôt ne lui coûtait pas trop, c'était le boulot. Mais se lever tôt dans la nuit, c'était vraiment pourri. Il adorait l'été rien que pour ça, rien que pour la naissance du jour rosé qui se posait sur la mer. Le soleil sortait du ventre obscur, inondait les ombres d'une mosaïque étincelante, et lui, le facteur à vélomoteur, il serpentait sur des routes en éveil, s'enfonçait dans des chemins tachetés de clarté, pistait des cheveux de lumière. Combien de fois s'était-il émerveillé d'être ainsi au commencement, dans l'éclosion du jour nouveau ? Tandis que maintenant…

Bruno enchaîna les gestes mécaniques, rinça son bol sous l'évier, rangea sa plaquette de beurre dans le frigo, alla chercher sa paire de brodequins posée sur le paillasson, dans l'entrée. Maintenant, c'était la merde. Une obscurité têtue qui mettrait des heures à capituler, et encore, pas complètement. Elle allait résister, s'incruster dans le jour gris. En plus, il pleuvait. Une saleté de petit crachin vicelard mouchetait la fenêtre étroite de la cuisine. Même cuirassé de la tête aux pieds, avec son ciré, sa capuche, ses brodequins, il se retrouverait trempé en fin de tournée. La merde.

Mais il n'y avait pas que ça.

Tout s'était écroulé. La certitude ne cognait en lui que depuis ce matin. Bien plus désespérante encore que la veille où la rage de l'humiliation avait agi comme un coup de torchon. Il s'était laissé emporter par le tumulte, s'était perdu dans un torrent d'imprécations, et derrière, dans sa tête atrocement chahutée, il n'y avait que le vide, un vide béant. Il avait bu jusqu'à se saouler, se plonger dans l'inconscient, s'était effondré sur son lit tout habillé. Mais là…

Il n'aurait pas voulu se réveiller. Pas comme ça. Avec cette lucidité, ce désespoir glacé qui lui faisait mal, tellement mal.

– J'ai totalement foiré, constata Bruno en laçant ses brodequins.

Ce vieux bouc l'avait giflé. Il porta instinctivement la main à sa joue, laissa les images défiler. Alfred Fournier avançait sur lui. Il l'injuriait, écumait de fureur, vacillait sur ses jambes. Et il l'avait giflé. Bruno se revit également. La main levée, prête à frapper le vieillard. Et Narcisse avait bondi avec son tisonnier. D'où sortait-il celui-là ? Fournier n'avait qu'à ordonner, Narcisse obéissait. Il lui aurait fracassé le crâne comme il le faisait avec les lapins. Alors, il avait fui.

Bruno s'arrêta devant le grand aquarium qui barrait tout un pan de mur, suivit des yeux sa dernière acquisition : le vietnamien à queue de voile. Huit mille balles. À ce prix-là, il avait tout intérêt à s'entendre avec les anciens. Les comètes, les dorades de Chine et les cyprins dorés : les poissons étaient sa passion.

Rien ne le rendait plus serein, plus optimiste sur la vie, que de les suivre ainsi durant de longues minutes. Pas ce matin, tout était vain.

Il y avait cru pourtant. À la lecture des photocopies que Bruno avait alignées sur la table, Fournier s'était littéralement liquéfié. « Où t'as eu ça ? » Les feuillets tremblaient entre ses doigts, il était blême, pouvait à peine parler. Et lui n'en revenait pas d'avoir atteint si facilement sa cible. Il était à lui Fournier, il pouvait en faire ce qu'il voulait. Et cette sensation de puissance avait encore augmenté d'un cran lorsque le vieux avait soupiré : « Et qu'est-ce que tu veux ? » À cet instant, tout s'était déréglé…

Le facteur passa dans le vestibule, noua sa queue de cheval avec l'élastique posé dans le cendrier. Ce qu'il voulait ? Le miroir du portemanteau renvoyait l'image du pavé écaillé, du tapis miteux, du papier peint vert pisseux… Il haïssait ce décor, haïssait sa vie et sa médiocrité. En sortir. Voilà ce qu'il voulait. Le facteur se détailla dans la glace. Il se dégoûtait. Même pas capable de ça ! Il avait trente-deux ans, il était laid, gras, chauve. Et con comme un balai. Merci du cadeau, maman.

Même pas capable de ça. Fournier paniquait pourtant, avec sous ses yeux le récit infamant qui livrait la partie la plus hideuse de son existence. Et lui, il était le pourri d'en face, l'implacable que rien ne pouvait apitoyer. C'est simple, Alfred : tu me files le fric et je te file les papiers de Grangier. Sinon… Eh bien sinon, tout Vollaville te cloue au pilori. Voilà, c'était simple. Il avait même prévu d'en remettre une louche si le vieux regimbait. Car Vollaville, ce n'était rien. Il y avait le journal également. Et à partir de là, qui sait ce qui pourrait arriver ? Au lieu de ça, il avait voulu se justifier : J'ai besoin de fric, Alfred, pour le café du port, je veux l'acheter. Moi, je ne peux pas, je me suis endetté jusqu'au trognon pour ce maudit pavillon qui n'est même pas achevé. Il était pour Marianne, tu te souviens, on devait se marier, avoir des gosses, tout le bataclan, mais cette garce m'a plaqué. Alors qu'est-ce que j'en ai à foutre de cette baraque ! Je n'en veux plus, elle me sort par les yeux. Seulement, elle est invendable ! Depuis que l'abattoir à cochons s'est installé dans la plaine, quand le vent souffle à l'ouest, c'est une horreur ! L'odeur, les piaillements, les clients foutent le camp avant même de pousser la porte…

Et l'autre l'avait peu à peu endormi, avait commencé à ruser, à discuter. Il le connaissait pourtant bien, Fournier ! En plus, avec ce que Grangier révélait…

– Qu'est-ce qui m'a pris ? geignit Bruno en tapant du poing contre le miroir.

La honte, c'était la seule explication. Il s'était préparé pourtant : Fournier n'était qu'une ordure, n'avait que ce qu'il méritait… Mais quelque chose l'avait freiné, empêché d'y aller à fond, de le piétiner. Et l'autre vicieux s'en était rendu compte, en avait fait des tonnes : « Tu me fais chanter, Bruno ? Toi, un si brave garçon que tout le monde apprécie ? »… Il avait perdu sa lucidité, avait perdu le fil, n'avait plus face à lui qu'un pauvre débris inoffensif que tous ces souvenirs blessaient atrocement. Tu ne peux pas savoir, Bruno… C'était une autre époque, Bruno… Tu ne peux pas me juger, Bruno… Il ne faut pas m'en vouloir, Bruno… Il se lamentait. Et Bruno l'avait écouté, s'était laissé guider comme un toutou. Pour finir, il avait été lamentable, avait proposé un arrangement à l'amiable : Tu m'aides, Alfred, et on n'en parle plus. Ce n'est pas grand-chose pour toi, une caution auprès des banques par exemple, ou alors tu me le prêtes, ce fric, et je te rembourserai, ou encore, tu prends une participation dans l'affaire, enfin, tout ce que tu veux, Alfred, qui puisse me sortir de là. Tu me dépannes, c'est tout. Qu'est-ce que tu risques, hein ? Et moi, après, je te laisse tranquille. Un mendiant.

Le postier enfila lentement son ciré bleu marine, descendit l'escalier qui menait au sous-sol, tout en continuant à monologuer, à commenter sombrement le désastre de la veille. Comment avait-il pu être aussi faible, vulnérable et indécis ? Il avait tous les atouts en main, et il s'était fait jeter comme un minable, sous les yeux de l'autre débile, qui ricanait avec son tisonnier. Se venger, récupérer les originaux de Grangier, balancer le tout sur la place publique. Et les photocopies, Alfred pouvait se torcher avec…

Il poussa son vélomoteur à la main, sortit du garage. Une limaille de pluie tombait d'un ciel de boue, enveloppait la nuit dans un torchon sale. Voilà ce qu'était sa vie ! Poisseuse et dégueulasse…

Bruno posa le vélomoteur sur son trépied, parvint à le faire démarrer à la troisième tentative. Il négligea le casque… Un casque pour distribuer le courrier, il n'avait pu s'y faire… serra la capuche sur sa tête à l'aide de deux cordelettes, alluma son phare, entrevit dans la lueur lointaine une vague silhouette qui s'avançait.

– Qu'est-ce que c'est ? interrogea le facteur en se penchant légèrement au-dessus de son guidon.

La balle du Garrant Ml pulvérisa le haut de son crâne, l'émietta comme une coquille d'œuf.

18

Alfred Fournier palpa son oreiller trempé de sueur. Il vira drap et couvertures, pivota sur ses fesses, se posa pesamment sur le bord du lit, et jeta un coup d'œil à son gros réveil à tête de Mickey. Un cadeau marrant de Gilda pour son pépé. Elle avait alors quatorze ans et cela faisait un siècle.

Il enfila ses mules, poussa sur les bras pour se lever, songea à ce que lui confiait son père dans ses dernières années. Que le matin était terrible pour son corps délabré, qu'il grinçait comme une machine rouillée, et que dans sa tête, c'était encore pire : « Tu te dis à quoi bon ? À quoi bon te lever, te laver, t'habiller, à quoi bon cette nouvelle journée puisque rien de nouveau ne t'attend, si ce n'est décliner un peu plus. Et il faut te forcer. Jusqu'au terminus. »

C'était son tour. Chaque geste lui coûtait. Mais sa fatigue était bien plus terrible, bien plus écrasante…

Alfred tira sur sa veste de pyjama, erra d'un pas traînant sur le parquet ciré, s'accouda longuement sur le rebord de la fenêtre. Le jour se levait enfin. Et il avait une sale gueule lui aussi, lugubre, mal débarbouillé. Mais c'était le jour. Il l'attendait depuis des heures.

Alfred sortait d'une nuit atroce, d'un sommeil d'homme traqué entrecoupé d'horribles réveils où ce qu'il croyait être un cauchemar était réalité. Comment était-ce possible ? Comment tout avait-il pu se détraquer à ce point ? Et après tant d'années ? Cette torture l'avait jeté dans une transe terrorisée. Il avait longuement divagué, s'était égaré dans les pensées les plus noires et les plus affolées… Jusqu'à cette décision du petit matin, celle des condamnés : foutu pour foutu, il allait prendre les devants.

Parler à l'Allemand. Mais pour lui dire quoi ? Maintenant, les yeux fixés sur le petit jour crasseux, il réfléchissait. Il se sentait patraque. L'aile de papillon s'alourdissait de plus en plus sur son œil, une atroce migraine lui torpillait le fond de l'orbite… mais il avait repris le contrôle de lui-même. Pas de bêtises, Alfred. Et d'abord, quoi lui dire, au boche ? Depuis que cette petite ordure de Bruno lui avait apporté les papiers de Grangier, il ne savait plus quoi penser. Jürgen Schlossgrün les avait-il lus ? Était-il au courant de tout ? Et dans ce cas, pourquoi n'avait-il pas bougé ? Car il avait rencontré Grangier. Et à deux reprises. C'était sa seule certitude. Ou alors, il n'avait pas eu connaissance des documents. Fournier en était de plus en plus persuadé, comme il était persuadé de devoir agir maintenant, avant que ce maudit postier ne les plante sous le nez de l'Allemand. Là, les dégâts seraient irréparables, et toute la nuit, il n'avait fait qu'y songer avec effroi. Prendre les devants, il n'y avait pas d'autre solution. Mais encore une fois, pour lui dire quoi ? Fournier se souvint vaguement des quelques lignes de Grangier prétendant que Schlossgrün n'était pas seulement venu ici pour retrouver les traces du grand-père, qu'il poursuivait un autre but… Une vague histoire de butin entreposé dans un bunker. Bien sûr qu'il la connaissait, cette histoire ! Une parmi tant d'autres, de celles qu'on racontait aux touristes, pour pimenter le souvenir. Et elles avaient pris de l'étoffe en cinquante années de parlotes, si bien que plus personne n'y voyait très clair, ne savait plus faire la différence entre la légende et la réalité. Fournier ne s'était pas attardé sur ce folklore. Jürgen Schlossgrün, chasseur de trésor ? Il n'y croyait pas. Hélas, mille fois hélas… Ce type n'avait rien d'un écervelé.

– Tu te démerdes, t'improvises, se répondit Alfred Fournier. Arrange-toi avec la vérité, rends-la crédible, acceptable pour cet enfoiré. Baratine-le, tu sais le faire…

Et après, ce serait au tour de Bruno. Quand il pensait à lui, Fournier peinait à garder son calme. Il avait l'impression de se battre sur plusieurs fronts : contre Grangier, contre l'Allemand, même contre Goliath et cette emmerdeuse de gendarmette surtout, qui avait l'air de vouloir fouiner partout avec son gros pif ! Mais le facteur, c'était bien plus sérieux, car il était démuni. Avait-il eu raison de le gifler, de le virer à coups de pied dans le cul, n'aurait-il pas dû ruser encore un peu plus ? Mais il n'avait pas pu s'empêcher. Cette petite frappe osait le faire chanter ! Pas de regrets. De toute manière, il allait revenir à la charge avant de se répandre dans Vollaville. Alfred réprima un frisson, s'imagina à nouveau le boucan, les rumeurs et les insanités, s'imagina au cœur du scandale. Même cinquante ans après, même en protestant de son innocence, en se moquant des élucubrations de ce fou de Grangier… Il y aurait doute. Et le doute, ce seraient les regards soupçonneux, les murmures honteux. Le doute, ce serait contre lui, dans son dos. Ce serait Raymond, Madeleine, Gilda, Momo, le héros de la Résistance, tous les autres… Ça aussi, toute la nuit.

Mais non, tenta de se persuader Alfred, ce voyou a trop besoin de fric. Et il n'a aucune fierté. « C'est l'occasion de ma vie », avait-il pleurniché. Bâtir sa vie sur une telle ordure ! Il n'allait pas lâcher prise, revenir à plat ventre. Si je résous le cas de l'Allemand, se promit Alfred, je saurai quoi faire avec cette saleté.

Mais d'abord Jürgen Schlossgrün. Il chassa la buée qui recouvrait la vitre avec le revers de sa veste de pyjama. Six bungalows s'alignaient en deux rangées dans le verger. Les trois autres, dont celui de Schlossgrün, étaient invisibles, se situaient à la gauche du Dog Red, l'idéal pour ne pas être vu de Madeleine déjà au boulot depuis sept heures trente comme chaque matin. Il l'entendait se battre avec ses casseroles. La solution était toute trouvée pour ne pas alerter Madeleine : il descendrait par le vieil escalier extérieur accolé à la façade qui datait du temps où le premier étage n'était encore qu'un grenier. Madeleine s'était obstinément refusée à le supprimer. Cela faisait plus ferme normande…

Alfred revint vers la table de nuit, se retint de relire les papiers de Grangier. Huit heures vingt-cinq au cadran du Mickey. L'Allemand était assez ponctuel, prenait son petit déjeuner dans la salle de restaurant entre neuf heures trente et dix heures. Mais jamais après dix heures. Il irait frapper à la porte du bungalow à neuf heures quinze. Alfred passa dans sa salle de bains et, en même temps qu'il s'observait sans pitié dans la glace, songea au temps qui le rattrapait, à l'infernale machine qui le rejetait cinquante ans en arrière. Suzanne était vivante, affirmait Grangier dans ses feuillets. Selon lui, c'est elle qui avait tout balancé à sa meilleure amie Juliette Crochemore, la propre mère de l'ermite. Suzanne vivante ! Sur le coup, il avait été pris de vertige, les lignes avaient dansé sous ses yeux. Il l'avait tant aimée, et elle était si belle ! Même tondue, tuméfiée, humiliée, elle était belle. Mais là, dans la glace, il se la figurait comme lui, une pauvre loque décatie.

Pourquoi lui avoir dit aussi !

Parce qu'il était jeune, fou d'amour et de haine. Il lui avait craché son crime au visage, avait décrit l'agonie, brandi les deux mains qui avaient tué. Il aurait dû l'étrangler, comme son Allemand.

Alfred Fournier s'aspergea d'eau, étala la mousse à raser sur sa peau, se réjouit de son étonnante métamorphose. Cette nuit l'avait massacré, et il se retrouvait apaisé, presque sûr de lui. Il avait tenu cinquante ans, ce n'est pas maintenant qu'il allait céder.

– T'es un dur, Frédo ! se félicita-t-il en dépliant son rasoir à l'ancienne.

Il avait trois quarts d'heure devant lui.

19

Neuf heures dix, Alfred Fournier patientait sous l'auvent. Face à lui, sous la pluie, les bungalows ressemblaient bien plus à de pauvres baraquements pour ouvriers qu'à de jolies niches pour vacanciers. Les taupes jardinaient comme des folles et l'herbe grimpait, léchait le haut des bottes. Madeleine s'en moquait, ce n'était plus la saison. Il n'y avait que l'Allemand là-bas, qui s'activait derrière les vitres embuées. Alfred tentait de suivre ses allées et venues, mais ses pauvres yeux le trahissaient.

Il hésitait. N'était-ce pas encore un peu trop tôt ?

– J'y vais ! se décida-t-il enfin.

Il enfonça sa casquette sur son crâne, remonta la fermeture Éclair de son ciré, s'avança dans le verger. Quelques mètres… Jürgen Schlossgrün sortait du bungalow.

– Merde, déjà ! pesta Alfred en s'arrêtant.

L'Allemand venait d'ouvrir sa porte, se retournait pour la refermer à clé. Pris de court, Alfred se terra à nouveau sous l'auvent. Que faire ? Pas question de discuter en plein champ, sous l'averse, pas question non plus de l'entreprendre dans la salle avec

Madeleine sur le râble. Le faire revenir dans le bungalow, alors ? Schlossgrün traversait déjà le verger, tête baissée sous son bonnet de laine, une serviette de cuir à la main. Plus tard, il le verrait plus tard, trouverait bien un moyen. Alfred était presque soulagé. Et si ce contretemps n'était rien d'autre qu'un signe du destin ? Peut-être était-il sur le point de commettre une bêtise, après tout ? Il y avait forcément un autre moyen.

Il s'apprêta à quitter son abri et à revenir sur ses pas lorsqu'il repéra une silhouette qui surgissait d'un autre bungalow.

– Qu'est-ce que c'est ? s'interrogea Fournier, les yeux plissés. L'intrus se pressait derrière l'Allemand, comme s'il voulait le rejoindre. Une silhouette floue, mais familière, et cette démarche raide, mécanique…

– Narcisse ! Qu'est-ce qu'il fout là ?

Il se colla contre la brique, se tassa sous l'auvent.

– Et c'est quoi dans sa main ?

Un flingue, il tenait un flingue. Narcisse avec un fusil ! Qui marchait toujours, mais qui épaulait, qui visait… C'était fou, irréel ! Le patron du Dog Red s'arracha enfin du mur, se mit à hurler.

– Narcisse, non ! Arrête !

Et derrière, un tout petit déclic.

– Narcisse !

Alfred trottinait comme il pouvait, transportait son gros corps fatigué dans le pré.

– Attention ! Attention !

L'Allemand ne comprenait pas, l'observait d'un œil ahuri. Mais lui, il voyait. Narcisse visait à nouveau.

– Narcisse, arrête !

Et derrière, le même petit bruit métallique. Enrayée, l'arme s'était enrayée.

Jürgen Schlossgrün s'était retourné, avait enfin compris. Il lâcha sa serviette, fonça sur Narcisse qui s'escrimait avec le fusil, tentait désespérément de le remettre en état de marche. Il l'empoigna par le canon pour le lui arracher des mains, mais Narcisse résista, s'y cramponna comme un forcené, et par une brusque torsion des bras, redressa la crosse de bas en haut, la cogna de toutes ses forces sur le visage de Schlossgrün.

– Mais t'es complètement dingue ! Laisse-le, tu m'as compris, laisse-le !

Alfred pouvait à peine parler tant il était essoufflé. Il continua à progresser sur Narcisse pour s'emparer de l'arme, mais Narcisse recula, s'écarta d'une bonne dizaine de mètres.

– C'est moi, Narcisse !

Rien à faire. Il avançait, Narcisse reculait. Fournier s'inquiéta de l'étrange lueur qui flottait dans ses yeux. Un regard égaré, entre deux eaux. Fournier renonça.

– Bouge pas, hein !… Et vous, ça va ?

Jürgen Schlossgrün hocha faiblement la tête. Assis dans l'herbe, sonné, main plaquée sur la joue. Du sang coulait entre ses doigts.

– Merde ! Vous êtes blessé !

– *Ich weiss nicht*, bredouilla Schlossgrün.

Il se mit à quatre pattes dans l'herbe, tenta de se relever. Alfred vint à son secours, le saisit par les épaules, et s'angoissa. Le sang pissait en abondance. Pommette éclatée.

– On va vous soigner.

– *Aber*… Mais qu'est-ce qui lui a pris ?

– Je comprends pas... C'est incroyable... Incroyable...

Qu'est-ce qu'il pouvait dire d'autre ? Alfred haletait, tentait de respirer. Un étau lui serrait la poitrine, et l'Allemand pesait trois tonnes.

– Hein, Narcisse, qu'est-ce qui t'a pris ?

Autant s'adresser à un mur. Narcisse était ailleurs.

– Putain ! Aide-moi, abruti !

Mais Narcisse ne bougea pas. Fournier contempla l'arme qu'il tenait pendante, à bout de bras. Ces éraflures sur la crosse, ce pontet légèrement tordu...

– Mais c'est mon Garrant ! Qu'est-ce que tu fous avec mon Garrant !

Schlossgrün était debout, oscillait sur ses jambes. Alfred put le lâcher, s'avança à nouveau vers Narcisse qui recula d'autant.

– Tu sais que tu n'as pas le droit, pas sans ma permission...

Il lui parlait doucement maintenant, tentait de l'amadouer. Mais Narcisse semblait ne rien comprendre. Son regard oscillait toujours aussi bizarrement.

– Allez, lâche le fusil, fais pas le con, s'alarma le patron du Dog Red. Donne-le, donne-moi ça, donne, j'te dis... Qu'est-ce que tu nous fais là, Narcisse ?

– Qu'est-ce qui se passe ? cria au loin une voix aiguë.

Madeleine s'approchait en petites foulées, enveloppée dans un grand châle en laine. Fournier soupira. Ne manquait plus qu'elle...

– Merde, y en a marre, Narcisse !

Mais Narcisse se sauvait, détalait comme un lapin dans la plaine.

– Il faut le rattraper ! gueula l'Allemand.

Alfred leva ses deux bras en un geste d'impuissance. Il était marrant, Schlossgrün. Le rattraper ! l'Allemand tenait à peine debout, était bien trop amoché pour sprinter. Quant à lui, ses vieilles jambes, ne le porteraient pas cinquante mètres.

– Laissez-le, il reviendra.

Narcisse disparaissait déjà dans la brume.

– Mon Dieu, mais vous êtes blessé !

Madeleine s'égosillait, tournait comme une toupie autour de l'Allemand.

– Mon Dieu, monsieur Schneider…

– Schlossgrün.

L'Allemand allait déjà mieux.

– Monsieur Schlossgrün, excusez-moi, je n'arrive pas à m'y faire…

– Rentrons ! commanda Fournier. La flotte le transperçait.

– Mais qu'est-ce qui s'est passé, papa ?

Alfred se retint de l'envoyer paître. Il était incroyablement crevé et incroyablement paumé, le client avait une pommette en compote, Narcisse avait voulu le tuer, et il ne comprenait rien à tout ce bordel.

– Comment veux-tu que je t'explique ? Je n'en sais rien moi-même.

– Pourquoi il est parti en courant, Narcisse ?

– C'est lui, révéla l'Allemand.

De longues traînées de sang se mêlaient à la pluie, lui faisait une tête d'Indien sur le sentier de la guerre.

– Lui ?

Schlossgrün le jeune indiqua sa joue blessée, et Madeleine étouffa une exclamation horrifiée.

– Mais pourquoi. Pourquoi a-t-il fait ça ? Il est devenu fou ?

– À la maison, s'exaspéra Alfred. Il attrapait la crève, glissait dans cette saloperie d'herbe, trébuchait dans les trous de taupes. Si ce n'était pas la fin du monde, ça y ressemblait.

– Je prendrais bien un café, quémanda Schlossgrün le jeune affalé sur sa chaise.

Un grognement lui répondit depuis le comptoir. Gilda avait été brutalement tirée du lit, œuvrait au ralenti dans son jogging, chiffonnée de la tête aux pieds. Elle s'interrogeait mollement sur la panique ambiante et sur la tête tuméfiée de l'Allemand, rêvait surtout de retrouver ses draps. Elle avait quitté Anthony à deux heures du mat.

– Avec un fusil ? Mais quel fusil ?

Madeleine s'affairait avec la trousse de secours qui ne servait à rien. La pommette était ouverte sur huit centimètres, nécessitait des points de suture. Fournier avait appelé le médecin.

– Le mien, mon Garrant.

– Ton Garrant ? Mais pourquoi ?

Alfred ne l'écoutait plus, n'écoutait que lui-même. À l'instant même où il avait reconnu son Garrant, un pressentiment s'était enclenché dans sa tête, qui le recouvrait maintenant comme un nuage noir. Grangier, et maintenant Schlossgrün…

– J'avais cru comprendre qu'il ne m'aimait pas, mais à ce point…

L'Allemand bataillait avec sa compresse.

– Narcisse ! Ce n'est pas possible, il a toujours été si gentil, si serviable avec tout le monde.

Alfred dodelina de la tête avec accablement. Ce qui était impossible pour tout le monde lui apparaissait de plus en plus vraisemblable. Il n'avait jamais eu de secret pour Narcisse. Le pauvre, il était comme un animal fidèle, dont on sait qu'il ne saisit pas tout, mais qu'il ne vous trahira jamais. Et il y avait eu des jours, dans le passé, où les souvenirs avaient été si durs, si lourds à porter… Alors, il en parlait à Narcisse, pour partager son fardeau. C'était ainsi qu'il avait su pour Suzanne et son officier. Mais où était le risque ? Narcisse était comme son fils. Un simple d'esprit qui lui devait tout, qui refusait de parler. Encore une fois, où était le risque ? Il était le seul à pouvoir lui arracher quelques mots…

– J'ai toujours dit que ce type était un malade, décréta Gilda en apportant les bols de café et les tartines beurrées.

Elle commençait à se faire une idée du désordre, Narcisse avait assommé le client à coup de crosse, et personne ne comprenait la raison de son geste.

– Arrête un peu, tu veux ! Narcisse, c'est le plus gentil d'entre nous.

– Ah bon ! La preuve…

Alfred se renfrogna. Depuis quelques semaines, ce n'était plus sa petite Gilda du réveil Mickey. Elle critiquait tout, s'opposait à tout. On ne savait rien, ne comprenait rien, on était tous des cons. Un vrai tribunal. « T'inquiète pas, papa, disait Raymond, j'ai été comme ça. » Alfred ne s'en souvenait pas. Trop gentil, Raymond…

– Vous auriez dû le faire soigner depuis longtemps, je ne sais pas, moi ! le placer dans une maison spécialisée.

Alfred n'entendait plus Gilda. Le nuage noir le submergeait. Narcisse avait eu peur pour lui, l'avait cru menacé. Il lui avait demandé de surveiller Grangier, et l'autre jour, Bruno avait bien failli se prendre un coup de tisonnier. Mais de là…

Il étouffait, le nuage noir l'étouffait.

– Ça va, papa ?

Penchée au-dessus de la table, Madeleine le dévisageait avec anxiété.

– Oui, oui…

Narcisse avait voulu le défendre, le sauver.

Fournier se leva avec difficulté, faillit trébucher dans la chaise qu'il repoussait. Ses jambes était en béton, la tête lui tournait.

– Faut que j'appelle Goliath.

– Qu'est-ce que tu vas lui dire ?

Madeleine retrouvait son sang-froid, s'inquiétait du qu'en dira-t-on, des médisances. Belle publicité pour le Dog Red ! Il haïssait l'Allemand, haïssait Madeleine, se haïssait lui-même. Il n'y avait que Narcisse qu'il aimait. Alfred s'approcha du téléphone posé à l'extrémité du zinc.

– L'adjudant-chef est absent, répondit le gendarme Desmouleaux à l'autre bout du fil.

– Et la nouvelle ? Je ne me souviens plus de son nom…

– Le maréchal des logis Duranger est avec lui.

– Contacte-les, s'il te plaît, c'est urgent.

– Ils sont très occupés, vous savez.

– C'est grave, faut absolument que je leur parle.

– Dès qu'ils reviennent, je les préviens, monsieur Fournier.

– Bordel, Desmouleaux ! s'irrita Alfred d'une voix sourde, il s'agit d'un meurtre, ou plutôt d'une tenta…

Il s'embrouillait, ne savait plus où il en était. Fournier s'angoissait pour Narcisse, se souvenait de l'affolante lueur dans ses yeux. Maintenant, il devait être comme un animal traqué. Sans lui, il était perdu, le malheureux, il fallait le retrouver…

– Mais ils sont déjà sur place, monsieur Fournier !

– Qu'est-ce que tu racontes ? souffla le patron du Dog Red.

– Bruno le facteur… On l'a retrouvé devant sa porte, tué d'une balle en pleine tête.

– Comme Grangier ?

– Si on veut, oui.

– C'est ma faute, balbutia Alfred Fournier en laissant glisser le combiné.

20

Ce furent les folles heures de Vollaville. Les plus folles depuis le Débarquement. Alerté par un mystérieux tocsin, le village laissa en plan les courses, la lecture du journal et les travaux du matin. Les commerces et les rues bruissèrent des rumeurs les plus insensées – mais pouvait-il y avoir plus insensé que l'assassinat du facteur ? –, de petits groupes se formèrent sur la place, et pour une fois, le patron de l'Overlord ne regretta pas sa journée. Évidemment, ce n'était pas Naples, ni même Marseille. Pas de tohu-bohu. Personne ne gueulait aux fenêtres. Non, c'était une agitation à la normande. Il y avait certes de la confusion, de l'absurdité et de la fantaisie, mais c'était quelque chose de feutré et murmuré qu'on se repassait de l'un à l'autre avec une mine de regret, presque de culpabilité, comme s'il ne fallait pas croire tout ce qui se disait. Tout de même, il y avait des signes : le maire et ses adjoints qui galopaient, le toubib qui désertait brutalement sa consultation, et la gendarmerie, surtout la gendarmerie. Marco, le fils du boucher, s'y était rendu pour présenter son permis de conduire. Le garnement s'était fait arrêter l'autre soir sans ses papiers.

Et ce matin, il s'était fait virer. Pas le temps pour ces babioles…

C'est ainsi que, dans tout ce paquet de linge sale, une première lessive fit rapidement le tri. En fait le corps du facteur était à peine refroidi que déjà tout Vollaville savait : le tueur au Garrant avait récidivé.

« Pas sûr, arguait toutefois Fabienne Duranger, faudra attendre l'expertise. » Mais ce n'était là que prudence administrative, car elle était persuadée du contraire et agissait en ce sens. Le maréchal des logis était en ébullition, entraînait dans son sillage enthousiaste un Goliath résigné. Des renforts avaient été demandés, Bayeux et Caen étaient sur le coup pour quadriller la région, mettre Vollaville et ses environs sous un filet. Car, pour Fabienne, le meurtrier était un enraciné. Il était là, elle l'entendait respirer. Depuis le début, elle le savait, elle le sentait. La gendarmette de choc savourait d'avance le combat qui s'annonçait. Un sérial killer pour sa première vraie affaire, le pied.

À ses côtés, l'adjudant-chef tempérait comme il pouvait, se lamentait sur des ennuis qui culminaient au cataclysme. Aussi, lorsque Desmouleaux le mit au courant de l'appel d'Alfred Fournier, s'empressa-t-il de s'éclipser. « Ça a l'air sérieux, argumenta-t-il auprès de Fabienne, je dois y aller… » Avec l'espoir qu'une Gueuse bien fraîche ferait office d'éclaircie. Mais quand il revint, tard dans l'après-midi, sa mine était encore plus sinistre. Quant à Fabienne, elle piaffait sur place, ce qui n'arrangea pas les humeurs de Goliath. Comme il l'avait exigé par radio, elle lui avait envoyé Desmouleaux et un deuxième fourgon, mais s'interrogeait encore sur la stupéfiante nouvelle sommairement annoncée par son supérieur…

– C'est pourtant simple, commença l'adjudant-chef du ton posé de la connaissance des choses…

Narcisse avait été récupéré en début d'après-midi. Au milieu des dunes, près du bunker de Grangier, et en très mauvais état. Il avait réparé son fusil, gisait sur le dos et sur fond de longues herbes grises fouettées par la pluie. Visage éparpillé. Pas la peine de chercher plus loin : Le tueur au Garrant, c'était lui.

– Comment ça ?

Fabienne se ponçait le nez d'un index ravageur.

– Je vais vous expliquer.

Goliath était sombre, c'est vrai. Mais pas mécontent de faire retomber le soufflet guerrier.

Narcisse en tueur, c'était dur à admettre. Fabienne Duranger avait rêvé d'une autre dimension. Mais l'adjudant-chef déroulait : le damné de la guerre s'était furieusement réveillé. Un peu comme ces volcans éteints depuis des siècles qui piquent leur crise sans prévenir après un long sommeil, Narcisse, c'était ça, un coup de sang à retardement. Enfoui depuis cinquante ans, son calvaire avait brusquement bouillonné comme une lave dans sa pauvre cervelle de handicapé. Au point de vouloir flinguer tous ceux qui lui rappelaient son malheur d'enfant. Grangier parce qu'il vivait dans un bunker, l'Allemand parce qu'il était allemand, Bruno parce qu'il… Bruno, on ne savait pas encore, fallait chercher. Peut-être parce qu'il avait été le premier à découvrir le corps de l'ermite, allez savoir ce qui se passe dans la tête d'un malade !

Goliath était en verve finalement. Il raconta comment Jürgen Schlossgrün avait miraculeusement échappé à la mort, livra également son hypothèse sur le suicide de Narcisse. Alfred Fournier, qui l'avait élevé comme son propre fils, avait découvert son forfait. C'était trop douloureux, trop affreux pour Narcisse qui avait retourné l'arme contre lui. Toutes les interrogations étaient levées.

– Pas toutes, chef.

Fabienne faisait de la résistance, s'arc-boutait sur l'assassinat du facteur. Ça ne cadrait pas. Et comme toutes ces informations provenaient du patron du Dog Red, elle émit le désir d'aller lui rendre visite pour lui poser quelques questions supplémentaires. Tout de suite, à chaud.

Goliath s'interposa avec une autorité inusitée. D'abord, l'adjudant-chef était un poil vexé de cette insistance qu'il estimait déplacée, ensuite Alfred était trop éprouvé, trop traumatisé. Il avait même sangloté. Maintenant, il était au lit, avec son chagrin et ses médicaments. Il avait soixante-seize ans tout de même, on devait le ménager. Une bonne nuit de repos allait lui faire le plus grand bien.

– Attendons demain. De toute manière, rien ne presse, nous avons assez de boulot.

Fabienne avait abdiqué.

Alfred s'était effectivement couché très tôt, et dans un grand état d'épuisement. Physique et moral. Mais avant tout, il avait voulu être seul, seul avec des pensées bousculées qu'il devait mettre en ordre. Dans l'ambiance de cirque qui régnait au rez-de-chaussée, c'était impossible. Madeleine s'était surpassée dans la compassion, et il n'avait même pas échappé aux effusions débordantes de Raymond rentré de son boulot en catastrophe. Momo et la bande avaient également déboulé, et bientôt la clochette du Dog Red n'avait plus cessé d'annoncer de nouveaux arrivants. Mais le pire avait été le gros Goliath et ses questions. Alfred se sentait épouvantablement confus, et la peur de sortir une énormité, ou même un détail susceptible de le compromettre, le hantait au point de le faire bégayer. Car une conclusion surnageait dans son crâne au-dessus de cette chaotique journée : il avait bien fait de la boucler, et maintenant il devait réfléchir, faire le vide, et très vite. Aussi avait-il béni le toubib qui l'avait examiné après avoir couturé l'Allemand : « Maintenant, avait-il commandé à Goliath, tu lui fous la paix jusqu'à demain. Il doit récupérer. »

Fort de cet appui médical, Alfred en avait rajouté un tantinet, avait quitté la salle avec un sourire de naufragé, viré Madeleine qui voulait le border. Et tout de suite, il s'était senti mieux. Enfin seul. Seul dans le silence, avec un doux écœurement de lui-même, une sorte d'allégresse poisseuse qui lui faisait un peu honte, mais qu'il ne pouvait s'empêcher d'éprouver : Grangier était mort, Bruno était mort, Narcisse était mort… Pauvre Narcisse, déplorait Alfred tout de même. C'était le seul qu'il regrettait.

Oui, mais lui, il allait s'en tirer.

Cinq heures quarante-cinq du matin au réveil Mickey. Alfred Fournier se réveilla avec un crâne en plomb et une furieuse envie de pisser. Il alluma sa lampe de chevet, s'inquiéta de se sentir en si piteux état. Il fonctionnait au ralenti, son corps était une chiffe et ses gestes s'évanouissaient dans l'air. Il n'était rien d'autre qu'une enveloppe vide.

« Je suis vraiment crevé », se plaignit Alfred en cherchant ses mules. Il glissa lentement sur le parquet, traîna des pieds, lutta contre une perte d'équilibre qui le désarticulait, le faisait bizarrement progresser en crabe. C'était étrange comme sensation, un peu comme s'il se déplaçait sur une chaise branlante…

Parvenu à proximité de la salle de bains, il tendit péniblement le bras droit pour s'appuyer, et au même instant, une horrible révélation le percuta de plein fouet : les documents ! Les originaux de Grangier ! Ils étaient chez Bruno, et ils allaient les trouver, allaient tout comprendre… Il ne fallait pas, il ne fallait pas… Mais comment ? Trop tard, c'était trop tard. Ils avaient tout fouillé, tout retourné, et ils les avaient, ils les avaient…

Alfred chercha le mur en aveugle. Le papillon étalait des ailes de fonte sur ses yeux, et c'était du flou tout autour de lui, un coton mouvant où il s'enfonçait. Alfred Fournier se sentit chanceler encore un peu plus, s'effraya de cette poigne de fer qui le serrait jusqu'à l'étouffer. Il tenta de se débattre, mais rien ne bougeait en lui, comme s'il était cimenté. Alfred voulut crier, appeler à l'aide, mais aucun son ne sortit de sa bouche ouverte. Il se sentit partir, partir… Sans prendre conscience du choc terrible qui le dévastait.

Quatre heures plus tard quand Madeleine monta dans sa chambre, elle trouva le patron du Dog Red sur le flanc, qui baignait dans son urine. Inerte, muet et paralysé. Ses yeux étaient grands ouverts, remplis d'une interrogation épouvantée.

21

– N'empêche qu'on n'était pas loin.

L'adjudant-chef gratifia le maréchal des logis Duranger d'un sourire crispé. Mais oui, Fabienne, on le sait, Fabienne, tu étais dans le vrai depuis le début. Une tragédie du terroir. C'est ce qu'elle voulait entendre… Mais Goliath resta coi. Il en avait assez. Ras le képi des journalistes qui déliraient en chœur, des curieux qui défilaient en procession pour se faire leur frisson du week-end. Il avait lu qu'au Père-Lachaise des fondus se frottaient le sexe sur le marbre des suicidés ou assassinés célèbres. C'était un peu pareil. Depuis huit jours, Barnum avait planté son chapiteau à Vollaville…

– On peut même dire qu'on brûlait !

C'est ça, Fabienne. Au troisième degré. Elle ne s'arrêtait donc jamais ! Il n'y avait pourtant plus grand-chose à dire, et encore moins à faire. Bouclé, tout était bouclé ! Maintenant, la décrue s'amorçait. La télé, les envoyés spéciaux dégageaient, et Duranger-fin-limier prenait son train demain matin. « Encore un peu de patience, soupirait Goliath en catimini, mon village à l'heure novembre, je vais le retrouver. »

Les nerfs de l'adjudant-chef étaient ébranlés. Tout l'avait éprouvé parce que tous lui étaient familiers. Les victimes et leur assassin, sans compter ce pauvre Alfred que Madeleine décrivait aussi vivant qu'un légume sur son lit d'hôpital. Goliath avait souffert. Dès le matin, en ouvrant les journaux, il vivait un cauchemar, appréhendait de lire ce que les gazettes avaient pu encore trouver dans les poubelles du passé. Car avec Grangier le tué et Narcisse le tueur, le Vollaville de 44 revivait, et il y avait parfois de quoi se pincer le nez. Unis dans un même traumatisme d'enfance, l'ermite et le demeuré avaient incontestablement tenu la vedette. Mère tondue, parents décapités… Tous deux broyés. Mais tout de même, Narcisse l'emportait d'une courte tête, et un académicien de renom, qui jalousait sans doute la délirante Marguerite Duras de l'affaire Grégory, celle du « sublime, forcément sublime… », l'avait définitivement consacré. Car enfin, narrait-il dans son ahurissant éditorial, ce gentil décervelé n'a-t-il pas été la victime de la folie médiatique du cinquantenaire ? Son esprit déjà embrumé a dû définitivement sombrer sous les assauts délirants de la fête commémorative. Etc.

Autrement dit, il y avait eu un tueur du cinquantenaire comme il y avait des tueurs de la pleine lune. Fermez le ban.

En toute justice, l'infortuné Alfred avait eu droit à quelques miettes de compassion. L'héroïque résistant victime de son bon cœur. Il avait recueilli Narcisse, l'avait élevé comme son propre fils, et après tant d'années de dévouement, découvrait un assassin. L'affreuse réalité avait foudroyé le vieillard, et c'était d'autant plus cruel qu'il pouvait se sentir coupable.

Car, avait révélé *Détective*, Alfred avait été le professeur de tir de son fils adoptif ! L'info était signée Dumouchel qui, avec sa grande gueule et son bagout, avait fait les délices des feuilles à demi-scandale. Il avait donc rapporté comment son vieil ami Alfred s'était efforcé de guérir les terribles frayeurs de l'adolescent. À la paysanne, en traitant le mal par le mal, en lui mettant un fusil dans les mains. Ce Garrant qu'il dissimulait dans une ancienne auge à cochons transformée en jardinière, soigneusement enveloppé dans une grande toile huilée et imperméable, et les balles qui allaient avec. Par malheur, le gamin était doué. « Un vrai Lucky Luke », s'amusait Alfred Fournier en glorifiant les cartons du petit. Pauvre Alfred…

Pauvre Alfred. Madeleine versait des torrents de larmes derrière le comptoir du Dog Red, comptait aussi sa recette en fin de journée. Elle s'était trompée sur la mauvaise publicité. Bien au contraire, les bungalows se louaient, le resto faisait le plein, et les bouteilles défilaient. Les journalistes étaient peut-être un peu turbulents et un peu couche-tard, mais il n'existait pas meilleurs clients. Itou à la brasserie Overlord, où Henry, le patron, avait recruté d'urgence un cuisinier pour une petite pige hivernale. Henry s'interrogeait bien sur les mystères de l'information, demandait parfois à ces messieurs de la presse pourquoi des dizaines de milliers de pauvres types se faisaient massacrer dans des conflits absurdes et dans l'indifférence générale, alors qu'ici on s'affolait pour deux malheureux zigs trucidés par un simple d'esprit… Mais son cynisme de tiroir-caisse reprenait vite le dessus, et il avait même retrouvé une verve quasi estivale. Comme il aimait à dire :

« Ce n'est plus la morte-saison à Vollaville, mais la saison des morts ! »

Voilà ce que l'adjudant-chef supportait jour après jour. Il était temps que ça se termine.

– On brûlait vraiment…

Fabienne radotait. Et il se retenait de la remettre à sa place. Lui dire par exemple, que sans le suicide de Narcisse, ils seraient toujours dans la pataugeoire, et qu'avec ce type d'assassin improbable, inconnu au fichier, qui n'approchait pas ses victimes à moins de vingt mètres, ses méthodes modernes et scientifiques, son labo et son ADN, elle pouvait se les mettre…

Non, il ne le dirait pas. Elle était gentille, la petite Fabienne, sous ses dehors de camionneuse. Elle rêvait d'une carrière, qui pouvait lui en vouloir ? Et c'est ce qui l'attendait sans doute. Elle finirait commandant, peut-être colonel, qui sait ? Tandis qu'il prendrait sa retraite d'adjudant-chef.

– Tout de même, le facteur, il me chiffonne. Ça ne correspond pas, ça ne colle pas. Je sais, c'est la même arme, mais il n'avait rien à voir avec les deux autres.

– Mais si, Fabienne. Bruno et Grangier, très copains. Et il se vantait toujours de tout savoir, ce connard de postier !

– Vous pourriez continuer à fouiller, chef, suivre votre méthode…

Elle n'oubliait rien. Pour contrarier ses exposés scientifiques, il avait eu le malheur de vanter sa manière de bosser à l'ancienne. Baguenauder dans le bled, serrer les pognes, discuter de tout et de rien, lancer des hameçons un peu au hasard…

– Peut-être, je vais voir…

– Vous me tenez au courant. Sans faute.

C'est ça, Fabienne. Tire-toi, Fabienne, casse-toi ! Avec ton portable et ton ADN. Ce soir, c'est raie sauce camembert à la Germaine, et demain, à la première heure, Krünze te dépose à la gare de Bayeux.

L'adjudant-chef de la brigade de Vollaville en avait réellement sa claque du fait divers de l'hiver.

22

Ils gisaient sur le matelas. Il n'y avait pas d'autre endroit où se poser. « Soirée pizza ? » avait proposé Anthony. « Soirée bisous », avait confirmé Gilda. La routine. L'amour, toujours l'amour. Ou le cul. Ou les deux. L'idéal, la perfection… Tony s'interrogeait souvent sur son nouvel Éden, mais ce soir s'en foutait un peu. Le joint agonisait au bout de ses doigts, et il se sentait un peu déconnant. Juste un chouïa. Pas terrible, la dernière camelote de Bruno. De la légère. Tiens, justement, Bruno…

Il était entre eux deux. Un rectangle noir et plat, marqué de deux serrures brillantes. Son attaché-case.

– Allez, on l'ouvre !

Gilda bondit sur ses genoux, ajusta le gros pull noir à col roulé d'Anthony qui la recouvrait jusqu'aux fesses. Elle avait des fesses magnifiques. Hautes, rondes, musclées. Des fesses d'athlète.

– On dirait une calotte sur sa bouilloire !

– Une quoi ?

– Tu sais, le truc de grand-mère qu'on met pour garder au chaud.

– Justement, ce serait pas de refus !

Le butane n'assurait plus dans les courants d'air de novembre. « Va falloir que je trouve une solution, ça devient intenable », avait admis Anthony, même si Gilda grelottait sans se plaindre, en héroïne. La solution, bien entendu, c'était un appart, une vraie maison, elle y pensait. Mais avec quel fric ? Et pour Tony, c'était partir, comme il avait toujours fait. Le chantier allait bientôt s'achever, il serait obligé de lever le camp. Pour où ? Elle ne voulait pas y penser.

– Allez !

– Je sais pas trop, résista Anthony.

Il avait eu tort, aurait dû décider tout seul du destin de cette fichue mallette. L'ouvrir sans témoin, ou bien la porter à la police. Dès le lendemain de la mort de Bruno et sans réfléchir. Mais Anthony avait craint les embrouilles : Le sans-domicile travaille au noir, trimbale un casier judiciaire avec une condamnation toute fraîche... et il apporte la mallette d'un type qui vient de se faire buter. Bruno lui faisait donc confiance ? Le gros se serait fait des idées, il était déjà venu lui casser les pieds. Heureusement, son alibi était solide pour Grangier, Gilda avait tout déballé. Et Narcisse avait endossé le meurtre du postier à titre posthume. L'adjudant-chef n'avait plus à le tracasser au-delà du raisonnable, et d'apprendre qu'il était né dans la banlieue de Béthune l'avait même rendu plutôt sympa. Tony avait eu droit au refrain fraternel du ch'timi, ce dont il n'avait rien à branler. Gendarme avait la nostalgie du Nord ancien et de ses gueules noires, se désolait qu'il n'y ait plus de travail à la mine « pour les jeunes comme toi qui traînent sans savoir quoi faire de leurs dix doigts »... Tony n'avait pas moufté. Son vieux était mort à cinquante balais, étouffé par la poussière de charbon, il l'avait vu se traîner pendant des années avec sa bouteille et son masque à oxygène en glorifiant la noblesse du métier, et aujourd'hui encore, le souvenir de cette glorieuse souffrance le mettait en boule. Salaud d'exploité ! Non seulement, Tony n'avait pas le mal du pays, mais les terrils n'étaient rien d'autre pour lui que des monuments funéraires. Mais bon, ce n'était guère le moment de contrarier le gendarme obèse.

N'empêche que son conseil restait d'actualité : « Je vous suggère de déménager, on vous aime pas trop par ici. » Il le savait, avait retrouvé l'autre matin sa Taunus un peu plus en ruine que d'habitude : pare-chocs arrière défoncé, essuie-glaces tordus, et « pédé » tracé à la clé sur le coffre. Marco et sa bande. Ça ne pouvait être qu'eux, évidemment. Il avait dû calmer Gilda, elle voulait porter plainte. Vagabond contre enfants du pays. Pas d'histoires, surtout pas d'histoires. Mais s'ils recommençaient, il n'était pas sûr de rester sage.

Partir. Avant de lui faire une tête au carré, au fils du boucher. Anthony avait retenu une leçon de tous ses petits pépins passés. Quand on ne marche pas dans les clous, mieux vaut envisager le pire avec les flics, même quand on n'a rien à se reprocher. Enfin presque rien, parce que maintenant il y avait cette putain de mallette ! Et il était trop tard pour changer d'avis. Dix jours après, il ne se voyait pas pousser la porte de la gendarmerie et dire : « Ah oui ! C'est vrai, j'avais oublié ! »

Partir. Mais il y avait Gilda.

– Écoute, il ne viendra pas nous la réclamer !

Survoltée par la fumette. Comme d'habitude. Elle le harcelait, proférait des horreurs, et il était un peu choqué. Gilda le connaissait pourtant bien, Bruno, mais il s'était évanoui dans sa fumée. Lui ou un Papou, c'était pareil. Pas pour Anthony. Choqué, oui, c'était ça... Il l'avait croisé la veille de sa mort, en début de soirée, ils avaient même discuté de l'attaché-case. Bruno était d'humeur morose, ce qui n'était pas dans ses habitudes, Anthony l'avait trouvé un peu sonné. Il comptait reprendre son bien très rapidement, « pour m'en servir » avait-il précisé. Et le lendemain matin, bang ! Le rapprochement était troublant. « Ça n'intéresse que les gens du pays », certifiait Bruno. Et Narcisse l'avait flingué. Victime d'un règlement de comptes de cambrousse ? Vaudeville tragique à Vollaville. Qu'est-ce qu'elle contenait cette mallette ? des bafouilles volées ? Tony la contemplait comme un cercueil.

– Ça va être marrant ! On va peut-être découvrir sa vie cachée... Parfois, il était bizarre, tu sais, Bruno, j'avais l'impression qu'il me violait avec ses yeux.

– On ne dit pas de mal des morts.

– Si, justement, on ne craint plus rien !

Et ses yeux à elle ? Des feux follets. Il n'aurait pas dû lui révéler l'existence de l'attaché-case. Il aurait pu le balancer à la flotte ou dans une poubelle, qui aurait fait la liaison avec lui ? Personne. Mais non, il avait fallu qu'il fasse son intéressant, qu'il la joue à l'épate. Ils avaient discuté de Bruno, et il avait sorti la mallette. Bien avancé maintenant.

– Tony...

Elle se prosterna, lui caressa la joue, le cou, le bras, descendit plus bas, plus bas...

– Dites oui, monsieur… Je vous jure, vous ne le regretterez pas.

– Arrête !

– Je suis sûre que t'en as envie, toi aussi…

– Pas tout de suite, bougonna Anthony, je suis crevé. On peut s'arrêter deux minutes, non ?

L'éclat de rire de Gilda secoua la couette. Ses cheveux étaient encore mouillés par la sueur, collaient à son front, « la moiteur du plaisir », disait-elle…

– Ouh, l'obsédé ! La valoche, idiot…

Bien sûr qu'il en crevait d'envie. Même s'il en avait marre de céder à ses caprices d'enfant gâtée, même si depuis Gilda les emmerdements lui tournaient autour avec encore plus d'insistance. Même quand il ne bougeait pas, comme si la petite lui portait la poisse. Rien de grave, évidemment, mais…

Anthony appuya des deux pouces sur les serrures.

– Youpiii ! fit Gilda en battant des mains.

Verrouillées, bien entendu. Sous la poignée, il y avait trois petites molettes portant chacune une série de chiffres allant de 0 à 9.

– Il faut le code, et je ne l'ai pas, se désola-t-il en alignant trois cinq à tout hasard.

– On n'a qu'à la forcer.

– T'es marrante, toi…

– Pourquoi ? Tu veux t'en resservir ? Je te vois bien avec un machin pareil, tiens !

– Non… Mais on ne pourra plus la rendre…

– À qui ? Au cimetière ?

– Arrête tes conneries, tu veux ?

– T'as bien un tournevis, j'sais pas, moi, un truc costaud qui fasse levier, ou même un marteau ?

Elle s'était levée d'un bond, tournait sur elle-même dans son gros pull noir et sur ses pieds nus. « Tout de la sauvageonne », s'extasia Anthony. Gilda dégageait quelque chose d'animal. Pas la peine de se raconter d'histoires, il n'avait jamais connu ça. Il aimait tout chez elle. Jusqu'à ses défauts, jusqu'à ses genoux trop potelés, ses oreilles trop décollées. La bouche trop petite également, les yeux trop rapprochés... Il s'inventait une liste pour se convaincre, se souvenait d'un copain qui disait : « Quand tu aimes ses imperfections, c'est fichu, tu l'aimes tout court. »

Il était fichu. Elle pouvait être infernale, invivable, adorable, Lolita lui brûlait le cœur. Un peu, beaucoup, passionnément, à la folie...

– Dans mon sac bleu.

Anthony se leva à son tour, resserra le cordon de son pantalon de jogging autour de sa taille. Encore maigri. Il finirait par perdre un os.

– ... Et voilà l'engin.

Il brandissait un gros tournevis à manche écarlate.

– Et maintenant, la chasse au trésor !

Ils se jetèrent tous deux sur le matelas. Puisqu'il fallait jouer...

Clac et re-clac. Ouvert. Tête contre tête, ils fixaient l'intérieur.

– Ce n'est que ça, maugréa Gilda avec dépit.

Deux grandes enveloppes brunes. Elle s'attendait à quoi ? Aux ferrets de la Reine ? Anthony s'en saisit, les tourna, les retourna entre ses mains. Rien, aucune inscription. Elles étaient cachetées.

– Et maintenant, qu'est-ce qu'on fait ? ironisa Anthony en agitant les deux enveloppes sous le nez de sa copine. Elle s'empara prestement de celle de droite.

– On les ouvre, pardi !

– Gilda…

Mais elle avait raison aussi. Que faire d'autre au point où ils en étaient ?

– C'est quoi, le train d'Aurigny ?

Elle avait déchiré l'enveloppe, trouvé une chemise rose cartonnée. Maintenant, elle éparpillait une douzaine de feuillets sur la couette.

– Est-ce que je sais, moi !

– Il y a des plans.

– Ah…

– Un texte aussi, vachement long…

– Ah…

Anthony s'écarta, se mit sur le dos, posa l'autre enveloppe sur son torse. Il était à la fois résigné et mal à l'aise. C'était peut-être rien, cette mallette, sûrement même, mais c'était la mallette de Bruno, et Bruno était mort. Anthony ferma les yeux, tenta de chasser une détestable sensation. C'était comme s'il détroussait un cadavre.

– C'est pas vrai… C'est pas vrai… articula lentement Gilda… Oh, tu m'écoutes !

Elle lui donnait de grands coups de pied dans les flancs. Anthony ouvrit un œil. Menton coincé entre ses mains, Gilda balançait sa tête avec gravité.

– Quoi ?

– Incroyable… Complètement dingue ! Une fortune ! Une fortune sous nos pieds, tu te rends compte ?

Maintenant, c'était le fou rire et l'hystérie. Elle se vautrait sur le matelas, se tortillait comme une crevette dans une épuisette.

– Qu'est-ce que tu racontes ?

Elle froissait les feuillets, les agitait comme un éventail.

– Ha ! Ha ! Ha ! c'est pas possible !

– T'es complètement givrée ! finit pas s'exaspérer Anthony.

– Une fortune ! Sous nos pieds… j'exagère un peu… mais très près, quelque part dans le coin. Des kilos d'or, des bijoux… Un trésor…

– Faut arrêter la fumette, chérie, parce que franchement…

– Tu me crois pas ! Il me croit pas ! Mais c'est écrit là-dessus, noir sur blanc. Il y a tout, même les plans. Les plans, c'est pour ça.

– Pour ça, quoi ? Je comprends rien.

Gilda cessa de s'agiter, s'exprima d'une voix rauque, voilée. Pas du tout sa voix. Elle paraissait complètement égarée.

– Moi non plus, je comprends pas tout, mais il y a un trésor, enterré…

– Mais quel trésor, merde !

– Tiens, lis ! Tu me croiras peut-être après !

Les feuillets giflèrent Anthony.

Il lut.

Je sais maintenant ce que vient chercher ici Jürgen Schlossgrün. Il n'est pas sur les traces de son grand-père, se fiche éperdument de connaître les circonstances de sa disparition. Non, ce qu'il tente de localiser, c'est le butin nazi que le lieutenant-colonel SS Artmut Schlossgrün n'a pu faire acheminer vers Berlin et qu'il a dissimulé quelque part dans la région, sans doute dans l'un des bunkers de la côte.

*« Ce butin provient d'Aurigny, l'une des îles anglo-normandes occupées par les forces allemandes durant la dernière guerre. Vidée de ses habitants, transformée en forteresse, l'île d'Aurigny a également hébergé en 1944 des milliers de prisonniers dispersés dans quatre camps de concentration. Ces déportés, qui sont les oubliés de la répression nazie, provenaient d'un peu partout, notamment de l'Europe de l'Est, mais l'on comptait parmi eux de nombreux Juifs, lesquels avaient cru trouver refuge dans les îles voisines de Jersey, Sercq ou Guernesey. Tous leurs biens – or, bijoux, argent, valeurs mobilières, œuvres d'art – furent bien évidemment saisis, et le butin resta stocké à Aurigny jusqu'à ce jour de mai 1944 où le commandement ordonna de le convoyer à Berlin. Financièrement exsangue, le III*e *Reich peinait de plus en plus à payer les matières premières nécessaires à son industrie de l'armement. Depuis le début du conflit, le pillage des pays vaincus n'avait jamais cessé. L'or, les œuvres d'art et autre objets précieux, atterrissaient à la Reichsbank pour être ensuite acheminés vers la Suisse, filiale bancaire du III*e *Reich, ou l'ensemble des cargaisons était blanchi pour être utilisé à des fins commerciales. Bien entendu, le butin d'Aurigny, jusque-là négligé, ne comptait que pour une infime partie de ce qui restera comme le plus grand casse de l'histoire de l'humanité, mais les temps étaient devenus très durs pour la machine de guerre allemande qui manquait désespérément de fonds.*

« Dans les derniers jours de mai 1944 donc, un navire en provenance d'Aurigny est entré dans le port de Cherbourg avec à son bord le trésor nazi. Le

29 mai, un convoi ferroviaire partit en direction de Berlin, mais un terrible bombardement allié stoppa le convoi aux environs de la gare de Lison. Les dégâts rendant toute progression impossible, et le pilonnage devenant incessant, sans compter les sabotages menés par les résistants dans la perspective imminente du Débarquement, le lieutenant-colonel Schlossgrün reçut l'ordre de placer le chargement en lieu sûr. Ce qu'il fit en choisissant un bunker.

« C'est ainsi que la cargaison fut acheminée jusqu'aux fortifications de la pointe du Roof qui se composaient de six bunkers construits au sommet d'une falaise de trente mètres de haut, puissamment armés de canons longue portée, et reliés entre eux par un réseau de souterrains, casemates et postes d'observation. Mais la pointe du Roof, qui représentait un redoutable danger pour les opérations de débarquement, eut à subir d'effroyables bombardements les 5 et 6 Juin 1944. Plus de mille tonnes de bombes furent ainsi larguées sur une douzaine d'hectares. Un véritable tremblement de terre qui pulvérisa les bunkers, les laissa à l'état de ruines.

« Sauf un qui avait complètement disparu, et dont on n'a jamais retrouvé la trace. Il s'agissait du plus imposant qui, à l'origine, avait déjà été à demi enfoui au bord de la falaise. Aujourd'hui, tout le monde a oublié ce sixième blockhaus qui dut être, selon toute probabilité, englouti par les éboulements provoqués par les bombardements. Peut-être même est-il intact, coincé sous plusieurs tonnes de terre. Mais tous les renseignements que j'ai pu réunir, à commencer par le témoignage de Suzanne Métayer, ont forgé ma conviction. C'est dans ce bunker que repose le

butin de Schlossgrün. Sans doute une goutte d'eau dans l'océan du pillage de l'Allemagne nazie, mais une goutte d'eau qui doit représenter tout de même quelques millions, voire quelques dizaines de millions, de nos francs actuels.

– Tu te rends compte ! hurla Gilda.

Elle était en transe, se pendait à son cou, le couvrait de baisers.

– De quoi ?

Il avait une belle écriture, Grangier, toute droite et à bâtonnets. Anthony se souvenait de ce qu'il disait sur les copies torchons que le correcteur voyait défiler. Et il aimait bien étaler sa science. Avec lui, on s'instruisait.

– Mais c'est là ! Là ! Là ! s'étrangla Gilda.

– Et alors ? Tu prends ta pelle et ton seau ?

23

Ça fait quoi d'être ailleurs et d'être là quand même ? Anthony ne cherchait même pas la réponse, cherchait seulement à se fuir. Son regard errait sur le plafond en friche, jugeait l'abri merdique où sa jeune existence se terrait. Et du coup, il était cruel avec lui-même. Des tas de gens couchaient dehors, dans le malheur, sous les ponts ou sous des tentes de réfugiés, et il ne leur arrivait jamais rien d'autre qu'une gamelle de soupe, une couvrante, ou les CRS pour les virer. Ça cassait le rêve, encore que ces paumés n'avaient plus grand-chose à rêver. Et lui ? Tony le libre, Tony le magnifique ? Il finirait fatalement par virer clodo, avec vue sur mur et avenir bétonné. Gilda le lui promettait. Mais qu'est-ce qu'elle croyait, Gilda ? Il n'avait pas besoin d'elle pour y penser, déprimait parfois au point de s'espérer au chaud, en salarié, joueur de tiercé et futur retraité. Gilda, c'était un miracle dans cette cahute de chantier, un vrai soleil. Mais elle délirait à pleins tubes depuis près de deux heures. Et ça commençait à faire long. Elle le gonflait.

– On ne peut pas laisser tomber, Tony.

Si. Il se parlait à lui-même, parlait aux murs, au plancher, au plafond, mais surtout pas à Gilda. Une trêve, il exigeait une trêve.

– Essayer au moins… Ou alors, on est des vrais cons.

Elle dit « on », parle pour moi. Mais si je réponds, on va encore s'engueuler. Anthony était en pleine retraite, coincé sur son matelas par une Gilda qui ne lâchait pas prise, ne lui laissait pas une minute de répit, le fixait durement avec ses yeux de pierre sous son front bombé. Gilda la mangouste, voilà ce qu'il se disait. Elle m'hypnotise, finira par me bouffer. Une âme en ciment. Il n'était pas très généreux, Tony, mais ne se remettait pas de sa déconvenue. Tout à l'heure, il avait cru la tenir, la calmer au moins, avec le grand-père scélérat. Car il avait fini par ouvrir l'autre enveloppe. Dedans, il y avait une chemise verte, et dans la chemise verte, la description noire et sordide d'un Alfred Fournier répugnant. Anthony en était d'abord resté sans voix. C'était tout de même bien autre chose que l'histoire du train fantôme, tout de même ! Conscient du choc et de ses ravages sur la petite Gilda, Anthony avait préparé les mouchoirs. Or, d'apprendre le forfait de l'ancêtre, un étrangleur de mourant, l'avait laissée de glace. Il avait insisté, car elle lisait comme lui, n'est-ce pas ? Les noms, les détails, et les circonstances. Grangier n'avait pas lésiné. Merde, c'était quand même quelque chose !… Et la mangouste au front bombé avait froidement démonté le vaudeville tragique : d'abord, Alfred Fournier n'était pas son vrai grand-père, ensuite cette histoire d'amour était plutôt chouette, et enfin, laissons les vieux schnocks à leurs souvenirs, pensons plutôt à notre avenir.

L'avenir, c'était l'autre enveloppe. La rose, la sienne.

– Écoute… Ça vaut le coup de tenter.

– Mais comment ? soupira Anthony. Grangier est mort, Bruno est mort. Tu veux en parler à Fournier ?

Pure méchanceté. Gilda confiait que le vieux était devenu comme Narcisse. En pire. Il était paralysé.

– C'est malin… Mais, il y a Suzanne… Suzanne Métayer. Grangier le dit lui-même, il a tout appris par elle, son mec lui a raconté, c'est sûr…

L'expression lui arracha un sourire : son mec. Le lieutenant-colonel SS Artmut Schlossgrün.

– … Après, elle s'est confiée à Juliette Crochemore, la mère de Grangier, qui a mis son fils au courant. En plus, il a revu Suzanne Métayer, c'est écrit noir sur blanc ! Tu sais, je les ai entendus l'autre jour, les vieux, quand ils parlaient d'elles…

– Merde, Gilda ! C'est de l'enfantillage ! Il est où, ce bunker ? Et tu vas le trouver comment ?

– J'en sais rien, mais il y a bien un moyen tout de même !

– Quel moyen ? Il est enseveli, qu'on te dit ! Et sous des tonnes de terre, bordel ! En plus, je suis sûr que c'est des conneries. Un trésor ! Et quoi encore ? Réfléchis un peu, Gilda, cinquante ans après, et il est encore là, il nous attend… Arrête de rêver.

– Et Schlossgrün ? Il a fait le voyage pour des conneries peut-être ? Et Grangier ? Tu ne le crois pas non plus ? Tu en avais pourtant plein la vue, il me semble…

– Tu confonds tout.

– Pas du tout !

Elle n'avait pas tort, il était de mauvaise foi. Pour Schlossgrün, il n'avait pas d'avis, il ne le connaissait pas. Mais Grangier, il ne voyait pas de vraies raisons pour douter. En marge de ses révélations, l'ermite avait délayé sur le trésor de l'Allemagne nazie évacué en plein chaos. Il avait cité des grottes, des lacs, des pâturages des Haut-Adige, décrit l'incroyable périple africain de l'or volé dans les banques belges ou le transport par sous-marins vers les côtes argentines. Il écrivait également qu'un tiers de l'or saisi par le IIIe Reich, soit une bonne centaine de tonnes d'or, était encore dans la nature. Selon lui, quelques miettes dormaient dans un blockhaus de Normandie.

– Et même… marmonna Anthony.

– Même quoi ?

Elle le harcelait depuis deux heures. C'était incroyable, cette énergie. Il s'étala sur son matelas, les bras en croix, épia la toile d'araignée qui vibrait sous les courants d'air, là-bas, dans le coin du plafond…

– Même quoi ? Vas-y, dis-le !

Anthony eut un petit rire désespéré.

– À supposer qu'il y ait quelque chose de vrai dans cette histoire de fou, tu nous vois en chercheurs de trésor ? Mais avec quels moyens ? Regarde-nous ! Comment veux-tu qu'on se lance dans un merdier pareil ? Et tout seuls en plus ! On n'a rien…

– Si je comprends bien, tu laisses tomber avant d'avoir commencé.

– Mais commencer quoi, Gilda ?

– Sans rien essayer, sans même remuer le petit doigt. Très bien !

– T'es une vraie gamine.

Il tenta de l'enlacer, mais elle refusa son étreinte, quitta brusquement le matelas.

– Qu'est-ce que tu fais ?

– Je me tire.

Elle se rhabillait, enfilait ses bottines. Il aimait ce rituel, cette manière qu'elle avait de se pencher en avant, de sautiller sur place sans plier les jambes, il aimait comme elle se redressait, il aimait ses cheveux, ses fossettes quand elle souriait. Bon, là, elle ne souriait pas. Anthony fut tenté de capituler. Une fois de plus. Quelle importance après tout ? Elle se rendrait compte toute seule, s'enferrerait dans le ridicule, aurait un gros chagrin, et il la consolerait. Comme d'habitude. Mais pour la première fois, il n'avait pas envie. Quelque chose le retenait, et il ne savait pas trop quoi. Peut-être qu'il en avait simplement marre de céder à ses caprices, de toujours reculer pour avoir la paix. Il aimait tant la sentir heureuse, se sentir bien avec elle. Cette fille le dévorait, le faisait tourner en bourrique…

– Et tu vas faire quoi ?

– Voir Jürgen Schlossgrün.

Anthony se redressa, s'étonna de la voir aussi fermée, aussi hostile.

– Et tu lui dis quoi ?

– Je ne sais pas encore… En plus, faut se grouiller, il a demandé à Madeleine de lui préparer sa note. À mon avis, il est sur le point de partir.

– T'as raison, clame cette histoire sur tous les toits, imprime des affiches…

– Je m'en fous. Mais je ne veux avoir aucun regret. Ça te plaît peut-être finalement de vivre dans ce trou à rats, de végéter dans cette merde, mais pas moi ! Moi, j'ai envie de m'en sortir, figure-toi, je ne supporte plus…

– On ne va pas recommencer…

Ça durait aussi depuis deux heures. Quitter Vollaville et le Dog Red tournait à l'obsession pour Gilda.

– Même si c'est bidon, je veux savoir. Tu viens avec moi ?

Tentation. Il disait oui, et on revenait à la case départ. Amour, bisous, câlins.

– Sûrement pas, s'entendit répondre Anthony.

– Comme tu veux.

Elle virevolta sur elle-même, attrapa son blouson, et il n'aima pas ce regard qui glissait sur lui comme sur un objet, n'aima pas non plus la sentir aussi dure, fraîche et déterminée.

– Je peux prendre les papiers ? Pour lui montrer.

– Pas question.

– M'en fous, j'ai tout dans la tête. Bye, bye. Je te tiens au courant.

– Si tu veux.

Anthony écouta mourir le ronronnement du scooter dans la nuit avec un sale pressentiment, tenta de contrôler la bête féroce qui entaillait son cœur, l'enserrait dans ses mâchoires : il allait perdre Gilda. Putain, il regrettait déjà…

Il puisa un peu d'herbe dans le sac en papier, se roula un joint, glissa les Blues Brothers dans sa radio pourrie.

« There's a riot going on,

There's a riot going on… »

Il se remit à fixer le plafond, s'efforça de laisser filer, espéra en une brume légère qui le ferait doucement flotter. Mais ce furent les questions qui revinrent, ces questions sans réponse que Gilda tout à l'heure avait balayées : « Je m'en fous ! » Se foutait de tout ce qui n'était pas son rêve, Gilda. Pas lui. Et les questions revenaient. À qui Grangier destinait-il sa prose ? Comment Bruno était-il entré en possession de ses écrits ? Que comptait-il en faire ? Pourquoi Narcisse l'avait-il tué ? Anthony aligna les cinq noms, Grangier, Fournier, Bruno, Schlossgrün, Narcisse. Deux avaient été assassinés, un s'était suicidé, l'Allemand avait failli y passer, et Fournier… Rien. Fournier, rien. Et Fournier, dans les papiers de l'ermite, était l'accusé. « Où est le lien ? » Il ne trouvait pas. Et apparemment, il n'était pas le seul. *Ouest-France* annonçait que l'enquête des gendarmes était close : Narcisse avait disjoncté. Point final. Mais les gendarmes ignoraient le texte de Grangier. Anthony se souvint du gros adjudant-chef, plutôt sympa et paternel. Pas le genre à creuser. Les flics sympas étaient généralement nuls, il fallait être tordu pour réussir dans ce métier. Et ça valait pour les gendarmes.

Anthony sentit la brume se lever, mais une brume épaisse, lourde et noire, qui ne le faisait pas décoller.

« Last december, the six nineteen eighty-tree », scandaient les Blues Brothers.

Et dans la brume, il y avait Gilda aussi.

24

C'était grâce au coup de crosse. Toutes les trente secondes, Jürgen Schlossgrün caressait d'un index reconnaissant sa pommette endolorie, désormais affublée d'une grosse boursouflure rose bonbon. Il entendait également le déclic ridicule qui lui avait sauvé la vie et l'avait fait revenir à lui. « Il ne vous a pas raté », avait compati la jeune fille. Justement si. Et maintenant, elle pouvait se donner tout le mal qu'elle voulait, il abandonnait. Mieux encore, il fuyait.

– Apparemment, ça concorde, laissa-t-il tomber d'une voix indifférente.

– Je vous l'ai dit ! C'est sûr !

Elle rayonnait, se battait avec sa frange, éclaboussait la pièce de ses dix-sept ans. Elle avait déboulé comme une tornade dans son bungalow, l'avait noyé sous un torrent verbal : Je sais ce que vous cherchez ici depuis votre arrivée, monsieur Schlossgrün, et ce n'est pas le grand-père, pff ! le grand-père, à la trappe, même pas la peine d'en parler, non, ce que vous voulez, c'est son trésor, le butin de l'armée, de l'or, vous voyez bien que je suis vachement au courant, que votre grand-père l'officier, drôle de mec entre parenthèses, a caché dans un bunker de la côte, et ce bunker, eh bien moi, je sais où il est, j'ai les documents qui le prouvent, mais je ne peux pas vous les faire lire, pas encore, car je dois être sûre, monsieur Schlossgrün, sûre de vous, je pense que vous comprenez ce que je veux dire, qu'on doit se mettre d'accord, se faire confiance, sinon, c'est pas possible, je remballe tout, et puis si vous nous cherchez des ennuis, eh bien, je balance tout aux flics, tout le monde est perdant, et puis je veux savoir aussi, vos renseignements à vous, comment ils sont ?

C'était quoi, ça ? Un film d'aventure pour ados ? La demoiselle était complètement allumée. Jolie, fonceuse, rebelle, mante religieuse. Et allumée. Le prof lui avait collé sa fiche personnelle, se souvenait de son insolence, de ses coups de gueule avec Madeleine au comptoir. Il pratiquait le même modèle effronté chaque année en classe. La mettre courtoisement à la porte avait été sa première idée. Méfiance également. Quelqu'un avait peut-être envoyé l'adorable petite conne de service, seins en avant, fesses moulées dans son jean, pour le piéger. Pour quelle raison ? Jürgen n'en savait rien, mais depuis qu'il était là, les catastrophes pleuvaient sur Vollaville. Comme disait cette bonne Madeleine : « On vous aime bien, monsieur Schlossgrün, mais tout de même... » Jürgen luttait contre une parano galopante. Enfin, parano, c'était vite dit, il avait tout de même failli laisser sa peau dans cette histoire. Mais la jeune échevelée avait éveillé sa curiosité. Car c'était vrai, elle en savait long, livrait un paquet de renseignements qu'il pensait être le seul à connaître.

– Vous voyez, je sais tout.

Ça ne changeait rien. Au contraire. Le choc avait eu lieu hier matin, à son réveil. Il s'était observé dans la glace, et ne s'était pas reconnu. C'était comme s'il avait changé de peau, comme si un autre avait pris sa place. Il était irréel. Le bungalow, le verger, tout ce décor émergeait de l'irréel. Qu'est-ce qu'il foutait là, bon Dieu ? Et dans quel but ?

Elle aurait pu annoncer que l'or était derrière la porte, il n'aurait pas bougé.

– C'est intéressant, mais…

– Vous connaissez la pointe du Roof, je suppose ?

Il ne pouvait toujours pas en placer une. Bien sûr qu'il connaissait la pointe du Roof. Jürgen s'y était rendu des dizaines de fois, avait ratissé les douze hectares en tous sens, étudié, exploré les bunkers en ruine sous toutes les coutures. Sans pousser bien loin d'ailleurs, car leurs ouvertures avaient été colmatées afin d'éviter que d'imprudents touristes ne s'aventurent dans les nombreux souterrains qui subsistaient. Comment n'aurait-il pas pensé à la pointe du Roof ! Selon tous les renseignements dont il disposait, l'or se trouvait à l'origine dans l'une des casemates. Mais il n'y avait plus que des masses de béton renversées, éparpillées.

– Je ne peux rien pour vous, articula-t-il de la même voix morne.

Jürgen y était même retourné hier, en fin d'après-midi, pour faire ses adieux. Indifférent au vent glacial qui soufflait en rafales, il était resté assis un long moment sur un rocher, embrassant d'un regard de pèlerin le désastre d'une nature hachée, broyée, déchiquetée. Le carphanaüm n'avait guère changé depuis 1944, disait-on, mais c'était vrai et faux à la fois, car le temps y avait posé son voile d'herbes, de ronces et de chardons, les cratères s'étaient amollis en courbes rassurantes, et ce qui restait des blockhaus épousait la nature retrouvée. C'était hier, et Jürgen n'avait plus rien à chercher. Il s'était senti serein, retrouvé, avait pensé à l'extraordinaire « Sie kommen » de Paul Carrel, au lieutenant Jahnke qu'un « poing gigantesque » écrasait contre la muraille, et à tous les autres fous de terreur dont les nerfs avaient lâché. Il avait entendu leurs cris et leurs pleurs dans cette paix du crépuscule qui tapissait désormais le chaos.

– Mais… Mais, balbutiait Gilda, totalement prise de court.

– Ça ne m'intéresse plus, je laisse tomber.

– … Comment ça ?

– Vous voyez bien…

C'était le foutoir. Il préparait ses bagages, le linge, les fringues, les bouquins s'étalaient partout dans le bungalow.

– … Je pars demain matin.

– Mais pourquoi ? Cela fait des semaines que vous cherchez, vous touchez au but, et, et…

La pile électrique se retrouvait subitement à plat, cherchait désespérément ses mots, et il l'écoutait à peine, se replongeait dans le souvenir de son incroyable égarement. Comment en était-il venu à cette aberration ? Comment avait-il pu s'oublier, se renier à ce point ? L'amnésique tentait de recoller des morceaux de mémoire, et plus il se retrouvait, moins il comprenait. Ce grand-père était une honte, rien d'autre ! Comment avait-il pu passer là-dessus ? Lui que ce passé avait toujours révolté… Et son père, mon Dieu ! Le notaire rigide, blindé dans ses principes, tellement chiant à force de conformisme ! Flibustier sur son lit de mort… C'était lui, bien sûr… Le choc, ce ne pouvait être que lui. Ce délire d'agonisant l'avait démoli, et il s'était laissé dériver. N'avait-il pas été jusqu'à se croire détenteur d'un morceau d'histoire ? Il s'était rendu à Aurigny, ce petit caillou perdu dans la Manche, hérissé de forts militaires. Et même là, sur les lieux mêmes de l'ignominie… Rien, pas la moindre pensée pour tous ces malheureux. Il s'était décollé de toute réalité. Une vraie folie. Mais c'était fini. Un petit Aladin était sorti de sa bouteille, avait déchiré les ténèbres : « Allez, Jürgen, on rentre à la maison. » Et il était content de rentrer.

– Je ne comprends pas pourquoi… J'ai tous les renseignements, les plans…

Elle se lançait dans un forcing confus et désespéré, citait un certain Anthony, son petit ami, qui avait de précieux documents en sa possession. Jürgen fut tenté de s'apitoyer. C'est mignon à cet âge-là quand on appelle au secours, mais il était trop furieux après elle parce que trop furieux après lui-même, se vengea de ses propres errements en l'enfonçant un peu plus dans la déception : Vous ne vous rendez pas compte, ma petite ? Votre bunker invisible, il gît sous des tonnes de gravats ! À moins d'un miracle, il va vous falloir creuser, fouiller. Vous ne voyez pas le chantier ? De l'archéologie ! L'obstacle est phénoménal, insurmontable, et à moins de disposer de moyens considérables, vous n'arriverez à rien. Surtout dans la clandestinité. Une victoire à la Pyrrhus ma chère, il faudra vous en contenter.

– Justement, avec vous, on peut l'étaler, on peut essayer au moins…

– Et vous savez d'où il vient, cet or ?

Voilà ce qui le minait réellement, qui le dégoûtait de lui-même, l'écœurait désormais jusqu'à la nausée : comment avait-il pu gommer cette horreur de son esprit ? Non seulement il avait oublié le malheur des dépouillés, mais avait voulu en profiter. Comme si un salaud ne suffisait pas dans la famille. La honte l'empourprait, faisait trembler sa voix.

– Bien sûr… Des prisonniers d'Aurigny.

Droit dans les yeux. Quelle question, vieux machin ! Et qu'est-ce que ça peut faire ? Jürgen les connaissait bien, ces petites bêtes venimeuses et cyniques avec leur bouille innocente à peine sortie de l'enfance. L'espace d'une seconde, il eut envie de la sermonner, mais, tout aussitôt, n'eut plus qu'un désir. Qu'elle s'en aille, qu'elle débarrasse le plancher.

– Veuillez m'excuser, mademoiselle, mais j'ai mes bagages à faire. Demain matin, je m'en vais.

Tout à l'heure, il puiserait dans sa réserve de Partagas, choisirait un N° 2. Léger, facile à déguster, le bon module pour fêter le retour à la vraie vie. Avec un vieux calva au bar du Dog Red, pourquoi pas ? Il ferait poliment ses adieux à cette bonne Madeleine.

Jürgen Schlossgrün tapota affectueusement sa cicatrice rose comme s'il s'agissait d'un porte-bonheur. Content de rentrer.

Gilda piétinait le verger à grandes enjambées. Les longues herbes humides lui cinglaient les mollets, ses fines bottines prenaient la flotte, tout son être bouillonnait. Quelle imbécile, mais quelle imbécile ! Elle s'était humiliée, ridiculisée. Pour rien. L'échec la mettait dans une fureur noire. Comment avait-elle pu croire en ce type ? Un minable, desséché jusqu'à l'os, effrayé par sa propre audace, et qui maintenant se recroquevillait. Et ce ton de prof hautain et protecteur ! « C'est comme si vous aviez en votre possession un célèbre tableau volé, un chef-d'œuvre, et que vous ne puissiez pas le revendre sans vous faire prendre. Une victoire à la Pyrrhus, ma chère. » Il la prenait pour une de ses élèves, ma parole ! Gilda éparpilla avec rage une motte de terre. Elle aurait dû le draguer. L'idée l'avait effleurée un court instant. Le draguer, le séduire, le retourner comme une crêpe, comme une héroïne de roman policier. Ça n'aurait peut-être pas été difficile, car il n'était pas si coincé que ça, monsieur le professeur. À certains moments, son regard en disait long sur ses pensées. Elle se serait déshabillée lentement, langoureusement, et en le fixant bien dans les yeux se serait glissée toute nue dans ses draps… Et qu'est-ce qu'il aurait fait, monsieur le professeur coincé ? « Rhabillez-vous, mademoiselle, je ne mange pas de ce pain là… » Tu parles ! En plus, il était bel homme, comme disait Madeleine. Dès que l'Allemand s'approchait d'elle, elle bavait, ne savait plus où se mettre. Et puis, il devait avoir de l'expérience, c'était même peut-être un supercoup…

Gilda s'adossa contre un pommier. « Caroline », murmura-t-elle. « Supercoup », c'était l'expression de Caro. Ah, si elle était là, avec moi. On était si complices, d'accord sur tout. On riait des mêmes bêtises, on se confiait tout, même les trucs les plus osés. Mais voilà, Caro était partie. Son père travaillait avec Raymond, à la raffinerie, mais lui en avait eu marre de faire la route tous les jours et la famille avait déménagé sur les bords de la Seine. Depuis Anthony, elle ne pensait presque plus à Caroline. Mais Anthony aussi la laissait tomber, et elle se sentait épouvantablement seule.

« J'y retourne ? » ricana Gilda en contemplant les fenêtres du bungalow de Schlossgrün. Elle n'en ferait rien, bien entendu. C'était trop tard maintenant, trop calculé. Et puis tout de même, Anthony...

« Il le mériterait pourtant », martela-t-elle en reprenant sa marche vers le Dog Red.

Elle lui en voulait terriblement. Car c'était sa faute aussi. S'il n'avait pas été aussi mou, aussi indécis, elle ne se serait pas emballée, ne se serait pas précipitée ainsi chez l'Allemand. Gilda ne savait plus quoi penser de son copain. Il lui était apparu tellement frileux, tellement raisonnable, tellement loin du bohémien libre et insouciant et de cette vie qu'il prétendait mener. Il se dégonflait. Et s'il n'était rien d'autre qu'un rouleur de mécaniques ? Que du bluff, du vent, de l'esbroufe ? s'interrogea une Gilda encore un peu plus désespérée.

La nuit d'automne dégringolait en sombre avalanche, crayonnait les prairies de stries grisâtres. L'enseigne du Dog Red scintillait, et Gilda entendit la voix éraillée du vieux Bordenave qui gueulait après un as de trèfle qui n'avait rien à faire sur le tapis.

– On n'a qu'à jouer à la bataille, fulminait Momo.

Et Gilda se mit à pleurer. Elle était trop malheureuse. Pas vraiment pour l'or, pas seulement. Contrairement à ce que pensait l'Allemand, elle n'était pas complètement abrutie, se rendait bien compte à quel point toute cette histoire la dépassait. Mais elle ne voulait pas se résigner, s'aplatir comme ils le faisaient tous, se laisser aspirer par ces morts-vivants qui la cernaient. Elle ne voulait plus entendre Madeleine à longueur de journée : « On fait ce qu'on peut dans la vie, ma petite, pas toujours ce qu'on veut… Ce n'est pas drôle tous les jours, mais c'est comme ça, faut s'y faire… T'as dix-sept ans, t'as le temps… » Non justement, elle n'avait pas le temps ! C'était maintenant ou jamais, son bonheur futur ne tenait plus qu'à un fil, et elle s'y agrippait à ce fil… Ne lâche pas, Gilda, ne lâche pas, ou c'est fichu.

Gilda pleurait, sa tête s'embrouillait, et le chagrin coulait à flots sur ses plaies béantes. Elle souffrait trop. C'était comme si elle redevenait comme avant, mais c'était cent fois, mille fois, pire qu'avant. Car une atroce certitude la taraudait, vrillait son cerveau. Plus jamais elle ne pourrait s'échapper. Condamnée à vivre ici, à végéter dans ce bistrot, dans ce trou perdu. Parmi les inertes. Elle ne pourrait pas. Ce n'était pas possible, pas possible, sa respiration l'oppressait, ses larmes l'étouffaient…

Elle se recula pour échapper aux éclats de la lumière mauve, se rejeta dans l'obscurité. Il y avait encore un espoir, un infime. Cette femme…

– Suzanne, Suzanne, appela Gilda.

Elle devait la retrouver.

25

La route était étroite et bombée, tranchait le miroir en ligne droite. Ils étaient cernés par les eaux, s'enfonçaient dans un plat liquide et immobile qui s'étendait à perte de vue.

– Drôle de bled, remarqua Anthony.

Pas de réponse. Gilda avait le front collé à la vitre.

– Tu fais la gueule ?

– Je fais pas la gueule, protesta-t-elle sans bouger la tête.

– Alors, pourquoi tu ne dis rien ?

Gilda sourit à la vitre. Pauvre Tony. Il ne sentait rien, ne voyait rien. Pour lui, une Gilda qui ne parlait pas était une Gilda qui boudait.

– Tu devrais être contente, pourtant ! On fait ce que tu voulais, on perd notre temps dans ce coin de merde et…

– J'aime bien, coupa doucement Gilda.

Tout y était lisse et soyeux, comme elle-même. Gilda n'en finissait plus d'analyser sa métamorphose. Après Schlossgrün, elle avait cru toucher le fond. Était-elle en train de devenir folle ? Était-ce une folie que de vouloir échapper à ce bourbier où elle s'enlisait ? De ne pas vouloir être comme eux ? Dès qu'elle ouvrait la bouche, ils hochaient la tête avec un air apitoyé : Pauvre gosse, la vie se chargera bien assez tôt de lui casser ses jouets. Madeleine, Raymond, c'était sans arrêt, l'Allemand l'avait achevé, et Anthony... Anthony, il n'en savait rien, le malheureux, c'est lui qui avait tout réparé. Il était sans doute comme les autres, la prenait pour une évaporée, sauf qu'avec Tony elle dominait, détenait le pouvoir. Il l'aimait, elle était sûre qu'il l'aimait ! Et si ce n'était pas ça, c'était quoi alors ? Cette évidence avait jailli dans sa petite tête comme un geyser à son retour du bungalow de Schlossgrün. Elle n'était pas rentrée au Dog Red finalement, c'était au-dessus de ses forces, et elle avait foncé chez un Tony défoncé, qui broyait du noir. Comme elle-même était complètement dévastée, ils s'étaient étreints dans une vallée de larmes : C'est de ma faute... Non, c'est de la mienne. Je suis une grosse conne... Non, c'est moi, le gros con. Il avait craqué, s'était lâché, répandu en aveux amoureux. Elle aurait pu lui demander la lune, mais retrouver Suzanne suffisait...

D'où la métamorphose. Et depuis, une lave incandescente coulait dans les veines de Gilda. Sa tête, son corps, ses sens bouillonnaient. Elle se sentait d'une force incroyable, aiguisée comme une lame. Ce n'était même plus l'or. Peu importait, finalement ! Elle croyait Grangier, elle croyait Schlossgrün, elle croyait Tony, ne savait vraiment plus quoi penser, « une chimère », s'était moqué ce beau parleur de Schlossgrün qui avait retourné sa veste vite fait. Peut-être bien après tout, et peut-être pas. Mais Gilda voulait aller au bout de ce qui était possible, car aller au bout, c'était croire en elle. Elle agissait, donc elle existait. Et donc, ferait toujours ce qu'elle voudrait.

– … Et puis, tu te trompes, je suis vraiment contente.

Anthony fixa la nuque de Gilda, se retint d'agacer les boucles blondes qui vagabondaient sur sa peau claire tachetée de points roux.

– Et moi, je suis vachement content d'être ici, grogna-t-il.

Mauvaise humeur du vaincu. Il avait cédé. Une fois de plus. Elle s'était jetée dans ses bras, l'avait barbouillé de ses pleurs et de ses reproches : « Pourquoi tu m'aimes pas, hein, pourquoi ? »… Et lui, brave pépère, il avait fondu. Il ne l'aimait pas ? Prêt à tout. Marcher sur des braises, croquer du verre pilé, se fader le dernier tube de Téléphone… Tout. L'accablée avait séché ses yeux, s'était mouchée. Je veux bien te croire, avait-elle sussuré de sa jolie bouche câline… Alors, juste un petit effort, un tout petit. Et après, si c'est râpé, on n'en parle plus. Juré, promis, craché. Et lambada sur l'oreiller.

– Exagère pas. Je t'ai pas forcé.

Depuis, l'accablée s'était remise d'aplomb. Mais elle avait raison, il se mettait dans la merde tout seul. C'était un don.

– On ne doit plus être très loin, annonça Anthony.

– Tu crois ?

Une maison isolée quelque part du côté du château de l'Isle-Marie, au confluent de la Douve et du Merderet, deux rivières du pays, avait précisé Grangier. Précisé, c'était beaucoup s'avancer, car il n'y avait plus de rivières, plus de talus, plus de fossés. Le marais du Cotentin se « blanchissait », c'est-à-dire qu'il amorçait sa saison de camouflage, se noyait pour l'hiver, s'engloutissait sur des milliers d'hectares, n'épargnant que quelques moignons d'arbres faméliques et quelques îlots de terre où se pressaient des troupeaux de bovins transis. Des maisons ? Bien sûr… De rares monuments de pierre sombre éparpillés dans cette jungle de vase à poil ras, posés au bord du marécage comme au bord d'un gouffre. Selon Grangier, Suzanne Métayer se terrait dans l'une d'entre elles. En deux ou trois phrases, l'ermite la décrivait comme une ombre vivante, et Anthony se disait que l'image collait à merveille au décor qui défilait sous ses yeux, à ce ciel plomb étincelant qui semblait rouler, s'imprimer sur ce lac de désolation peuplé de spectres, de mirages, et de contes fantastiques. Suzanne, la vieille Suzanne, finissait sa vie au royaume des revenants…

Ils cherchèrent au hasard, compulsèrent une demi-douzaine de boîtes aux lettres plantées dans des chemins détrempés, interrogèrent de loin la seule âme qui vive dans ce désert, un paysan-gondolier qui poussait sur sa longue perche en bois pour faire glisser sa barque à fond plat. En vain. Pas de Suzanne Métayer. Ils tournèrent, se retrouvèrent deux ou trois fois sur les mêmes chemins boueux, tentèrent de se repérer sur des pancartes – La Bastille, L'Angle, Les Hautes Portes… effleurées par les eaux, s'égarèrent dans des culs-de-sac débouchant sur des cloaques d'herbes hautes et de roseaux où s'ébattaient des tribus d'oiseaux.

Ce désespérant labyrinthe durait depuis près d'une heure, et Anthony commençait à se faire du souci pour dame Taunus qui s'enrhumait, hoquetait bizarrement dans les reprises. Il tentait également de convaincre Gilda de la vanité de leurs efforts. Elle était peut-être morte, la vieille. Sa rencontre avec Grangier datait de quatre ans, et elle était déjà dans un piteux état. Ou bien alors, elle avait déménagé, ne pouvait plus vivre isolée. Suzanne était malade, grabataire, alzheimerisée à fond la tête, légumait gentiment dans une maison de retraite…

– … Ou peut-être bien à l'autre bout de la France, près de sa famille, insista Anthony.

– Pourquoi pas en Amazonie ? répondit vertement Gilda. On cherche, tu as promis…

Il avait promis.

– Tiens, regarde !

Gilda écrasait son doigt contre le pare-brise.

– Arrête-toi, on va demander.

Anthony était déjà au point mort. Un miracle à l'enseigne de « restaurant-épicerie-journaux ». Et au-dessus, en pleins et déliés écarlates : « Chez Georgette. » Pas sur pilotis, mais presque. Seul un étroit parking où stationnaient deux camionnettes échappait à la flotte.

Driing, fit la sonnette, et les deux tablées d'ouvriers levèrent la tête.

Rustiques, les mecs, toilés, travailleurs. Rustique, le bistrot, vieux bois, vieille pierre. Rustique, la patronne, tablier Gargantua.

– C'est pour manger ?

Rustique, l'accent.

Bonne idée, s'enjoua Anthony. Les terrines de pâté trônaient sur les tables de ferme, les tartines de pain avaient la taille d'une assiette.

– Non, c'est juste pour un renseignement, démentit Gilda dans un sourire éclatant, nous cherchons la maison de madame Suzanne Métayer.

Le regard d'Anthony glissa avec regret sur un rectangle de rillettes coincé dans son pot en grès. Au-dessus, il y avait un couteau suspendu dans le vide. Son propriétaire, un jeune blondinet au teint fleuri, Viking un peu trop nourri, s'évadait avec insistance sur l'inattendue Walkyrie. Gilda en jean ajusté et blouson cintré. Toujours le même effet.

– Connais pas, regretta Big Juliette en secouant ses joues rondelettes, et vous les gars ?

– Mmumm, répondirent les pâtés en chœur.

– Une très vieille dame, un peu dérangée, qui vit toute seule avec ses chiens et ses chats, insista poliment Gilda.

Les chiens et les chats. Toujours les infos de Grangier.

– Alors c'est peut-être Marinette dont vous voulez parler ! s'exclama Viking le jeune en agitant le couteau, y a qu'elle qui a toutes ces bêtes ici, une vraie tribu.

– Mais elle est pas toute seule, y a Otto !

Juliette fronçait les sourcils, tremblotait du menton.

– Oh, on sait pas trop ! Il est là, il est pas là…

– De toute manière, ils doivent pas se faire trop de mal !

– Surtout avec la tronche qu'il a ! Faut aimer…

Rires grassouillets des pâtés.

– Et où habite-t-elle cette madame… Marinette ?

Gilda pivotait d'un talon sur l'autre, ondulait joliment du bassin. Un coup pour la table de droite, un coup pour la gauche. Les yeux suivaient.

– Derrière, vous prenez la première « chasse » à gauche, et c'est au bout, à deux ou trois kilomètres.

Viking le jeune avait posé la lame sur son épaule. Suivez le couteau.

– La chasse ? s'inquiéta Gilda.

– Le chemin, si vous préférez.

Juliette déborda d'un sourire de commisération.

– On dit comme ça dans le pays… C'est simple, vous ne pourrez pas aller plus loin.

– Ou alors, faut nager !

– T'es sûr qu'on peut encore passer ?

– Ouais, il y a la flotte, mais on peut…

– La barque, c'est pour dans une semaine…

– P'têt même un peu avant.

– T'as raison, ça remplit dur…

Tous les pâtés discutaient maintenant.

– On a tout de même le temps de manger un petit quelque chose ? se risqua Anthony, j'ai la dalle.

– Ha ! Ha ! rigolèrent les pâtés.

– Non, on n'a pas le temps, décréta Gilda en se dirigeant vers la sortie.

– Évidemment, si c'est madame qui porte la culotte !

Viking le jeune. Couteau, rougeaud, pataud.

En plus, il était abruti.

26

Anthony avait guerroyé dans la fange et les ornières, s'était tourmenté pour sa Taunus dont les pneus faisaient pataugeoire, mais le balourd au couteau avait dit vrai : on passait. Et en bout de piste, la maison de Marinette se plantait massivement au sommet d'un monticule d'herbes folles cerné par un muret de pierre. L'eau s'infiltrait déjà, stagnait en de grosses plaques verdâtres où s'éclaboussaient trois molosses aboyeurs enchaînés. C'est peut-être comme ça qu'on fait évoluer les races, s'était amusé Anthony, ils finiront les pattes palmées.

D'ailleurs, depuis qu'il avait franchi le seuil de cette baraque de pierre froide, muraillée comme une forteresse, avec ses tuiles en schiste et ses fenêtres bordurées de granit, étroites comme des meurtrières, Anthony accumulait les pensées saugrenues. La pièce était vaste, mais sombre comme un réduit, pavée de rouge usé, avec des murs sans couleur, qui avaient dû être blancs dans un autre siècle. C'était ça, on revenait un siècle en arrière, ça sentait le vieux et le pauvre, une pauvreté de campagne où trônait la cuisinière bleue en fonte émaillée. Quelques meubles, un bahut, un vaisselier, un buffet vitré, tous plus ou moins pourris, faisaient tapisserie. Mais surtout, ça sentait le chat. Une odeur aigre et rance qui vous asphyxiait, vous torchait la gorge à la toile émeri. Assis sur un banc-pétrin, Anthony épiait sournoisement la douzaine de miaulants qui occupaient les lieux, paniquait à l'idée que le gros blanc là-bas, l'angora avec ses yeux d'albinos, vienne se frotter contre lui, ou pire encore, lui saute sur les genoux. Il avait les chats en horreur. « On dirait une volière », s'était permis Anthony. Une volière pour matous. On vous le disait, il déconnait…

En fait, il n'avait rien d'autre à faire. « Tu me laisses parler », avait ordonné Gilda sous prétexte que Marinette devait être à tous les coups une petite chose fragile que la moindre parole blessante, sa spécialité selon Gilda, allait forcément effaroucher. Avec elle, le risque était moindre, elle savait être complice et compréhensive. Anthony s'était retenu de persifler, avait obtempéré sans se faire prier. Il n'était que le chauffeur, et encore, bien obligé. Il s'était donc abîmé dans la contemplation des calendriers de la Poste qui s'exposaient sur deux rangées et sur deux murs. Que des chats évidemment, et il y en avait bien pour trente années. « 1964 » déchiffra Anthony sur une image d'un autre temps. Ce qui le laissait un peu rêveur, il n'était pas né. Le facteur devait être content, il avait son petit musée.

Pour le reste, qu'elles se démerdent entre femmes.

Façon de parler, car côté confrérie, Gilda avait pris d'entrée un coup au moral. Marinette, on aurait cru un chiffon tassé dans son grand fauteuil en rotin. Et le chiffon avait une tête bizarre. Car évidemment, compte tenu des commentaires de la bande à Georgette, ils s'attendaient à découvrir une sorte de parchemin aux paupières croulantes. Or, le visage de Marinette était lisse, mais alors lisse... Une grand-mère poupée. En fait, elle ne paraissait pas vraie avec son teint poudre de riz, ses traits figés, et ce regard absent, presque blanc qui fixait le vide. Elle était pourtant vivante, Marinette, puisqu'elle avait dit « entrez ». Mais rien ne bougeait en elle, pas même un cil.

Voilà ce qu'elle avait eu sous les yeux, Gilda, et à entendre sa petite voix qui chevrotait, bien plus encore que l'autre soir dans son bain de larmes, la pétrifiée de Pompéi lui avait fait un drôle d'effet. C'était donc elle la femme fatale, la voluptueuse Messaline qui avait déclenché tant de passions, jusqu'à faire de grand-père Fournier, un meurtrier. Facile de lire dans la tête de Gilda, elle qui croyait à sa jeunesse comme à un bail éternel. Pas possible, ce n'était pas possible...

– Je cherche madame Suzanne Métayer...

Et Marinette, sans se faire prier :

– C'est moi.

Derrière, il y avait eu deux ou trois secondes magiques, Gilda avait été comme traversée par une décharge électrique, et Tony avait encore deviné ce qui la faisait ainsi vibrer sur place. « J'avais raison, triomphait silencieusement Gilda, j'avais raison... »

Triomphe sans lendemain. Car depuis, Gilda pédalait dans la semoule. Toujours inerte, Suzanne leur demandait toutes les deux minutes qui ils étaient avec des lèvres de ventriloque, ne s'étonnait ni de leur présence, ni des questions, semblait oublier dans la seconde ce qu'on lui disait. Gilda faisait des efforts louables, n'éprouvait plus l'appréhension du début, ne tremblait plus des cordes vocales, mais ses questions tombaient dans le vide, glissaient sur grand-mère poupée dont le seul mouvement consistait à caresser doucement le chat gris souris vautré sur la couverture kaki qui la recouvrait des pieds jusqu'à la taille.

– Alfred Fournier, vous vous rappelez, madame Métayer, et le colonel Schlossgrün, c'était votre ami...

À force d'insister, Gilda progressait toute seule, se resserrait de plus en plus sur le sujet. Anthony ne pouvait le nier, tête de linotte était concentrée, tendre et appliquée, multipliait les approches délicates : « Souvenez-vous du temps où vous étiez belle », sussurrait en substance Gilda sur un ton doucereux, c'est tout juste si elle ne fredonnait pas la chanson. Elle s'était assise tout près du mannequin, fesses en équilibre à l'extrémité de la chaise pour éviter le coussin crasseux couvert de poils. Mais l'ange de patience se plantait en beauté, grand-mère poupée avait le cerveau en gruyère, ne se souvenait de rien. Son buste maigrelet paraissait ne tenir que grâce aux deux accoudoirs de rotin, et elle caressait son chat, avec ses yeux blancs qui flottaient dans le néant.

– Et comment s'appelle-t-il, le chat ?

– Artmut, nasilla Suzanne entre ses lèvres collées, j'ai toujours eu un chat qui s'appelait Artmut.

Bing ! Anthony s'arracha à ses calendriers, contempla le dos arrondi de Gilda. Ramassée sur elle-même, roulée en boule, prête à bondir sur sa proie. Le treizième chat.

– C'est votre préféré, n'est-ce pas ?

– Oui, les Artmut sont toujours mes préférés.

– Vous voyez bien que vous vous souvenez, madame Métayer ! Le colonel Artmut Schlossgrün, votre amoureux ! vous étiez si bien tous les deux, mais il y avait la guerre, cette sale guerre qui vous a séparés, un malheur pour vous deux, vous vous souvenez ?

Gilda s'était détendue, tressautait sur sa chaise, toutes griffes dehors. Mais sa proie se défilait, Suzanne s'était à nouveau échappée.

– Mais ce n'est pas possible, madame Métayer ! Schlossgrün ! Il était dingue de vous ! Et Fournier que vous avez laissé tomber ! Suzanne, merde !

Là, Anthony soupçonna Gilda de perdre légèrement les pédales.

– Schlossgrün, il a laissé quelque chose qui nous intéresse, gueulait Gilda ! Vous le savez peut-être, Suzanne !

– On ferait peut-être mieux de partir, intervint doucement Anthony. Tu vois bien que madame Métayer n'est au courant de rien.

En plus, il était sincère. Pourquoi Schlossgrün aurait-il livré son secret à sa copine française ? Il ne devait pas tout mélanger l'officier SS…

– Et Grangier, vous l'avez bien vu ! Il nous l'a dit, Grangier, qu'il était venu vous voir, et vous lui avez parlé, et…

– Gilda, sois raisonnable.

– Vous l'avez bien rencontré !

Autant s'adresser au musée Grévin, Gilda se leva avec une brusquerie peu amène, passa en d'incessants allers et retours sous les yeux morts de Suzanne. Anthony la sentit cette fois tout près de débloquer en grand.

– Elle commence à me faire chier, la vieille, marmonna Gilda en se collant contre lui.

– Calme-toi.

– Mais Grangier, bon Dieu ! Grangier, il n'a pas inventé…

– Allez, on se tire, commanda-t-il, ce n'est pas la peine.

– Ce n'est pas elle qui a vu Grangier, c'est moi.

Un filet de voix, un chuintement étouffé. Comme une douleur.

– Oh ! fit Gilda en se masquant les yeux des deux mains.

Un cauchemar venait d'apparaître.

27

– Otto Weber, annonça l'homme en présentant son bras gauche. L'autre n'existait plus. Repliée à hauteur du coude, tenue par une grosse épingle de nourrice, la manche flottait dans le vide.

Gilda tenta d'effacer sa réaction horrifiée, tendit une main franche et loyale, avec une mimique de confusion.

– Rassurez-vous, vous n'êtes pas la seule. Ça fait toujours le même effet, la première fois.

Ses mots étaient essoufflés, avec des aigus sifflants. Comme une chambre à air qui se vidait.

– La guerre ? interrogea Anthony faussement décontracté. Il avait la chair de poule.

– Non, après. Une mine qui n'a pas voulu se laisser faire.

Souriait-il ? Otto avait été rafistolé en décalé, et plus rien, le nez, la bouche, les joues, n'était à sa place d'origine. Même son œil, le gauche, se creusait plus haut que l'autre, dans un cratère de peau brillante, couleur viande crue, qui avait bouffé les sourcils. Et cette orbite, qui scintillait comme un phare, lui rappela l'un de ses potes, un doué en dessin, qui avait punaisé le *Guernica* de Picasso en poster dans sa piaule. Il pouvait vanter le chef-d'œuvre, raconter la douleur, le malheur, la barbarie, la guerre d'Espagne, Anthony le trouvait hideux, et tous ses autres copains se foutaient du « cubiste ». C'était d'ailleurs devenu son surnom : Gilles le cubiste.

Otto était un évadé de Guernica. En vareuse bleu marine, pantalon de velours noir, lourdes grolles montantes à œillets.

– Voilà, commença péniblement Gilda, nous voulions voir madame Métayer, car…

– J'ai tout entendu, coupa Otto, j'étais dans la chambre, à côté.

Il accompagnait ses mots d'un mouvement de cou, comme pour s'aider à parler, et son dôme de cheveux gris s'évasait en saule pleureur sur le portrait catastrophe.

– Mais, vous ne savez peut-être pas que… que…

Gilda galérait, avait du mal avec la gueule cassée.

– Grangier n'était pas venu pour ça. C'est sa mère qui l'intéressait, seulement sa mère, Juliette Crochemore, il voulait savoir ce qui s'était réellement passé pour elle au Débarquement, toute cette sale histoire que vous connaissez puisqu'il vous l'a racontée… Au fait, pourquoi n'est-il pas avec vous, Grangier ?

Il se méfie, il nous teste, estima Anthony. Logique. Deux jeunots qui déboulent sans prévenir, et qui cuisinent Suzanne…

– Il est mort, annonça-t-il brièvement.

– Ah bon… Il y a longtemps ?

Anthony jeta un coup d'œil circulaire dans la pièce. Pas de télé, pas de radio, pas un canard qui traînait. Ces deux-là vivaient en reclus.

– Pas très, non… Mais il écrivait beaucoup, tenait son journal intime si l'on peut dire, et ce journal, je l'ai récupéré.

Pourvu qu'il ne me demande pas comment, s'inquiéta Anthony. Il avait pris le manche. Toujours tétanisée, Gilda récupérait par petites étapes. Suzanne, déjà c'était dur, mais avec Weber, on entrait dans l'épouvante.

– C'était bien son genre, commenta pensivement Otto.

– Et donc, nous avons appris sa rencontre avec madame Métayer… Enfin, avec vous plutôt, si j'ai bien compris.

– Oui. Mais je lui avais fait promettre de ne pas mentionner mon nom. Je ne savais pas ce qu'il avait l'intention de faire, je ne lui ai même pas demandé, mais je ne voulais pas avoir d'histoires. Un Allemand, vous comprenez, même cinquante après…

Les neurones d'Anthony voyageaient en classe affaires. Otto Weber. Soixante-dix, soixante-quinze balais, même avec sa tête d'épouvantail, ça se voyait. Un ex-soldat de la Wehrmacht, blessé à la guerre, enfin, c'était tout comme. Ça se corsait.

– Suzanne était la meilleure amie de Juliette Crochemore, continuait Otto, mais elle ne veut plus parler de Vollaville, sauf à moi évidemment…

Suzanne dans son fauteuil en rotin. Souveraine indifférence.

– Et donc, grâce à vous, Grangier a su, pour sa mère, pour le lieutenant-colonel Schlossgrün, Alfred Fournier…

– Pour sa mère, il savait déjà presque tout.

– Ah…

Anthony progressait sur la pointe des pieds, chuchotait presque comme on le fait dans la chambre d'un grand malade. Question d'ambiance, car il n'y avait aucune raison : Otto savait, Suzanne savait, et ils savaient.

– Et pour le trésor, c'est vous aussi ?

Gilda refaisait brutalement surface, s'ébrouait avec des pépites dans les yeux, Anthony faillit éclater de rire. À chaque fois qu'elle prononçait le mot « trésor », Gilda avait l'air de surgir du « Club des cinq »…

– La cargaison d'or, vous voulez dire ? Oui, c'est moi. C'est venu d'ailleurs un peu par hasard, dans la discussion… On évoquait le Débarquement, ce jour incroyable, les combats, enfin tout, et je me suis souvenu du bombardement de la gare de Lison, de toute cette panique autour du convoi… Mais franchement, je n'ai pas eu l'impression que ça l'intéressait vraiment. C'était sa mère, toujours sa mère…

– Vous l'avez vu alors, cet or ?

Maintenant, Gilda était prête à embrasser le monstre.

– Les caisses, oui, je les ai vues, répondit évasivement Otto… On pourrait peut-être s'asseoir, non ?

Où ça ? s'interrogea Anthony, Gilda avait sa chaise, mais les autres appartenaient aux chats, et deux énormes félins trônaient sur le banc-pétrin.

– Virez le gros Churchill ! commanda Otto dans son souffle de chambre à air.

Riait-il ? Peut-être oui, ses joues tressautaient. Une vers le haut, une vers le bas. Churchill, c'était l'angora blanc au regard de tueur. Anthony s'angoissa : il le fixait en plus, ce con ! Gilda haussa les épaules, se chargea de l'opération nettoyage, et le gros Winston décampa à coups de miaulements rancuniers. Suzanne n'allait sûrement pas apprécier. Mais Suzanne s'en foutait, se foutait de tout apparemment. Il prit place à contrecœur sur le coussin. C'était chaud, plein de poils…

– On en était où ?

Otto tamponnait son orbite racommodée à l'aide d'un mouchoir.

– L'or.

L'harpagonnesque Gilda comptait déjà les lingots.

– Ah oui, les caisses d'Aurigny !

Il parla. Comme il avait parlé à Grangier sans doute. Otto avait un réel talent de conteur, même si sa respiration haletante rognait l'accent guttural, hachait ses phrases par petits bouts, les étouffait à leurs extrémités. Mais Anthony ne retenait qu'une chose : le récit du soldat Otto collait à la perfection aux écrits de Grangier.

– … Le sauvetage de la cargaison a été un vrai miracle, concluait Otto. Quand je revois la gare en flammes, les bombes qui tombaient un peu partout, les morts… Et nous, dans cet enfer, on transbahutait les caisses, on risquait notre peau, avec les officiers qui couraient partout autour de nous, qui nous gueulaient dessus. Le lieutenant-colonel Schlossgrün avait même son revolver à la main. Si l'un d'entre nous avait voulu fuir, se mettre à l'abri, il l'aurait descendu sur place…

– Vous le connaissiez bien, l'interrompit Anthony.

– J'étais son ordonnance.

Anthony épia Gilda. Elle ne réagissait pas. C'est quoi l'ordonnance d'un officier, m'sieur ?

– Vous étiez donc proche de lui, insista-t-il pour lui venir en aide.

– Proche, ce n'est pas le mot qui convient, disons que j'étais au courant de beaucoup de choses…

– Et donc de l'or.

Voilà, l'obsédée percutait.

– Oui, on a stocké les caisses dans l'un des tunnels qui menaient au plus gros bunker de la pointe du Roof, le dernier, juste au ras de la falaise. Ces tunnels servaient de soutes à munitions, étaient bourrés d'obus. Si je me souviens bien, on a mélangé les caisses.

– Et le 6 Juin, il était encore là ?

– À ma connaissance, oui, mais je n'étais pas sur le front, le 6 Juin…

– Comment ça ?

– J'étais en permission.

– Mais il n'y en avait plus ! s'écria spontanément Anthony. Les leçons de l'ermite n'avaient pas été inutiles.

– En principe, oui, mais…

Otto s'arrêta de lui-même, frotta son menton sabré d'une longue cicatrice.

– … Je pense à Grangier, reprit-il pensivement. En fait, il me semblait déjà un peu au courant de la cargaison, mais d'après ce que vous me dites, il en savait beaucoup plus que ce qu'il m'en a dit. D'où tenait-il ses renseignements d'après vous ?

Anthony entendit un « euh » embarrassé du côté de Gilda, Sueurs froides. Si elle embraye sur le fils Schlossgrün, on n'est pas sortis. Il se précipita.

– D'Allemagne, c'est tout ce que nous savons.

Gilda gardait la bouche ouverte, Otto réfléchissait sous son front plissé comme un papier gaufré.

– Oui, oui…

Et tout de suite :

– Vous avez raison, toutes les permissions étaient annulées, mais le lieutenant-colonel a passé outre. Un sacré risque, mais c'était pour lui rendre service, porter un courrier urgent à sa famille, à Stuttgart, une grande enveloppe brune, je m'en souviens bien…

– Il vous a dit de quoi il s'agissait ?

– Non, bien entendu. Il m'a simplement confié qu'il ne tenait pas à ce que cette lettre tombe entre les mains de la censure, des services de la sécurité militaire, de la Gestapo, que sais-je… Les officiers étaient très surveillés, vous savez, et Schlossgrün n'allait pas bien. Il était démoralisé, ne croyait plus au Grand Reich depuis son retour du front russe. Il ne m'en a jamais parlé, mais je pense qu'il ne digérait pas les atrocités dont il s'était rendu coupable avec ses petits copains SS. Lors de son dernier séjour à Berlin, en janvier 1944 je crois, il avait rencontré un ami, un colonel de l'état-major, qui lui avait confié qu'Hitler devenait fou, que tous les généraux le savaient, mais qu'ils avaient trop peur, qu'ils étaient trop lâches, qu'ils se taisaient. Dans les dernières semaines, il buvait beaucoup trop, Schlossgrün, au point que certains soirs, j'étais obligé de le déshabiller et de le coucher. Il se laissait aller, pleurait sur l'Allemagne, pleurait sur Suzanne aussi, je crois bien qu'il l'aimait…

Otto se tut, épuisé par sa tirade syncopée. Les regards de Gilda et Anthony convergèrent vers le fossile. Elle avait donc été aimée.

– Et vous savez ce que je crois aujourd'hui…

Otto faisait un numéro de magicien, se roulait une cigarette avec sa main unique. Fascinant.

– Vous fumez ?

– Non, merci.

Anthony rêvait d'un joint. Une petite taffe. Juste trois bouffées.

– Ce que je crois…

Clope aux lèvres, fumée par les narines. Guernica qui fumait.

– … C'est que ce courrier contenait les renseignements sur la cargaison d'Aurigny, et que ce n'est pas à sa famille qu'il l'adressait, mais à lui-même. Au cas où il survivrait à la guerre…

– Un officier SS ? s'étonna Anthony.

Schlossgrün, il se le figurait fanatique, jusqu'à la moelle dans le nazisme, prêt à se laisser découper en rondelles pour son Führer.

– Démoli, complètement démoli. Je vous le répète, il était moralement en piteux état. Tout ce qui avait conduit sa vie s'écroulait, et depuis un bon moment déjà… Et puis, il ne faut pas croire que tous les SS se sont suicidés sur les cendres d'Hitler ! Ils ont été nombreux à avoir su se reconstruire un bel et honorable avenir, et c'est bien ce que Schlossgrün envisageait. Sur un tas d'or, c'est plus facile.

Plus il parlait, plus le chuintement enflait, jusqu'à devenir un bruit de fond qui rendait certains mots inaudibles. Mais on sentait dans toute cette ferraille de sons un détachement, une ironie même, sur tout ce qui était son passé.

– Et vous ? demanda Anthony, poussé par la curiosité.

– Oh, moi ! Je ne faisais pas partie de l'élite, mon cher monsieur. Caporal Otto Weber, sapeur dans le génie, au 352e régiment, matricule 33 5476. Dans la merde jusqu'au cou. On l'avait bien cherché aussi. Mais personnellement, et comme vous le voyez, j'ai payé le prix fort… Et puis à quoi bon ressasser tous ces vieux souvenirs ? Vous étiez venu pour savoir si cette histoire de cargaison, de trésor, comme dit mademoiselle, était véridique ?…

Gilda ? Anthony la surveillait. Elle piaffait. Les anciens combattants étaient son pain noir quotidien, la triste histoire du sapeur Otto la gonflait un maximum. Seul l'or comptait. Patience, patience, on y vient.

Il y venait.

– … Je confirme, poursuivait Otto. Il est bien là, enfoui, perdu quelque part sous la pointe du Roof. Il y a quelques années, j'y suis retourné. Eh bien, figurez-vous que je n'ai pratiquement rien reconnu. J'y ai pourtant passé du temps dans ces satanés bunkers, mais rien, impossible de m'y retrouver…

Otto leva son bras gauche en un geste d'impuissance, et le moignon s'agita, fit frémir la manche droite. Il levait l'absent également.

– Mais nous, on sait !

Gilda. Cette fois, elle ne tenait plus, se lançait à l'assaut.

– Enfin, on a une idée, temporisa Anthony.

Sourire en débris sur Guernica.

– Moi aussi…

– Mais nous, on a une idée précise, on a les plans, martela Gilda.

– Les plans ?

– Oui, les plans des bunkers de la pointe du Roof.

Gilda, on se calme. Mais Anthony avait repéré un éclair d'intérêt dans l'œil-crevasse.

– Ils sont dans la voiture, décida-t-il, je vais les chercher.

Uniquement les plans, s'était résolu Anthony. Il était trop question de Schlossgrün, Fournier et Suzanne dans la littérature de Grangier. Neufs plans auxquels ils ne comprenaient rien. Ils avaient longuement étudié les parallèles et perpendiculaires qui quadrillaient les feuilles de papier, s'étaient penchés sur les cases, les cercles, et les numéros comme sur un rébus, mais n'avaient pas trouvé l'ombre d'une solution. C'était du boulot de dessinateur industriel.

Otto étala les plans côte à côte sur la table, les déchiffra longuement en silence, appuyé sur son coude. Quand il se redressa brusquement, Gilda sursauta avec lui. L'allemand choisit l'un des feuillets, le posa au plus près de lui, et pointa son doigt.

– C'est sans doute celui-ci. Le B6.

L'index d'Otto suivait le dédale de traits qui couraient sur le papier…

– Ce sont les tunnels à munitions, décréta-t-il.

– Et alors ? haleta Gilda.

– Les caisses d'Aurigny étaient quelque part dans l'une de ces cavités que vous voyez. Là, ou bien là, ou encore là…

L'index d'Otto se posait sur une demi-douzaine de petits carrés, Gilda fixait le doigt, comme envoûtée.

– Vous êtes sûr ? souffla-t-elle.

– Il y a cinquante ans, c'était sûr, mais aujourd'hui, que reste-t-il de tout cela sous la pointe du Roof ? Plus rien, j'en ai bien peur…

– On ne sait jamais !

Elle le suppliait.

– Vous ne vous rendez pas bien compte de ce qui s'est passé, là-bas, mademoiselle. L'apocalypse, la fin du monde… Ces plans ne signifient plus rien.

– Mais ce n'est pas sûr !

Anthony pressa le bras de Gilda.

– D'après vous, il n'existe aucun moyen d'accéder à ces souterrains ?

– Non.

– Mais ce n'est pas possible ! larmoya Gilda, je suis sûre que…

– N'oubliez pas mes deux sœurs.

Une voix légère, transparente, comme portée par le vent, figea Gilda, figea Anthony. Suzanne au bois dormant émergeait.

– Huguette et Marguerite… Dans le bunker.

– Suzanne, Suzanne, chuinta Otto en claudiquant vers elle. Il se pencha, enserra les épaules de la vieille femme de son bras unique, et ses cheveux gris flottèrent sur le front, démasquèrent des clairières de peau blanchâtre et satinée.

– Huguette, Marguerite… Huguette, Marguerite… psalmodiait Suzanne.

– Partez maintenant, je vous en prie.

Otto agitait ses filaments gris.

– Mais nous devons…

Gilda s'inscrustait.

– Dans deux jours, revenez dans deux jours, s'il vous plaît.

– Huguette, Marguerite…

– Dans deux jours…

Anthony s'avança vers la table, ramassa les plans.

– Vous pouvez me laisser le B6 ?

– Mais… protesta Gilda.

Cette fois, Anthony lui serra le bras comme dans un étau, l'entraîna vers la porte.

– D'accord, monsieur Weber, dans deux jours.

– Huguette, Marguerite…

Dehors, le décor était d'une beauté à couper le souffle. Le soleil rasant attisait un ciel de cendre qui retombait dans les eaux en taches et faisceaux dorés. Bercés par la féérie, les molosses au poil noir avaient mis leurs aboiements en veilleuse, ne tiraient plus que mollement sur leurs chaînes. Le marais flamboyait en une lumière irréelle.

– Complètement barrée, la vieille !

Gilda pestait et désespérait. Après Suzanne la folle, Otto le défaitiste, mais plus encore après Anthony. Pourquoi lui avoir laissé le plan ? Et pourquoi revenir dans deux jours ? Qu'est-ce qu'il avait dans la tête, ce connard d'Allemand ? Il fallait insister, le forcer, on aurait pu y arriver… Mais évidemment, lui, il avait laissé tomber.

– Tu seras toujours aussi puérile, lâcha ironiquement Anthony en lui bécotant le bout du nez.

Elle, puérile ? Gilda était sidérée. Depuis l'ouverture de la mallette, elle était la seule à avancer. Qu'est-ce qu'il avait fait, lui, en dehors de se moquer d'elle, de la décourager, de ne croire en rien, de la prendre pour une demeurée ?

– C'est vrai.

– Ah bon, se radoucit Gilda. Et maintenant, qu'est-ce qu'on fait ?

– On revient dans deux jours.

– Et qu'est-ce que tu espères, dans deux jours ?

Tony ouvrit la portière de la Taunus.

– Monte, je vais t'expliquer.

Tony expliqua : Otto avait frémi en découvrant le plan. Un point dans son œil ravagé. Une lueur, un éclat. Il y avait eu un déclic, quelque chose d'imperceptible, mais qui ne lui avait pas échappé.

– C'est tout ?

– Je me fie à mon instinct.

– Et tu lui laisses le plan ! Bien joué…

Il haussa les épaules.

– Qu'est-ce que tu veux qu'il en fasse ? Tu as vu dans quel état il est.

– Mais s'il nous ment, il y a bien une raison !

– Il ne ment pas, il veut simplement se donner du temps.

– Du temps ! Mais pourquoi faire ?

– J'en sais rien.

À quoi bon aller plus loin avec Gilda. Elle serait forcément hermétique aux étranges questions qu'il se posait. Qu'est-ce qu'il cachait, Otto ? Qu'avait-il trouvé ? Et d'abord, avait-il réellement trouvé quelque chose ? Le réveil de Suzanne l'avait terriblement perturbé. Il s'était rué vers elle, presque apeuré. Et qu'est-ce qu'elle voulait dire, la vieille, avec ses deux frangines dans le bunker ? C'était fou, ça, complètement dingue.

– Et t'es sûr de toi ?

– Sûr de rien, admit Anthony.

Il s'enfonçait dans la perplexité, s'escrimait avec d'étranges visions : À quoi pouvait bien ressembler Otto derrière son masque de souffrance ? Qu'était-il ? Bête ou intelligent, loyal ou tordu ? Était-il malin, rusé, machiavélique, ou tout simplement brave type sans malice ? Tous, ils étaient tous masqués. Suzanne avec sa tête de momie, Otto avec sa gueule massacrée, Gilda avec son visage d'ange, et lui-même… lui-même qui… Il ne trouvait rien de précis pour sa pomme, sauf qu'il se voyait bien déguisé.

À eux quatre, ils étaient le monde.

– Tu fais chier avec tes mystères, bougonna Gilda.

Elle se pelotonna sur le siège, croisa les bras, ramena ses jambes sous ses fesses. Bouderie.

La route coupait, droite, fine et noire, à travers la nature embrasée. C'était le soir, mais tant pis, Anthony rêva au soleil d'Austerlitz.

28

La flotte avait encore grimpé, quittait les fossés et les bas-côtés, glissait sur le bitume comme un reptile. Le ciel était si gris, si bas, si vorace, que le marais s'y engloutissait, et les molosses n'étaient pas dans leur crépuscule poétique. Ils gueulaient comme des furieux.

– C'est parti ! clama joyeusement Anthony en claquant la portière. Mais il dut attendre, Gilda fonctionnait au ralenti.

– J'te préviens, s'il nous mène encore en bateau, on reste pas, on se tire.

Ton maussade. Gilda était à plat. Quarante-huit heures, c'est long, c'est court, ça dépend de ce qu'on veut en faire, mais pour elle, il n'y avait pas eu de milieu. Juste derrière le miracle de la maison des marais, elle avait connu deux jours d'enfer, et pour finir, hier après-midi, un coup de grâce qui lui avait laissé le moral dans les chaussettes. L'enfer, c'était au Dog Red, où Madeleine n'était plus qu'une crise de nerfs. Les engueulades succédaient aux engueulades, et entre deux assauts, le silence de tranchée était encore plus lourd à supporter. Raymond tentait bien d'intervenir de temps à autre pour arrondir les angles, mais tout ce qu'il y gagnait, c'était d'en prendre pour son grade. Il était mou, faible, sans volonté, adepte de la paix des lâches. Madeleine *dixit*. Raymond retournait alors à son projet de court de tennis. Au moins, c'était un sport de gentlemen.

Hier, Raymond était pourtant parvenu à fléchir Gilda. Ils allaient rendre visite au grand-père, comme deux fois par semaine. L'aïeul était encore au CHU de Caen, mais plus pour longtemps. Fallait faire de la place. Après, ce serait la convalo dans un établissement spécialisé, et puis après, on verrait. « Ça dépendra », disait Madeleine, et là-dedans, on voyait bien ce qu'elle incluait. Ça dépendrait du poids mort que représentait désormais Alfred. Un petit peu mort, moyennement mort, complètement mort, mais vivant tout de même, puisque son cœur battait. L'avenir du grabataire occupait le Dog Red de l'ouverture à la fermeture, et puis après aussi, dans l'arrière-boutique, là où Gilda enrageait de voir s'aligner des hypothèses qu'elle estimait sordides et calculatrices. Elle ne tenait pas le coup, se mettait dans tous ses états et rejoignait Madeleine dans l'hystérie. Mais Madeleine profitait de son avantage : « Commence par venir le voir, après tu pourras parler ! »

Car Gilda avait jusque-là refusé toute visite, la paralysie du grand-père la paralysait. Elle ne voulait rien savoir, rien penser, faisait l'autruche, se planquait derrière le comptoir. « Qui va tenir la caisse ? » Bon argument, sauf qu'hier Raymond avait tout prévu : Arlette, une copine de Madeleine la remplacerait. « Une fois, au moins une fois », avait supplié Raymond, avec l'espoir qu'une veillée au chevet du vieux apaiserait les esprits. Un peu honteuse d'elle-même, Gilda avait cédé.

« Je n'aurais pas dû », larmoyait-elle maintenant. Car le coup de grâce, elle l'avait reçu dans la chambre du CHU. Grand-père était devenu un corps rigide, sanglé dans une camisole de toile blanche. Sa bouche se déformait en un rictus permanent, de petites bulles de salive frisottaient sur ses lèvres, et il roulait des yeux effarés, des yeux qui cherchaient à comprendre. Tout le monde s'y attardait, s'y accrochait à ces deux billes mobiles, car il n'y avait pas d'autres signes de vie, sauf la main droite qui s'agitait en de dérisoires soubresauts, se cramponnait au drap comme s'il y avait quelque chose à creuser. Il y avait eu un moment terrible pour Gilda, celui des soins à donner. Les infirmières avaient laissé la porte entrouverte, et depuis le couloir, Gilda les avait vues, qui manipulaient grand-père comme un sac. Elle ne voulait pas regarder, ne voulait pas, mais était comme soudée à l'entrebâillement…

Par-dessus tout, il y avait eu Madeleine, glapissante d'une bonne humeur artificielle, qui toupillonnait autour du lit, harcelait toubibs et infirmières, n'en finissait plus de s'étendre sur ce maudit scanner qui révélait un crâne à petits trous. Elle voulait savoir, savoir à tout prix, ignorait les haussements d'épaules et les avis dubitatifs, les « faut attendre » et les « on ne sait jamais ». Elle voulait savoir : les séquelles. Irrémédiables ?

Et au retour, elle avait osé : « Je l'ai trouvé bien, papa. » Bien ? Il était foutu, oui ! Un pantin, désarticulé, décérébré ! Bien ? Gilda avait adoré son faux grand-père, les bonbons et les gâteaux en cachette, les cadeaux de Noël et la complicité clandestine avec papy. Elle avait aimé cette manière de toiser Madeleine quand elle ronchonnait : « Arrêtez de la pourrir, vous ne lui rendez pas service... » Bien sûr, la suite avait été moins rose, car le bonhomme était bourru et autoritaire. Il avait toujours raison, savait tout mieux que tout le monde, rangeait immanquablement les avis divergents dans la catégorie abrutis. Mais vivant, bordel, vivant ! Et cette fois, la dispute d'après l'hôpital avait dégénéré. Madeleine avait perdu tout contrôle d'elle-même, avait giflé sa fille adoptive, et Raymond s'était interposé de justesse pour éviter la réplique.

C'est ainsi que Gilda avait quitté le Dog Red, hurlante et vociférante, en jurant qu'elle ne remettrait plus jamais les pieds dans ce repaire de demeurés. Madeleine lui avait souhaité bon vent à sa façon. Elle n'était qu'une traînée, une putain, qu'elle aille donc retrouver son saltimbanque, son petit merdeux, ils allaient bien ensemble...

Tony l'avait ramassée en morceaux

– Je n'ai qu'à t'attendre dans la bagnole...

Hier soir, elle s'était juré de ne plus jamais revoir Otto, de ne plus se retrouver avec ce puzzle de chair atroce. Après le grand-père, ce défilé d'horreurs était au-dessus de ses forces. La décrépitude physique terrifiait Gilda.

– Ne recommence pas, s'il te plaît !

Ils avaient passé la nuit serrés l'un contre l'autre sur le matelas. Sans faire l'amour, et c'était à retenir, car c'était la première fois, mais il avait fini par lui arracher la promesse qu'elle l'accompagnerait à la maison du marais. Le temps de lui dire que le monde tournait désormais à l'envers pour eux deux, que c'était lui maintenant qui devait lui botter les fesses, et Gilda avait sombré dans un sommeil noyé de larmes. Lui n'avait pas très bien dormi. Il guettait chaque bruit, craignait qu'après ce souk familial le poussah de la gendarmerie ne vienne exiger des comptes.

– Que je sois là ou pas, ça changera rien, Tony !

– Allons, tu as promis…

Gilda n'était plus la même. Raisonnable, adulte, ordinaire pour tout dire. Comme si elle avait subitement grandi en une nuit. Anthony avait ses propres soucis, il ne se comprenait plus tellement. Pourquoi tenait-il tellement à revoir Otto-Frankenstein et Suzanne-Carabosse ? Il avait toujours traîné les pieds dans cette histoire, et maintenant que Gilda défaillait, plus rien ne l'obligeait, sauf que Tony se laissait ronger par la curiosité. Peut-être était-ce le marais justement, cette nature du bout du monde qui se noyait dans les eaux immobiles… mais il pressentait un mystère dans le destin de ce duo recroquevillé sur ses terres isolées. Il n'aurait pas su dire quoi, car il avait toujours été moqueur et incrédule, et le contraste était si fort, si prenant dans sa tête, qu'il n'en tirait que des pensées confuses. Mais c'était un fait : il voulait savoir, savoir ce que ces deux-là dissimulaient derrière leur masque de carnaval, savoir par exemple pourquoi Otto les menait en bateau. Car elle avait raison, Gilda, de se poser la question : Pourquoi Otto avait-il eu besoin de ces quarante-huit heures de délai…

– Comment veux-tu être normal dans un coin pareil, se lamenta Gilda. Quel cafard…

Elle tira la langue aux clebs déchaînés, Anthony devina la figure de cire derrière les rideaux de dentelle, et tous deux gravirent la butte à pas lents. Derrière, quelques troncs d'arbres faméliques tordaient leurs branches noires au-dessus des eaux, et des touffes de roseaux surnageaient, flottaient à la surface comme des cheveux de noyés.

« Ou alors, divagua Anthony, c'est le sortilège des marais. »

29

Otto Weber était d'humeur badine, comme quoi on peut danser sur ses propres ruines. Ça n'améliorait pas le massacre facial, ça le rendait même plus pathétique, mais l'Allemand traînait la patte avec légèreté, agitait son unique bras comme un fanion de 14 Juillet, et sa bouche déformée alignait deux ou trois rictus inédits censés imager l'allégresse.

– Je vous offre un petit café ?

– Volontiers, accepta Anthony avec un bel esprit de sacrifice.

Le jus dormait dans une cafetière jaune qui elle-même dormait sur le fourneau qui lui-même attendait son charbon. Tiédasse, clair à y voir au travers. Gilda bougonna un refus en clignant des yeux de chouette traînée de force en plein jour.

– Asseyez-vous, je vous en prie.

Otto secoua les chaises avec entrain, vira les envahisseurs à poils, cueillit tasses, soucoupes et cuillères avec cette habileté d'infirme que les valides admirent comme s'ils étaient au cirque, et ils se retrouvèrent autour de la toile cirée à carreaux rouges et verts.

– Sucre ?

– Oui.

Il ouvrit la boîte en fer de grand-mère, rouillée dans les coins, la fit glisser d'un coup de pouce vers Anthony.

– Ça commence à monter dur !

– Pardon ?

– L'eau, ça commence à monter.

Même sa respiration avait l'air de siffloter.

– Ah oui…

Il y a avait du changement. Rien de solide, rien de palpable, on n'avait pas repeint les murs de la baraque. Toujours les chats, les calendriers, le pavé usé, et toujours Suzanne. À sa place, dans son fauteuil en rotin avec Artmut sur les genoux. En entrant, Tony l'avait saluée, et elle l'avait transpercé d'une lueur fulgurante. Non, la nouveauté flottait dans l'air comme de la poussière. Quelqu'un jouait du plumeau : c'était Otto.

– J'ai eu du mal, vous savez, au début !

– Je m'en doute…

– J'en ai bavé, surtout après ça.

L'Allemand fit frissonner son moignon et les sourcils de Gilda se dressèrent en suspension. Tony ignora sa mimique excédée. Otto avait envie de bavarder, qu'est-ce qu'il pouvait y faire ? En plus, il ne croyait pas en la spontanéité de l'Allemand. Tout cela n'était ni gratuit, ni naturel. Il y avait une raison à cette attitude guillerette, et peut-être même que l'écouter était un prix à payer. D'ailleurs, ils n'avaient plus le choix, Otto était déjà dans son épopée.

– À mon retour de permission, le 9 ou le 10 juin, je ne me souviens plus très bien, c'était déjà un beau bordel… Caporal Otto Weber, sapeur dans le génie, affecté au 352e régiment de Saint-Lô. Et Saint-Lô, ce n'était pas la planque. « Capitale des ruines » qu'ils l'ont appelée, et ce n'était pas exagéré.

Bombardements, combats, offensives, retraites, Otto savait raconter son vécu. Le front qui part en miettes, la défaite, la débandade, Près de Carentan, à deux pas d'ici.

– Nous nous sommes retrouvés à une vingtaine de pauvres gars, planqués dans une grange, isolés, coupés de toutes liaisons avec notre régiment, enfin ce qu'il en restait. Au bout de trois jours, quand les Américains ont encerclé la grange, on s'est rendus tout de suite, sans *un* coup de feu. À quoi bon ? Tout était fichu.

– Vous deviez même plutôt être contents, hasarda Anthony.

– Je croyais l'être. J'étais sain et sauf, je m'étais sorti de l'enfer. En fait, je n'y étais pas encore entré. Et le pire, c'est que cette fois, personne ne m'a forcé. Mais voilà, j'étais prisonnier. Rien à foutre, rien à bouffer, parqués comme des bestiaux entre des barbelés. Ça vous rend très bête, ça vous vide la tête. Aussi, lorsque les Américains ont demandé des volontaires pour le déminage des plages, lesquels volontaires seraient mieux nourris et mieux traités, je me suis dit que je n'avais rien à perdre, qu'il ne pouvait rien m'arriver de pire. Et puis, j'étais sapeur, les explosifs, ça me connaissait. Très bête, je vous le dis… Vous voulez encore du café ?

Anthony posa la main sur la tasse. Non, il ne voulait plus de ce café de merde, se posait des tas de questions à propos de ce déballage, et en même temps finissait par s'y intéresser. Il épiait également Gilda du coin de l'œil. Elle rognait la crasse de la toile cirée à petits coups d'ongle, ruminait en silence, faisait son boulet. Jusqu'à quand ?

– Vous avez vu *Le Salaire de la peur* ?

– Ouais, fit Anthony, un vieux film, j'ai bien aimé.

– Eh bien moi, ça me fait rire. Dans les champs de mines, dès qu'il y avait danger, une mine pas nette comme ils disaient, les spécialistes de l'armée nous appelaient pour la dégager. Un boche de plus ou de moins, qu'est-ce que ça pouvait faire ? Près de deux mille prisonniers de guerre y sont passés. Un matin, mon tour est venu. Une saleté trop enfouie, qui ne voulait pas se laisser dégager. Nous étions deux dessus, et l'autre se prétendait un as du déminage. Un zélé qui avait oublié que la guerre était finie, qu'il avait PG inscrit dans le dos. Il m'a dit : « Laisse, je vais me la faire »… et il est parti en charpie. En même temps, il m'a sauvé la vie, il a fait écran… Enfin, en partie. À l'hôpital, personne ne donnait très cher de ma peau. Il y avait des paris sur moi parmi le personnel. Il crève, il crève pas… Mais ils m'ont sauvé, même s'ils n'ont pas fait dans la dentelle. J'avais un surnom là-bas : le Miraculé.

Où veut-il en venir ? s'interrogeait Anthony avec perplexité. Mais il n'était pas mal à l'aise, contemplait désormais le visage de Weber sans répulsion, comme un tableau abstrait. Peut-être était-ce d'avoir appris ce qui lui était arrivé.

– Je m'en suis sorti, mais les premiers mois, franchement, j'avais plutôt tendance à le regretter.

L'Allemand continuait à débiter avec sa diction de forgeron. Et han ! Et han ! Et han !… en cadence. Weber racontait qu'il n'était plus bon à grand-chose, qu'être un soldat allemand mutilé dans la campagne normande de 1946 offrait peu de débouchés. Sauf pour un vieux paysan qui l'avait embauché. Un type formidable, selon Weber, un ancien de 14-18. Salement gazé, mais que la grande boucherie avait rendu intelligent. Il était devenu anarchiste, pacifiste, n'en voulait qu'aux puissants. Pour lui, l'ex-caporal Weber n'était qu'une victime…

– Dans le village, c'était bien le seul, ricana Otto. Pour tous les autres, j'étais « le sale boche avec la sale gueule ». Raser les murs, ignorer les provocations et les insultes, ne pas traîner au bistrot. Être sourd, muet, et aveugle. En plus du reste. Il n'y avait que mon protecteur pour me défendre, il s'est d'ailleurs fâché avec un paquet de gens…

Pourquoi n'était-il pas retourné chez lui, dans ce cas ? Anthony posa la question tout en surveillant Gilda. Morne Plaine dessinait inlassablement ses arabesques de décrassage.

– J'y ai bien pensé, même si j'appréhendais de me présenter à la famille dans mon état. Je me suis forcé, j'ai écrit à mes parents, dans la Thuringe, en Allemagne de l'Est. Et dans sa réponse, mon père m'a déconseillé de rentrer en zone russe où la famille avait des ennuis. Il me demandait de rester en France, d'y refaire ma vie, que je serais plus heureux. Plus heureux, c'était presque drôle. Et puis, il y eut Suzanne. On se connaissait vaguement, des souvenirs nous rapprochaient, et surtout nous étions tous les deux rejetés. On s'est recueillis mutuellement, comme deux naufragés. Depuis, je fais du rab, et…

– Vous savez pourquoi nous sommes là, monsieur Weber ?

Morne Plaine se réveillait. Avec un sourire de griffeuse et le ton qui allait avec.

– J'ai ma petite idée, oui…

– Tant mieux, parce que je commençais à me le demander.

« Ça devait finir par arriver », se résigna Tony avec fatalisme.

Otto ne paraissait ni vexé, ni dépité, d'avoir été ainsi interrompu. Il se leva tranquillement, reposa la cafetière sur le fourneau, et se dirigea vers le buffet vitré.

– Et qu'est-ce qu'elle vous dit, votre petite idée ?

Un mot de travers, et Gilda se levait. On rentre.

– Un peu de patience… J'y arrive, fit Otto en fouillant dans un tiroir du buffet. Il revint avec une feuille de papier qu'il fit glisser sur la toile cirée. Le plan.

– Voilà la réponse à votre question.

30

Gilda tentait de comprendre sans s'affoler. Elle ne bougeait pas, assise sur la chaise, calée contre le dossier, pieds bien à plat sur le pavé. Et tout tournait autour d'elle, et à toute vitesse, comme dans une chenille de foire.

– Vous êtes sûr ?

– Certain.

… Disait la voix. L'Allemand et Tony tournaient aussi. Comme la vieille, les chats, le fourneau, les calendriers, le buffet. Tout tournait, et personne ne bougeait. C'était insensé.

– Et c'est là… Comment avez-vous dit déjà ?

– Dans le bois de Tarent.

Les mots étaient lointains, mais distincts, nets et détachés. L'Allemand ne lui faisait même plus horreur, elle le distinguait dans un désordre, un fouillis de peau qui foirait du front au menton. Et il se tenait droit, l'Allemand, buste tendu vers l'arrière, comme un cavalier, avec un doigt sur le plan.

– Et vous pourriez vous y retrouver ?

D'Anthony, elle ne devinait pratiquement que la tignasse sombre que ses mains fourrageaient sans arrêt. Lui, par contre, il était penché, avachi sur la toile cirée, comme quelqu'un qui a oublié ses lunettes.

– Sans problème, répondait l'Allemand.

Cela faisait dix fois au moins qu'il répétait « sans problème ». Qu'il accumulait des précisions, des détails qui l'assommaient. Gilda crispa ses doigts sur le rebord de la table, s'agrippa à la toile cirée. Le manège prenait de plus en plus de la vitesse, tournait frénétiquement dans la tête de Gilda. Qu'est-ce qu'il avait dit avant, l'Allemand ?

Il avait dit : « Le plan a nettoyé la mémoire. » Et la mémoire avait déblayé d'anciens souterrains du siècle dernier creusés à partir du château où le lieutenant-colonel Schlossgrün avait installé son QG. L'armée allemande les avait aménagés et consolidés pour leur propre usage, avait continué à creuser surtout, et les antiques boyaux hors d'usage étaient devenus de gros tunnels solidement étayés. Ils communiquaient entre eux, rejoignaient parfois les blockhaus de la pointe du Roof. Le plus important, avait certifié Otto Weber, courait jusqu'à la mer, jusqu'au bunker 6, desservait en même temps quatre abris souterrains où étaient stockés munitions et fûts de carburant. Et c'est dans l'une de ces cavités que les caisses d'Aurigny avaient été entreposées à la hâte. Mais aujourd'hui, tout était bouché, enfoui, englouti. Plus d'entrée, plus de sortie. Quant au bunker 6, il était devenu invisible.

– Tu te rends compte ?

Tony se tournait vers elle, son visage se rapprochait, et ses traits grossissaient, s'étiraient, se creusaient comme à travers une glace déformante.

– N'oubliez pas Huguette et Marguerite, chantonnait la figurine de cire dans son fauteuil en rotin.

– Il faut se rendre sur place, disait tranquillement l'Allemand. Tout d'abord le puits, et après le souterrain. Et si la voie est libre, pas de problème…

– Tu te rends compte ?

Gilda voulut résister au vertige, aux nausées qui l'envahissaient. Qu'est-ce qu'il avait dit avant, l'Allemand ?

Il avait dit : « Un éclair, j'ai eu un éclair en étudiant le plan de plus près. » À mi-chemin entre le château et le bunker 6, une issue de secours avait été percée, qui débouchait à la verticale dans le souterrain. Weber se souvenait des ordres de Schlossgrün qui avait choisi d'entreproser la cargaison d'Aurigny au plus près du puits afin de l'évacuer au plus vite en cas d'alerte, se souvenait également de l'échelle métallique, de la dalle de ciment recouverte de végétation, camouflée dans un sous-bois : « grande comme une bouche d'égout ».

– Et vous pensez réellement la retrouver ?

Il était en caoutchouc, Tony, il se déformait… Qu'est-ce qu'il foutait ?

– Si elle existe toujours, sans problème…

Tout tournait, tout se répétait. Gilda avait la nausée.

– Tu te rends compte ?

Les lèvres de Tony frôlaient ses yeux, sa joue, sa bouche. Son sourire était niais, lui faisait une bille de clown.

– Arrête, Tony, j'ai mal au cœur…

– Je suis sur le cul, riait-il, pas toi ?

Elle n'était sur nulle part. Le manège, il fallait l'arrêter, elle était malade. Gilda s'arc-bouta brusquement contre la table, se leva péniblement, comme si elle soulevait un poids.

– Je vais vomir, gémit-elle.

Gilda tituba à grande vitesse vers la sortie, donna un coup de genou dans le fauteuil en rotin, s'excusa sans s'arrêter auprès de Suzanne dont les lèvres de momie s'animèrent mécaniquement :

– N'oubliez pas Huguette et Marguerite.

31

– Là, c'est bien, décréta Otto. Maintenant, faut continuer à pied.

Ils n'avaient pas le choix. La Taunus avait cahoté dans un sentier d'Indien qu'une voûte de branchages entremêlés plongeait dans les ténèbres, et maintenant, elle butait sur un mur de broussailles. Anthony coupa le contact, les balais d'essuie-glace s'arrêtèrent à la verticale, et de grosses gouttes d'eau, de vraies flaques, martelèrent le pare-brise. La voûte ne retenait plus rien, était plus saturée qu'une éponge. Il pleuvait depuis deux jours et trois nuits sans interruption.

– C'est loin ? interrogea Gilda.

Otto ouvrit la portière, descendit sans répondre, et Tony quitta des yeux l'Allemand qui contournait la Taunus, se retourna vers le siège arrière. Gilda nouait avec application la cordelette de son chapeau. Un bibi de pêcheur à large bord qui se mariait avec son caban et ses bottes écarlates. Elle s'était faite Petit Chaperon rouge pour courir dans les bois.

– C'est parti ! claironna-t-elle joyeusement.

– Attends d'y être…

– Allez, Tony !

Ils formaient un duo de vases communicants. Quand le moral de l'un dégringolait, le moral de l'autre se regonflait. Encore que Gilda avait un psychisme de kangourou, elle rebondissait dix fois par jour. Fallait suivre. Là, elle était gonflée à bloc, prête à retourner cinq hectares de terre à la bêche. La faute en revenait à Madeleine. Toujours elle. Le Dog Red était au seuil d'une révolution culturelle que sa mère adoptive drivait d'une main de fer. On préparait le retour du grand-père handicapé, avec infirmière, garde-malade et horaires adaptés, Raymond avait donné son préavis à sa boîte, le court de tennis était commandé, et la construction d'une demi-douzaine de bungalows supplémentaires pour la prochaine saison se programmait. Nonobstant quoi, Gilda bénéficiait d'une paix royale, découchait en pleine liberté. Ils ne se quittaient pratiquement plus. Sauf que, hier soir, une Madeleine étonnamment mieilleuse et conciliante avait resserré les boulons. L'avenir du Dog Red s'annonçait à la fois prometteur, laborieux et compliqué, et tout le monde allait devoir y mettre du sien dans la prospérité. « Va falloir que tu nous donnes un gros coup de main ! » avait doucement asséné Madeleine, et Gilda, qui avait vraiment grandi, s'était montrée impeccable de diplomatie, n'avait pas bougé d'une oreille.

Anthony avait subi l'averse dans la foulée : « Tu vois bien qu'il est temps de se tirer. Et vite, très vite. Ou alors, je vais la tuer ! »

Pour la fuite, il était d'accord. D'autant que le chantier s'achevait, que cet enfoiré d'entrepreur ne lui filait plus que quelques billets par-ci, par-là pour de menus boulots de déblayeur. Dans deux semaines tout au plus, c'était râpé, prière de déménager. Avec Gilda ?

Pour elle, la question ne se posait même plus. Mineure ou pas, personne ne leur ferait de misère, et surtout pas l'ennemi public N° 1, pépé le grabataire. N'avait plus son mot à dire. Quant à Madeleine et Raymond, Gilda les décrivait de plus en plus obsédés par les billets de la Banque de France. Ils capituleraient vite fait, larmoieraient un peu pour la galerie. Mais dans l'intimité, ce serait bon débarras.

Avec Gilda donc. À l'aventure, et sans un rond. Mais qu'est-ce que tu en sais ? Anthony ne se fustigeait plus qu'en petit comité, c'est-à-dire qu'avec lui-même. Les révélations de l'Allemand dataient de quatre jours, et Gilda s'était remise du choc en moins d'une heure. Depuis, elle voguait à pleines voiles vers son Eldorado, et dès qu'il tentait de ralentir l'allure, il se faisait durement jeter à fond de cale : n'avait-elle pas eu raison depuis le début ? Et lui tort, par conséquent. Et Otto ? Avait-il l'air d'un plaisantin ? Et même s'il n'y avait au bout rien d'autre qu'une montagne de terre, qu'un océan de débris inaccessibles, qu'est-ce qu'on risquait ? Reculer maintenant serait incompréhensible, la pire des conneries. Voilà, en gros, ce que Gilda distribuait en boucle, et comme Anthony n'avait pas trop d'arguments valables à faire valoir, il se taisait.

Car, après un court instant d'euphorie, Tony était redevenu le vase descendant. Otto n'était certes pas un rigolo, les grands défigurés le sont rarement. Ils l'avaient revu à deux reprises durant ces quatre jours, avaient consacré plusieurs heures à leur expédition, et plusieurs détails de comportement s'obstinaient à troubler la quiétude d'Anthony, surtout quand il les mettait bout à bout. Sain de corps, Otto ne l'était pas, c'était acquis. Et d'esprit ? Anthony se torturait les méninges à ce sujet. En plus, il avait menti : son déclic sur le plan et le bunker 6, il l'avait eu tout de suite, telle était la conviction d'Anthony. L'Allemand s'était souvenu du puits de secours dans l'instant, n'en avait rien dit, avait attendu quarante-huit heures avant de se décider à en parler. Et enfin, il y avait Suzanne, qui lui filait toujours la chair de poule, et qui à chaque visite entonnait la lancinante mélodie de ses deux frangines. Dans la voiture, ce matin, Tony avait fini par poser brutalement la question : Que voulait-elle dire, Suzanne, avec son « n'oubliez pas Huguette et Marguerite » ? Loin d'être pris au dépourvu, Otto avait sereinement livré sa réponse, ou plutôt la rumeur qui avait longtemps couru dans le village de Vollaville, laquelle prétendait que, au soir du 5 juin 1944, les deux sœurs de Suzanne Métayer avaient rejoint leurs amants dans l'un des blockhaus de la pointe du Roof, y avaient passé la nuit, s'étaient retrouvées coincées par le Débarquement allié. « On a même prétendu qu'elles avaient fait le coup de feu contre les troupes américaines ! Des bêtises… » N'empêche que plus personne ne les avait revues, et Suzanne, qui avait totalement perdu la notion du temps, les croyait toujours vivantes, réfugiées dans un bunker. Elle s'inquiétait pour elles, lui demandait sans cesse de leurs nouvelles. Et il la rassurait, inventait, assurait qu'elles allaient bien, mais qu'elles ne pouvaient pas sortir…

« Ce soir, avait conclu Otto, je vais sûrement encore en rajouter. Je mens, mais ça lui fait tellement de bien… »

Perturbé, Anthony. Assailli de pensées contradictoires. Mais Gilda avait raison, qu'est-ce qu'ils risquaient ? La déception. Pour elle surtout, qui se voyait déjà à la Jamaïque, prenant le soleil sur ses lingots. Pourquoi la Jamaïque ? Pour le reggae et Bob Marley, même enterré. Une gamine, il était tombé amoureux d'une gamine. Jusqu'à quand ? Il bottait lâchement en touche.

Mais d'abord, en finir avec cette mascarade de scout…

Philosophe, Anthony. Il sortit enfin de sa caisse, sentit sous la semelle de ses bottes en caoutchouc un tapis boueux de feuilles mortes. Il remonta la fermeture Éclair de son anorak jusqu'au menton, ajusta son bonnet de laine sur son crâne, rejoignit Gilda et Otto qui l'attendaient devant le coffre ouvert.

– On ne va pas tout prendre, annonça l'Allemand.

Encore une chance ! La Taunus n'était pas montée jusqu'à la maison des marais, ce matin. Le déluge avait accéléré la montée des eaux : chaussée inondée. Et c'est Otto qui les avait rejoints avec sa « plate », en poussant sur sa perche, avec son bras d'un côté, et son moignon de l'autre. Dans le fond de la barque, gisait un outillage d'usine : poste à souder et chalumeau, pelles et pioches, masses et massettes, pinces coupantes, tenailles géantes, torches ultra-puissantes, et même une échelle pliante…

– La masse, les pinces, les gants de chantier…

Otto commentait son choix en remplissant les sacs à dos qu'Anthony tenait ouverts : le lourd pour Anthony, le léger pour Gilda, et pour Otto le manchot-patte folle, les bricoles.

– C'est par où ? interrogea Gilda.

– De ce côté. Nord-est, c'est bon, j'ai la mer dans le dos. Mais va falloir chercher, se montrer patient, ne pas s'énerver…

Anthony jeta un œil atterré vers la direction à prendre. Un maquis de broussailles, arbustes, ronces, épines en tout genre.

– On ne va pas au hasard, au moins ?

Otto ne lui accorda même pas un regard.

– Je passe devant ! annonça-t-il en agitant la serpe qu'il tenait à la main, je vais tailler là-dedans.

– Au moins, on se sera bien amusés !

Gilda pataugeait joyeusement dans les feuilles mortes.

– Tu parles ! On va en baver, oui !

Elle se colla à lui en riant, lui mordilla l'oreille.

– En route pour le tunnel au trésor.

Tony referma le coffre de sa Taunus avec résignation. Le ciel était toujours de cendre, et la flotte toujours lourde et gluante…

Une heure vingt. Anthony fixait sa montre toutes les cinq minutes. Ils erraient, tournaient, zigzaguaient depuis une heure vingt. Parfois même, ils revenaient sur leurs pas. Telle était du moins son impression. Otto était toujours éclaireur, maniait la serpe, fendait les fougères, humait les grottes feuillues et les troncs d'arbres enchevêtrés, mais il ne disait plus rien, haletait comme un soufflet de forge, progressait en crabe, avec une épaule à la traîne, se laissait gifler par les branchages. « Tête à claque », rumina Tony. Pour passer le temps, Otto avait narré tout à l'heure la sombre bataille du bois de Tarrent où Allemands et Américains s'étaient affrontés durant plus d'une semaine. Une sale guerre d'égorgeurs, un cache-cache mortel avec pièges et traîtrises, qui avait laissé des dizaines de corps se décomposer sur place. La forêt avait longtemps senti le cadavre…

Tony remonta les courroies de son sac, cette saloperie lui cisaillait le dos. Il détestait cet univers clos et étouffant, sans air, sans horizon, sans lumière, cette nature moite et pourrissante aux senteurs fétides. Les morts dataient peut-être de cinquante ans, mais ça sentait toujours le mort tout de même.

– On est paumés ? interrogea Gilda avec inquiétude.

Chaperon rouge faisait maintenant grise mine sous son galure.

Otto fit non de la tête, s'arrêta quelques secondes comme sous le coup d'une hésitation, puis se pressa brusquement, écarta les ronces, les lianes, les branches à pleines mains, écrasa tout ce qui se trouvait sous sa semelle, disparut dans un taillis comme s'il avait été happé.

– Nous y sommes, entendit Tony.

Une cuvette. Ils étaient au bord d'une cuvette en pente douce. À part ça, tout était comme le reste. Jungle de minus, végétation en paquets. Touffue, serrée, tranquille depuis des dizaines d'années.

– C'est grand, fit Gilda un peu dépitée, comment on va trouver ?

– Tu t'attendais à quoi ? À un panneau indicateur ?

Anthony observait Otto. Il souriait. Son morceau de lèvre supérieure se retroussait, donc il souriait.

– Autant que je m'en souvienne, avança Weber, l'ouverture se situe au fond, un peu déportée sur le côté.

– Qu'est-ce qu'on fait maintenant ?

Anthony s'en voulut de frissonner. Mais il n'y avait rien à faire, l'excitation le grignotait.

– Il est à peine deux heures, on a le temps de s'y mettre, mais pas question de bosser au hasard. Donnez-moi vos sacs, je vais vous dire comment on va s'y prendre…

Briefing du caporal. Ils étaient trois, ils allaient donc se placer en triangle sur les bords de la cuvette, se délimiter un périmètre. Ils dégageaient le gros de la verdure, raclaient, nettoyaient toute cette saleté en épaisseur, et ensuite ils sondaient le sol avec leurs manches de pelle et de pioche. Un revêtement de béton, même cinquante ans après, ne résonnait pas comme pas un tapis de mousse.

– « Bien, chef ! » déclama comiquement Gilda.

Elle était redevenue subitement calme, déterminée, avec des gestes posés. Comme si l'invraisemblable entrait dans l'ordre normal des choses. Elle ôta son chapeau et sa cape de Chaperon rouge, se retrouva en blouson de cuir à col fourrure, s'empara de son outil, dévala la pente à petits pas cramponnés, décida de se positionner sur la gauche. Ils ne l'avaient pas encore rejointe qu'elle commençait déjà à sonder le sol à grands coups de manche, à piler le riz du bois de Tarrent.

Deux heures, trois heures, trois heures dix, trois heures vingt. Anthony regardait sa montre, dévastait néanmoins la nature avec application. Il en était à trois petits mètres carrés, mieux qu'Otto tout de même, qui ramait avec son handicap. Gilda avait démarré comme un dragster, mais maintenant, elle ralentissait, soufflait comme un bœuf…

Quatre heures moins vingt.

– Je crois que…

Gilda avait une petite voix. Tony et Otto levèrent la tête en chœur, écoutèrent Gilda faire « dong, dong » avec son bâton. Tony fonça dans la pente comme sur un anneau de vitesse, Otto clopina comme il put, faillit s'étaler, prendre un coup de pelle de Gilda qui chassait frénétiquement terre, mousse, lierre…

– C'est elle, proclama l'Allemand.

Gilda se mit à genoux. Vu du dessus, elle ressemblait à un balai-brosse sorti du seau. Il tombait toujours des cordes, les gouttes faisaient un bruit sourd en se cognant aux feuilles. Gilda gratta la dalle verdâtre avec ses mains, rejeta la boue par paquets.

On ne pouvait plus l'arrêter.

32

La dalle était à leurs pieds, et ils se tenaient debout, recueillis comme autour d'une tombe. Tony et Gilda se regardaient en silence, Otto se passionnait pour un ver de terre blanchâtre qui se tortillait désespérément autour d'une des deux poignées rouillées.

« Le premier qui parle va sortir une connerie », prophétisa Anthony.

– On essaie ?

Gilda, de sa petite voix fluette. Ce n'était pas une connerie.

– On est là pour ça, approuva Otto.

Ils s'agenouillèrent, rompirent le cercle magique. Les deux mains d'Anthony sur une poignée, les trois mains de Gilda-Otto sur l'autre. Et le ver de terre en vol plané.

– À trois, décida l'Allemand. Un, deux, trois… Ho ! Un, deux, trois… Ho ! Un, deux, trois… Ho !

– Mon cul, oui ! jura Anthony.

– Mais pourquoi tu ne bouges pas ? supplia Gilda en tapant du poing sur la dalle.

– Un peu tout de même, je la sens… Allez, on recommence… Un, deux, trois… Ho ! Un, deux, trois… Ho !

L'Allemand avait un moral d'acier.

– Saloperie de saloperie ! râla Anthony, qui s'énervait, tirait sur la poignée comme un forcené.

– Ça ne sert à rien ! Il y a un truc qui retient derrière, c'est pas possible ! Une serrure, une manette, ou un volant, comme dans les sous-marins !

– Non, il n'y avait rien, juste le poids. Ce n'était qu'une sortie de secours camouflée. Elle est simplement coincée. Après tout ce temps, c'est normal…

– On ne va pas laisser tomber maintenant, quand même !

Terrassée par l'injustice, Gilda s'était affalée sur la mousse, se frappait les cuisses avec désespoir.

– Mais qu'est-ce que tu veux qu'on fasse, merde !

Tony était crevé, trempé, saturé. Marre de jouer au gai laboureur et au chercheur de trésor. En plus, il avait faim, il crevait de faim. Du matos plein le coffre, et même pas un sandwich…

– Avec ça, on va y arriver.

Ils ne l'avaient pas vu partir, mais Otto revenait avec la barre à mine et la masse de quatre kilos qui avait scié le dos d'Anthony. Lui, il était calme. Et positif.

– On dégage le pourtour, on glisse la barre dans les interstices… Regardez, là, il y a un moyen de l'enfoncer. Un coup de masse, et après, on fait levier.

L'opération prit dix minutes. Et la dalle bascula, sombra dans le fond de la cuvette avec un gros flop.

Trou noir.

– La voie est libre, triompha Otto d'une voix cassée par l'effort.

Tony pensa : « c'est incroyable… Après cinquante ans… C'est incroyable… » et Gilda fouilla fiévreusement dans son sac : les torches électriques, bordel ! Les torches, vite, vite !

Le trou noir s'illumina. Un cylindre de béton gris, visqueux, peu ragoûtant, un escalier métallique collé à la paroi, rongé par la rouille, trop rongé peut-être…

– Vous croyez qu'il tiendra ? interrogea Tony.

– Sûrement, vous n'êtes pas très lourds… Mais on peut attendre demain si vous préférez, ça suffit peut-être pour aujourd'hui…

– Demain ! Mais pourquoi ? On a le temps d'y faire un tour… hein, Tony ?

Tony contemplait l'Allemand. Il souriait encore avec son petit bout de lèvre retroussé, comme s'il avait été certain de la réaction de Gilda.

– Je sais pas… Il a peut-être raison. On se précipite trop, et j'ai pas envie d'improviser. On se repose, on réfléchit, on digère sans s'affoler, et…

– Tu déconnes !

– C'est comme vous voulez…

– Et vous ? demanda Tony.

Otto tapota son moignon, sa jambe atrophiée.

– Moi, je ne peux rien faire, vous me voyez descendre là-dedans ? Je vous attends.

– Juste un tour, un petit tour !

Gilda trépignait. Danse du scalp autour du trou.

– D'ac ! admit Tony.

– Vous avez une petite heure, pas plus. Il faut revenir à la voiture avant la nuit. Tenez…

L'Allemand lui tendait l'extrémité d'une pelote de ficelle.

– Pourquoi faire ?

– Nouez-là à votre ceinture, et moi, je déroulerai. Comme ça, vous ne risquez pas de vous perdre…

– Pourquoi, c'est le labyrinthe là-dessous ?

– Pas vraiment, mais... De toute manière, vous restez dans la galerie principale, c'est elle qui débouche sur les entrepôts.

– Vous pensez à tout, vous !

Gilda arrimait son galurin de pêcheur sur sa tête blonde.

– Tu remets ce truc-là ?

– Il doit y avoir plein de bêtes, des araignées...

– Et même des rats, des gros !

– M'en fous, le défia bravement Gilda... M'en fous, ça vaut le coup !

Fort Boyard. Il avait oublié. Tony enfila ses gants, enroula la courroie de la torche autour de son poignet, assura sa prise. En finir, en finir avec cette crétinerie... Mais il ne doutait plus avec la même conviction. Les fissures étaient nées avec les confidences d'Otto Weber, et elles ne cessaient plus de s'aggraver. Il avait beau lutter, se vouloir raisonnable et rationnel, son scepticisme battait continuellement en retraite. Cette histoire était folle, Gilda était folle, Weber, ma foi... il doutait. En gros, il s'estimait le seul équilibré. Seulement, le souterrain était sous ses pieds. Et après ? Là-dessous, ils ne trouveraient rien. À moins que...

Anthony doutait de ses doutes.

– Je passe devant, décida-t-il d'autorité.

L'homme, évidemment. Le mâle, le fort, le malin. Le pigeon.

Quatre mètres d'échelle. Glissante, gluante, répugnante. Tony atterrit sur un sol poisseux, éclaira la galerie. Pas de gravats, pas de chaos, pas de bordel. Du béton gris à l'infini, des plaques de moisissure, des filets d'eau qui suintaient, une porte blindée ouverte, rouillée, plaquée contre le mur, avec ses rivets ronds et aplatis. Et dans le faisceau de la lampe, le vide d'un couloir désert, sans le moindre obstacle. Tony tira un peu sur sa ficelle, s'en voulut d'avoir une telle trouille au ventre…

– Ça va ? appela Gilda.

– Ça va. C'est dégueulasse, mais ça va.

– J'arrive !

Trente secondes plus tard, les petites bottes rouges apparurent au bas de l'échelle.

– T'as raison, c'est dégueulasse.

– Excuse, le ménage n'a pas été fait.

– T'es d'un drôle !

Les voix qui tintent comme dans une église. Tony leva la tête, le ciel tenait dans un cercle.

– Qu'est-ce qu'il fait là-haut ?

– Rien, il s'est roulé une cigarette, c'est dingue comment il s'y prend…

– Ouais.

Gilda se serra contre Anthony. Elle chercha sa main, tandis que sa lampe balayait l'espace en d'incessants allers et retours.

– Dis donc, ça a l'air immense !

– T'as pas trop peur ?

– Pas avec toi.

L'homme derechef. Ça fait toujours plaisir.

Le couple des catacombes se mit en route. Lentement, à pas hésitants. Gilda plaisantait sur la crasse et les fantômes, mais son petit rire aigrelet ne lui ressemblait pas. Tony se concentrait, tentait de ne pas se laisser impressionner par l'ambiance morbide. La galerie filait tout droit, et il n'y avait rien d'autre à voir qu'une saleté putréfiée qui rampait comme une ombre sous la lumière tremblotante des lampes... Rien d'autre à entendre que leurs propres voix instinctivement chuchotées, qui rebondissaient dans l'abîme avec des éclats métalliques... Rien d'autre à respirer que ces effluves faisandés qui croupissaient depuis tant d'années. Le tunnel avait une haleine de chacal...

– Là, fit Gilda.

Une ouverture sur la gauche. Un boyau de terre étayé par des poutrelles vermoulues. Pas question de s'y aventurer. « Vous ne quittez pas la galerie principale », avait recommandé Weber.

Plus loin, sur la droite, une porte blindée. Rouillée, fermée. Tony tenta en vain d'actionner le levier. Verrouillée.

– Qu'est-ce que ça veut dire ? interrogea Gilda.

Sa lampe éclairait l'inscription au-dessus : « Gott mit uns ».

– Dieu avec nous, je crois...

– Eh bien, il les a bien laissés tomber !

Anthony se retourna. Ils avaient parcouru quatre-vingt, cent mètres peut-être. Pas plus... Mais merde ! Ça suffisait. Il ne se sentait pas très bien. Oppressé, poitrine serrée, il avait la sensation d'étouffer. L'odeur sans doute, l'odeur infecte d'un monde en décomposition... Otto avait raison, mieux valait revenir demain.

– On arrête, décida-t-il.

– Mais pourquoi ? On a encore un peu de temps...

Gilda était bien plus assurée que lui maintenant. Pas surprenant. Elle se familiarisait avec l'environnement, redevenait fonceuse, curieuse, balançait ses appréhensions aux orties.

– Tu vois bien que nous ne sommes pas équipés ! Toutes les portes vont êtres bouclées, il nous faut du matériel, des pinces, enfin, des trucs comme ça…

– Viens voir, chéri, viens voir !

Elle ne l'avait même pas écouté, avait pris une quinzaine de mètres d'avance.

– Quoi ?

– Eh bien, regarde !

Nouvelle porte blindée. À glissières. Mais entrouverte. Pas beaucoup, à peine trente centimètres. Et derrière, des caisses, des dizaines de caisses bien rangées, empilées les unes sur les autres parfois jusqu'au plafond, tapissées de poussière, quadrillées d'énormes toiles d'araignée.

– C'est ça, hein, Tony ? C'est ça ?

Sa voix chevrotait, comme si elle allait se mettre à pleurer.

– J'en sais rien, mais c'est sûrement l'un des entrepôts dont parlait Weber.

Gilda se pressa contre la porte, glissa son visage dans l'ouverture, tendit son bras, balaya la salle avec la lampe. Des caisses, rien que des caisses. Certaines portant l'aigle du IIIe Reich, et d'autres la croix gammée.

– On y va ?

– T'es folle ! On ne peut pas passer.

Tony se tenait en retrait, tentait de déchiffrer une autre inscription au dessus de la porte : « Achtung ! Lebensgefahr… »

– Comment ça, on ne peut passer, dis que je suis trop grosse pendant que tu y es !

– Attends, je te dis !

– Tiens, regarde, comme une fleur !

Une jambe, la moitié du buste. Tony la tira brutalement en arrière.

– Mais arrête, t'es con ou quoi ? Tu me fais mal.

– *Achtung, Lebensgefahr*, articula-t-il.

– Quoi ?

Gilda l'éblouissait avec sa lampe, le fixait avec ahurissement.

– Là. Tu lis ?

Lumière sur l'inscription.

– Oui, et alors ?

Toujours ahurie.

– *Achtung…*

– Quoi, *Achtung* ? Tout le monde comprend…

De plus en plus ahurie.

– D'accord, mais lebensmachin, tu comprends, toi ?

– Bien sûr que non ! Mais qu'est-ce que ça peut foutre ?

– Il y a peut-être un danger…

– Quel danger ? T'es malade, ça fait cinquante ans !

– Ce n'est pas une raison…

– Une raison pour quoi ? Tony ! Les caisses sont là, on peut tout de même jeter un œil, au moins sur celles-là.

– Je vais demander à Weber.

– Weber ! Mais pour quoi faire ?

Elle le prenait pour un demeuré. C'était Gilda. On l'empêchait d'agir à sa guise, elle se butait. On avait tort, on ne comprenait rien, on était débile. Point barre. Changement de stratégie. Il lui prit la main, croisa ses doigts avec les siens.

– Fais-moi plaisir. On en a pour deux minutes. On lui demande, et on revient…

– Vas-y, toi ! Je t'attends.

Tony soupira. Ils allaient trouver le moyen de s'engueuler. Ici ! C'était grotesque. Et elle n'avait pas tort, cela faisait cinquante ans que la guerre moisissait dans ce trou à rats…

– Tu m'attends, sûr ?

Il hésitait encore. Ce n'étaient que des caisses après tout, mais ce *Lebensgefahr* lui trottait dans la tête…

– Penses-tu ! Je vais aller me balader, tu as vu le coin ? Super… Je vais peut-être tomber sur un beau mec, un squelette en uniforme, par exemple !

Elle était comme chez elle, maintenant dans ce tunnel sinistre. Et elle se marrait, se fichait ouvertement de lui. Son attitude le décida. Elle était irresponsable. Pas lui.

– Je reviens.

Anthony rebroussa chemin, se retint de courir jusqu'au puits. Ses bottes glissaient sur le ciment humide, il s'emmêlait les pieds dans la ficelle.

Le trou. Toujours ouvert. Le ciel. Encore plus sombre.

– Weber ! Weber ! Ohoh, Weber !

Pas de réponse, pas de visage rafistolé au-dessus du trou. Qu'est-ce qu'il fabrique, cet abruti ? Mains en porte-voix, Tony poussa au maximum ces cordes vocales :

– Oh, Weber ! Vous m'entendez ?

Rien. Il tira sur la ficelle. Tu vas répondre, tête d'empaillé, dis, tu vas répondre ! Pourquoi était-il aussi surexcité ? Je ne sais pas, aucune idée, mais je n'aime pas ce qui se passe, depuis le début, je n'aime pas… Et cette ficelle, molle, toujours molle, putain, il y en a deux kilomètres !

… Et la ficelle tomba à ses pieds.

Plus personne là-haut. L'effarement lui vida le cerveau. Il était là, avec son morceau de chanvre à la main et son cerveau en pleine débandade. « Comprends pas », se disait Anthony, c'est tout ce qu'il était capable de penser, mais trois secondes plus tard, l'angoisse s'invita. Rampante, presque servile. L'Allemand s'était barré, mais pourquoi s'était-il barré, l'Allemand ?

– Tony, ouh, ouh…

L'appel de Gilda cogna dans sa tête. Sa voix était à la fois un peu étouffée et un peu ravivée par l'écho, mais c'était un cri vif, joyeux, un cri d'enfant qui joue à cache-cache. Enfin, c'était la voix de Gilda.

Gilda ! Tony courait maintenant. Enfin, il essayait, patinait avec ses bottes. Il avait peur ! Il ne savait ni de quoi, ni pourquoi, mais il avait peur… Comme on a peur au cinéma, dans un film d'épouvante rempli de maléfices, sortilèges et sorcelleries, quand le héros s'égare, se heurte à des zombies dans des couloirs déserts… Enfin, avec des trucs qui n'existent pas dans la vie, la vraie vie…

Gilda ! Tony courait toujours, gueulait, suffoquait. Et son cerveau se remplissait. Ils s'étaient fait piéger, voilà ! Otto les avait bluffés, manipulés, mais non, c'était complètement con ! Pour quelle raison ? Peut-être qu'il est simplement parti pisser, Weber, ou alors, il a eu un malaise ! C'est ça, il n'a pas une santé de fer, c'est le moins qu'on puisse dire, il a trop forcé, cette marche, bien sûr, ce n'était pas pour lui… Et il est malade, évanoui, les bras en croix, mort peut-être, une crise cardiaque, pourquoi pas ?

– Gilda !

Mais où est-elle ?

– Par ici, chéri, je visite…

Elle est entrée ! Il a fallu qu'elle entre !

– Ne bouge pas, tu m'entends, ne bouge pas !

Trop tard. Elle se baladait, comptabilisait, caressait les caisses d'un gant de propriétaire…

– Reviens, bordel de merde !

Anthony s'affolait. Il avait passé la tête dans l'entrebâillement, agitait sa torche comme un fanal, donnait de grands coups dans la porte blindée avec l'autre main posée à plat.

– T'énerve pas, Tony, rejoins-moi plutôt…

– Il n'est plus là !

– Qui ?

– Weber, ce n'est pas normal, ça sent pas bon, cette histoire, Gilda.

– Qu'est-ce que tu racontes ?

Qu'est-ce qu'elle foutait ? Elle avait posé la lampe, s'apprêtait à soulever une caisse marquée de la « swastika »…

– Ce doit être lourd…

– Laisse tomber, Gilda, s'il te plaît. On verra plus tard…

Il ne criait même plus, se sentait terriblement las et terriblement confus. De quoi avait-il peur finalement ? Concrètement ? De l'autre débris qui leur avait fait faux bond, d'une bordée de caisses qui croupissaient, d'un souterrain tombé dans l'oubli. Pourquoi s'affoler ? C'était risible. Putain ! cette fille le rendait dingue, voilà la vérité. Elle le rendait dingue, parano, hystérique… Il n'était plus lui-même.

– Qu'est-ce qu'il peut y avoir là-dedans ? haleta Gilda.

Elle s'était couchée sur une caisse, les bras en tenaille de chaque côté, tentait de la décoller.

– Des armes, des munitions, je sais pas, moi… Mais faut tout de même faire gaffe, prévint Anthony.

– Non, celle-là… Celle en dessous. Elle n'est pas comme les autres, si ça se fait…

Anthony soupira, se glissa dans l'entrebâillement de la porte blindée.

– Attends, j'arrive.

Il avait toujours eu de la chance. Même dans ses emmerdements, il s'en tirait, passait entre les gouttes…

– Ça y est, j'y arrive, triompha Gilda.

La caisse bougeait, frissonnait sur sa base.

Un fion d'enfer…

Pas cette fois, Tony, pas cette fois.

Et la terre explosa.

33

Otto rapprocha sa chaise du fauteuil en rotin, colla ses jambes jointes contre la couverture où Artmut le gris paressait avec indifférence. Il prit la main de Suzanne, la posa sur son genou, et tout en parlant, la caressa avec délicatesse, frôla d'un doigt léger les veines bleutées qui gonflaient la peau décharnée…

– Tu vois, dit Otto, il a fini par payer. Maintenant, il va souffrir comme il vous a fait souffrir, toi et tes sœurs, et puis Juliette aussi… Tu te souviens de Juliette ? La maman de Grangier…

Otto s'accrocha aux yeux de Suzanne, mais les yeux de Suzanne continuèrent d'errer dans le néant.

– Sa petite-fille, tu comprends ? Il n'a plus sa petite-fille, celle qu'il aimait tant… Il va en mourir de chagrin, en mourir… C'est bien ce que tu voulais, non ?

Il se retint de parler plus fort, de crier même, résista à l'envie qu'il avait de la saisir par les épaules et de la secouer. Pour la première fois, son mutisme l'impatientait.

– C'est un grand jour, Suzanne, tu es vengée… Vengée, tu m'entends ?

La main desséchée quitta le genou d'Otto, revint lisser le poil d'Artmut le gris.

– Qu'il crève, articula Suzanne en hochant mécaniquement son visage de cire.

– Ah, fit Otto avec satisfaction.

Il aurait tant voulu parler, et parler encore... Mais à quoi bon ? Suzanne était un mur. C'était pour elle, pourtant, il lui avait promis, et cette promesse datait de si longtemps. Des premiers jours de leur rencontre, elle demi-clocharde, lui, demi-monstre, et tous deux demi-fous, tout le monde le prétendait. Il ne l'avait d'abord pas reconnue, bien entendu, avait dans sa mémoire la jeune fille resplendissante et pleine de vie que le lieutenant-colonel Schlossgrün embrassait. Et il l'enviait, Dieu qu'il l'enviait... Mais la guerre était passée. On riait d'eux, on s'épouvantait, on les rejetait. Et ils s'étaient réchauffés.

Les années avaient défilé. Tant d'années, était-ce possible ? Suzanne devenait ce mur de plus en plus épais et désespérant, et il promettait toujours, savait qu'il mentait. Il surveillait Fournier, évoquait mille et mille façons de le piéger, prétendait s'y préparer, et en même temps, il promenait les fantômes des deux sœurs sous les yeux de Suzanne, faisait revivre Schlossgrün dans le marais. Il mentait, mais comment y échapper ? Il n'y avait pas d'autres moments pour Suzanne...

Et puis Grangier avait surgi. Une première visite qui datait de quatre ou cinq ans. Otto s'en souvenait, c'était un beau jour d'été, le marais resplendissait, et Suzanne s'était un peu animée. Grangier, le fils de Juliette, Juliette Crochemore, l'amie dont elle lui avait si souvent parlé. Grangier n'avait alors que sa mère en tête. Il voulait se souvenir, voulait que Suzanne se souvienne. Mais Suzanne se contentait de sourire. Et c'est Otto qui avait révélé ce qu'elle lui avait confié.

Grangier était revenu à trois reprises durant ces années. Il était bizarre, de plus en plus bizarre même, contemplait longuement Suzanne et le nom de Fournier venait à ses lèvres. Il le crachait, pleurait sur le suicide de sa mère, sur les tortures qu'elle avait endurées, et Suzanne devenait sa mère, sa mère torturée. Il les confondait. Il était bizarre, Grangier…

– Grangier… Tu te souviens ? Le fils de Juliette… articula lentement Otto.

– Juliette… répéta Suzanne avec un léger tressaillement.

À sa dernière visite, tout récemment, il n'était plus le même. Transfiguré, incroyablement excité. Il allait venger sa mère, venger Suzanne. Il était prêt, avait un plan, aurait la peau de Fournier. Grangier avait exposé son projet, et Otto l'avait trouvé désordonné et peu convaincant. Mais il était sûr de lui, avait demandé à Otto tous les détails sur la cargaison d'Aurigny. « Ma monnaie d'échange », affirmait-il. Mais plus personne ne savait ce qu'elle était devenue ! « Je vais m'arranger », avait plaisanté Grangier. Extravagant.

Pauvre Grangier. Il avait sous-estimé Fournier, et Fournier l'avait tué. Cette crapule était derrière l'hécatombe de Vollaville, et il allait encore s'en tirer, Otto en avait eu la preuve à la lecture des journaux chaque matin chez « Georgette ». Il bouillait devant tant d'injustice, se désespérait à chaque fois que ses yeux se posaient sur Suzanne. Il ne savait plus quoi dire, quoi répondre lorsqu'elle demandait : « Fournier est mort ? »

C'est alors que les deux jeunes étaient entrés en scène…

Elle, il l'avait reconnue tout de suite, grâce à un cliché récent de *Ouest-France* où Fournier posait en famille, avec Narcisse le suicidé. « Au temps du bonheur », disait la légende. Dissimulé dans la chambre, il avait écouté. La petite peste mentait, assurait s'appeler Quevallec, présentait son copain comme étant son frère. Elle s'énervait, s'en prenait grossièrement à Suzanne, ne pouvait renier son grand-père… Il était donc apparu sans trop savoir ce qu'il allait faire, juste pour soulager Suzanne. L'idée, ce fut ensuite. Une idée simple, mais lumineuse : ils possédaient les documents de Grangier ! C'était donc qu'ils étaient complices de Fournier. Il avait alors lancé l'appât d'Aurigny, juste pour voir…

– La suite a été un chef-d'œuvre, ma petite Suzanne… Un chef-d'œuvre !

Otto Weber éclata d'un rire nerveux, et plusieurs chats paniquèrent, se mirent à miauler. On ne riait jamais dans la maison des marais.

– Il est mort ?

Même Artmut avait dégagé. Suzanne griffait la couverture.

– Qui ?

– Fournier.

– Oui.

Un mensonge. Un de plus. Enfin c'était tout comme. Sa petite-fille, il allait la pleurer jusqu'à la fin de ses misérables jours…

– Je vais me changer, décida Otto.

Il était boueux, trempé jusqu'aux os.

– Reste.

– Tu veux que je te raconte ?

Raconter comment il avait adapté son propre plan à celui de Grangier, comment le croquis du Bunker 6 avait brutalement tout décanté dans son esprit ? Ils voulaient le butin d'Aurigny ? Il allait le leur faire miroiter. Quarante-huit heures pour mettre au point la mécanique sur papier, et quatre jours pour l'appliquer sur le terrain. Il en avait bavé. Chaque jour, le car, et chaque jour, la marche à pied. Il en avait bavé également pour descendre dans ce fichu souterrain. D'une main, et avec sa patte folle. Mais il sécrétait une telle force en lui, et une telle volonté. Un acrobate. Depuis qu'il ne prenait plus ses médicaments, ces maudits calmants dont les médecins affirmaient qu'ils l'empêchaient de sombrer, de trop souffrir dans sa tête de ce qu'il avait souffert dans sa chair, il se sentait mieux, bien mieux. L'esprit clair et affûté. Les médecins voulaient le voir abruti, à moitié endormi, parce que son cerveau déraillait. Foutaises ! Avec ces saletés, il n'aurait jamais eu l'idée, n'aurait jamais pu se surpasser. Car il avait tout retrouvé, n'avait eu qu'à remettre le système en marche. Il y a cinquante ans, il avait dirigé la mise en place des pièges dans le bunker, s'en était souvenu sans la moindre difficulté. Tout était pourri évidemment, hors d'usage. Mais les explosifs, les obus, les munitions et les fûts d'essence n'avaient pas bougé. Et le sapeur Weber avait été un excellent spécialiste.

– Ils ne se sont doutés de rien, Suzanne !

Il les avait bluffés, avait tourné en rond dans le petit bois comme dans une forêt amazonienne. Juste de quoi les échauffer. La voiture avait été laissée à deux cents mètres, pas plus, et elle avait sauté avec le reste. Peut-être allait-on en retrouver quelques débris, les débris d'une épave qui croupissait dans le coin. Lui-même avait été secoué, s'en était tiré de justesse, car il avait été sur le point de revenir sur ses pas. Le garçon avait paru hésiter à plusieurs reprises. Il se méfiait du garçon. Il était moins enthousiaste et plus prudent. C'est pour lui qu'il avait imaginé l'histoire de la ficelle, pour le rassurer. Mais peut-être s'était-il ravisé finalement, et il avait convaincu sa copine de ne pas poursuivre. Otto lui-même leur avait proposé d'attendre le lendemain. Vingt-quatre heures plus tard, quelle importance ? Mais non, Gilda Fournier était bien trop excitée. Avide, rapace. Son grand-père tout craché. Et tout avait pété.

Otto contempla Suzanne. Il aurait tant voulu qu'elle réagisse, qu'elle pleure, qu'elle rie, qu'elle saute dans les bras. Mais comment deviner ses pauvres pensées ? Elle oubliait dans l'instant, sa mémoire fuyait, s'évanouissait en quelques secondes. Il lui parlerait chaque jour. Encore, encore, et encore…

– Je te raconterai, dit doucement Otto, lorsque tu seras moins fatiguée.

– Il est mort ?

– Oui. Comme mort. Tu es vengée.

Otto se souvint à nouveau de l'éblouissante jeune fille que le lieutenant-colonel Schlossgrün embrassait. Elle l'attendait souvent dans son bureau, riait, tournoyait dans sa robe d'été, tellement heureuse, tellement inconsciente de l'horreur qui l'attendait. L'amour, croyait-elle, n'a pas à obéir aux lois de la guerre…

– C'est bien tard, chevrota le masque de cire entre ses lèvres mi-closes.

Épilogue

– Un mal pour un bien, finalement !

Le maire de Vollaville était un jovial, massif et rougeaud, dont le blindage, façonné par trois mandats électoraux successifs, impressionnait. Vétérinaire de son état, il assurait tirer sa philosophie des animaux qu'il voyait souffrir ou mourir avec un stoïcisme ignoré de la plupart des humains, et prétendait par là même que, à force de tailler dans le cuir des vaches, il s'en était fait un costume. Pas devant sa femme qui le voyait paniquer au moindre rhume, mais en public, quand les opposants chahutaient l'élu pour ses insuffisances en matière de tourisme.

Or, s'il ne pouvait être tenu directement responsable de la formidable déflagration qui avait ravagé les entrailles de la pointe du Roof, le maire et sa majorité avaient eu à répondre de leur négligence – de leur inconscience martelaient même les plus virulents – à n'avoir jamais voulu aménager correctement ce site historique que des milliers de touristes visitaient chaque été. Car les travaux de mise en valeur auraient sans doute permis de détecter le danger, d'éviter également que des journaux, encore eux, ne titrent sur

« la poudrière de Vollaville ». Ils insinuaient en outre que tout risque n'était peut-être pas écarté, qu'on ne pouvait pas savoir ce que la guerre avait laissé comme héritage six pieds sous terre. Merci pour la pub ! Fort heureusement, les experts prouvaient aujourd'hui le contraire. Ils avaient œuvré comme des taupes durant quatre mois, avaient sondé, exploré, creusé, prélevé tout ce qui pouvait encore l'être dans un sous-sol bouleversé par une secousse quasi tellurique. Ils apportaient aussi une bonne nouvelle : l'explosion avait pulvérisé les derniers vestiges souterrains du conflit. La bonne et grasse terre de Normandie avait comblé ces maudits tunnels, tout était dorénavant enfoui. Quant aux raisons de l'explosion, une hypothèse de bon sens prévalait : comme toute armée en déroute, la Wehrmacht avait piégé ses stocks d'armes et de munitions avant de déguerpir. Les spécialistes avaient en plus reniflé une persistante odeur d'essence et laissé entendre qu'il y avait eu entassé sous la terre assez de carburant pour ravitailler toutes les stations-service du canton. D'où la violence d'une explosion qui avait ouvert une partie de la pointe du Roof comme une boîte de conserve. Mais pourquoi ce boum ? C'était plus nébuleux. Une usure du système de mise à feu peut-être qui, plutôt que de le rendre défectueux, l'avait carrément activé, ou bien encore un animal, un renard par exemple, qui s'était pris les pattes dans un fil fatidique…

Tout cela s'argumentait dans un rapport, un monument de deux cents pages, que le maire brandissait comme une bible au conseil municipal. En fait, il renaissait, car ces dernières semaines il avait dû faire le dos rond, se laisser copieusement engueuler sans trop fulminer, ce qui n'était guère dans son tempérament : À quoi ressemblait-elle la pointe du Roof maintenant, hein ? Aplatie comme une crêpe en son milieu, effondrée à ses extrémités. Défigurée. Et pire que tout, un blockhaus semi-enterré que tout le monde avait oublié, le bunker 6, avait été soufflé par l'explosion. Propulsé comme un bouchon de champagne, il était tombé à la mer, reposait à quelques mètres du rivage, planté dans l'eau comme un gigantesque éperon de béton. Grotesque…

Et là, l'idée géniale, le fameux « bien pour un mal » dont le maire exposait tous les détails en ce moment même sur la falaise, entouré du sous-préfet, des délégués du Conservatoire du littoral et de quelques autres édiles et têtes pensantes du département. Loin d'être ridicule, ce bunker échoué dans le sable et les galets était une vraie bénédiction. Depuis des années, la pointe s'érodait, la falaise s'effritait inexorablement. Pourquoi ne pas profiter de ce bloc échoué juste au pied de la pointe du Roof pour construire à partir de ce point d'appui un enrochement qui la protégerait des vagues et des tempêtes ? Vieille bête de la politique locale, le vétérinaire sentait bien que son brise-lames faisait girouetter le vent de la popularité.

– Regarde-moi ce fossoyeur, il se prend maintenant pour un sauveur !

À vingt mètres du concert d'approbations, Justin, l'écolo pacifiste, seul élu des Verts à cent kilomètres à la ronde, prenait l'adjudant-chef Gendarme dit Goliath à témoin du scandale. La pétarade du Roof lui avait permis de tenir tribune, de stigmatiser la bêtise des hommes, des guerres et de tout ce souk d'armement qui pouvait péter à la gueule des honnêtes citoyens. Lors des derniers conseils municipaux, il était même parti très loin, Justin, jusqu'aux mines antipersonnel du Cambodge, jusqu'aux massacres de Bosnie et du Rwanda, et jusqu'aux déchets du nucléaire qui empoisonneraient la planète pour des milliers d'années… Autant d'envolées qui cadraient mal avec le vote du budget pour la rénovation de la salle communale. En un mot, Nostradamus – c'était son surnom – faisait chier tout le monde…

Y compris son copain Goliath, qui l'aimait bien pourtant, mais qui n'avait pas trop le cœur à l'écouter délirer. Il était de service, ce n'était pas le moment… Et puis non, ce n'était pas Justin, pourquoi se mentir ? C'était la pointe du Roof elle-même ! L'autre jour, un collègue de Caen s'était fichu de lui : « Plains-toi ! chez moi, la découverte d'une bombinette de deux cents kilos rouillée jusqu'à l'os provoque un exode pas possible. On évacue un quartier entier, on vire les habitants, et en plus, on se fait engueuler… » Il ne se rendait pas compte, cet abruti ! Quatre mois que ça durait, quatre mois que lui et ses hommes campaient autour de ce maudit périmètre de sécurité grand comme trois terrains de foot, qu'ils y faisaient des rondes, viraient les curieux, et comptaient les brins d'herbe quand il n'y avait plus rien d'autre à faire. La pointe était mieux gardée qu'une ambassade des États-Unis en Arabie Saoudite. Ras le képi.

Il n'y a plus de saison, se désolait donc Goliath. D'ordinaire, entre octobre et avril, c'était toujours un peu peinard, avec quelques tracas de routine, enfin le tout-venant qui permettait de recharger ses accus… Mais là, pas le temps de souffler. Depuis la mort de

Grangier, les coups durs avaient succédé aux coups durs. Comme si l'ermite leur avait lancé un sort avant de clamser. Goliath ne pensait pas au pluriel par hasard, car toute l'équipe semblait en avoir pris un coup à la gendarmerie. Krünze se prenait pour le justicier du siècle, soutenait qu'une affaire non élucidée était une insulte à l'uniforme, et pour lui, l'assassinat de Bruno gardait tout son mystère. Surtout quand il y collait les morts de Grangier et de Narcisse. Or, il ambitionnait d'être l'acharné, le tenace qui refuse de lâcher son os, même si cela devait lui prendre des années. « Une tradition dans la gendarmerie », affirmait-il, et Goliath soupçonnait Fabienne-la-science de lui avoir fourré cette idée dans la tête.

Desmouleaux, c'était un autre registre, il était moins joyeux qu'un brassard de deuil. La disparition de Gilda, qui, de toute évidence, s'était envolée avec son saltimbanque, l'avait plongé dans une sorte d'état second, et l'épreuve insoutenable avait été l'affichage de son joli minois sur le tableau des personnes recherchées. Le pauvre Desmouleaux s'en était retrouvé décomposé, et aujourd'hui, il n'était pas encore remis. L'athlète boudait toujours ses haltères, traînait une telle dépression qu'il en devenait physiquement flasque.

– Pour une première pierre, c'est une belle première pierre ! déclama le maire.

Il plastronnait, avait même ôté sa casquette pour mieux goûter à la douceur du vent d'ouest. Nous étions en avril, le printemps bourgeonnait. Un temps idéal pour triompher.

L'adjudant Goliath souleva également son képi, passa un mouchoir sur son crâne en sueur. Dans moins d'un mois, le cirque de l'été allait reprendre. Allez, une bonne bière pour se redonner le moral… Mais là encore, ce n'était plus comme avant. Les arrêts-buvette du Dog Red se raréfiaient. Les deux ou trois dernières fois, Goliath s'y était rendu comme à une corvée pour discuter du cas de Gilda avec Madeleine et Raymond, ses parents adoptifs. Pas trop soucieux d'ailleurs, ces deux-là…

Mais la vraie tristesse était de retrouver le vieil Alfred paralysé, posé dans son fauteuil roulant comme un objet.

C'est justement ce qui le mettait en rage, Alfred. La tristesse, cette tristesse qui flottait autour de lui comme un voile de mousseline. Et il n'avait qu'un seul désir : le mettre en charpie.

– À toi de jouer ! Qu'est-que tu fous ?

Alfred ricana dans sa tête. Max s'adressait au nouveau, à son remplaçant. Gustave Placet, retraité de l'EDF, avait été admis dans le cercle depuis peu, et subissait le dur régime des bizuths. D'autant qu'il jouait comme un pied.

– Pique, abruti, pique ! râla silencieusement l'infirme en agitant frénétiquement sa main droite. Il avait vue plongeante sur son jeu.

– Qu'est-ce que t'as, Alfred ? Je sais, tu voudrais jouer, mon pauvre vieux…

Voilà, ça recommençait. Paul s'apitoyait, avec sa mine de poupon défraîchi.

– Ça me fait mal de le voir comme ça.

– C'est surtout à lui que ça fait mal.

Momo, de sa voix sèche. Était devenu le chef maintenant, encore plus qu'hier.

– C'est pas humain, c'est pas humain…

Ta gueule, Paul ! rumina Alfred. Mais il ne pouvait pas comprendre, personne ne pouvait comprendre, lui-même d'ailleurs…

Au début, il avait cru devenir fou. Fichu, des pieds à la tête. Ne plus bouger, ne plus parler. Sanglé, coincé, amarré, cloué. Il y avait aussi rivé, boulonné, scotché, statufié, etc. Alfred s'était amusé à dresser la liste. Bref, paralysé. On le lavait, on l'habillait, le faisait manger à la petite cuillère. Et il lui suffisait de lire dans le regard des autres pour savoir ce qu'il était devenu : plus rien. Un déchet. Et c'est bien ce qui l'avait révolté.

Donc, Alfred Fournier se battait. Dès le matin, dès le réveil, il s'échauffait mentalement, se préparait dans sa tête comme un gladiateur pour une nouvelle journée. Encore une, et encore une. Il allait vaincre, il allait gagner. Il y avait des moments pénibles, bien entendu, des épreuves qu'il n'aurait jamais cru pouvoir surmonter. L'infirmière qui le nettoyait, le langeait comme un bébé, Madeleine qui le saoulait de prévenances débiles, l'intégrait dans son labeur, et tous les potes qui ne le voyaient plus que comme une loque. Il y avait Raymond surtout, qui ne l'approchait plus qu'avec des larmes dans les yeux, qui se torturait pour « le soulager » comme il disait. Rien que ce fauteuil roulant, capitonné de partout, qui avait coûté une fortune : La Rolls du handicapé. Mais Raymond l'assommait plus que tout le monde. Ce chagrin, c'était pire que tout, comme si on l'enterrait un peu plus chaque jour. En même temps, il lui pardonnait, car Alfred pensait depuis toujours que les enfants ressemblaient à l'amour que se portaient leurs parents. Et Hortense, même en bonne santé, se glissait dans le lit conjugal comme dans un congélateur. Normal que Raymond ne respire pas la joie…

Il se battait, bon Dieu ! Férocement, infatigablement, avec sa main droite dont il guettait les progrès. La main, c'était son code. Il tapotait une fois avec ses doigts, c'était oui, deux fois, c'était non. Main à plat, c'était faim ; levé, c'était soif. Retournée à plat=pas faim ; retournée-levée=pas soif. Index levé=en forme ; index en bas=mal fichu… et ainsi de suite. On rajoutait des signes chaque semaine, et Madeleine faisait un tel forcing qu'il finissait par s'y paumer. Mais pour le reste, personne ne savait, même pas le toubib, le docteur « p'tit bout » qui parlait de son AVC – ce n'était pas un mot ça, plutôt un bruit de chiotte ! – comme d'un ennui mécanique. « Comprends un p'tit bout… Retiens un p'tit bout… On ne sait pas trop. » Mais « p'tit bout » ne savait pas pour l'orteil qu'il sentait frémir depuis quelques jours, pour les nouveaux picotements qui l'agaçaient dans la nuque. Des signes, des progrès infimes qui indiquaient que tout n'était peut-être pas fini. Alfred thésaurisait.

– As-tu du carreau ? demanda Momo à Gustave Placet.

– Vas-y, dis-lui aussi comment jouer !

Max s'insurgeait, il connaissait la ruse : quand Momo parlait carreau, son partenaire devait jouer pique. Mais l'autre taré ne comprenait rien.

Encore une journée et encore une. Pouvait pas lire, pouvait pas écrire, les mots, les phrases se mélangeaient. Mais penser, s'évader par le cerveau, il pouvait. Incroyable comme ses pensées l'occupaient. Valait mieux. Il n'avait plus de goût à boire ou à manger, n'avait plus d'odorat. Le tabac, c'était râpé. « Il fume plus, c'est déjà ça », avait osé ce crétin de Pétré. Même les gosses lui fichaient la paix, tournaient craintivement autour de lui, le reniflaient comme une bête curieuse sans oser le toucher. « Ça leur passera », se désolait Madeleine. Surtout pas !

La paix, une paix royale pour penser. C'était Suzanne surtout, la Suzanne de sa jeunesse, celle qu'il avait tant aimée. Tout le temps, il y songeait, tout le temps. Sans remords, mais avec regret. Et bizarrement, Gilda venait se glisser entre eux deux. Car sa petite Gilda lui manquait, bien sûr, mais elle avait eu mille fois raison. Foutre le camp, partir avec son amour, même pour crever de faim, même pour ne connaître que larmes et désillusions, et revenir en loques, écrasée de chagrin. Mais qu'importe ! Tout plaquer et partir dans l'ivresse, il ne fallait surtout pas passer à côté. Voilà ce qu'il aurait dû faire avec Suzanne pendant qu'il était encore temps, avant que cet Allemand ne la lui prenne, avant qu'il ne devienne un salaud et un meurtrier. Voilà ce qu'il regrettait amèrement… Belle vie, Gilda, même si ce n'est que pour quelques mois.

– Carreau, annonça fièrement le nouveau.

– Mais non, pique, ducon, pique ! hurla le vieil Alfred dans sa tête.

Momo le cycliste posa lentement ses cartes sur la table, souffla bruyamment comme s'il venait de gravir le Galibier.

– Qu'est-ce qu'ils ont dans la tronche, les mecs de l'EDF, une lampe à pétrole ?

Ainsi allaient la vie, la mort, et l'entre-deux, à Bunker-City.

pca
cmb
édition pré-presse
livres numériques

44400 Rezé

Achevé d'imprimer en avril 2024
sur les presses de Normandie Roto Impression s.a.s.
à Lonrai (Orne)
pour le compte des Éditions Payot & Rivages
60/62, avenue de Saxe -75015 Paris
N° d'impression : 2402025
Dépôt légal : avril 2024

Imprimé en France